Über dieses Buch

Der Begriff des »Wirtschaftsstils« fügt den traditionellen, geläufigen Begriffen »Wirtschaftsordnung«, »Wirtschaftsweise«, »Wirtschaftssystem« eine Bedeutungsnuance hinzu, die die ökonomische Analyse für historische und kulturelle Fragestellungen schärft. Dabei meint »Stil« weniger die innere Homogenität einer Wirtschaftsordnung, als vielmehr ihre geschichtliche Einmaligkeit, ihre Individualität. Das konkrete wirtschaftliche Handeln des einzelnen – wie z. B. Sparverhalten, Tauschgebräuche, Risikobereitschaft, Einsatz neuer Technologien – hängt wesentlich auch vom jeweiligen »Zeitgeist« ab, der die moralische, religiöse und ideologische Verfaßtheit einer Gesellschaft widerspiegelt. Der Wirtschaftswissenschaftler, der das ökonomische Geschehen in seinem konkreten geschichtlichen Zusammenhang verstehen will, muß daher in seinen Beobachtungskatalog auch Themen aufnehmen, die gemeinhin vor allem den Historiker und den Kulturtheoretiker beschäftigen: Mentalitäten, Lebensformen, Technikentwicklung, soziale und politische Machtpraktiken, Rechtsnormen, Ideengeschichte und Kulturwandel.

Wie fruchtbar diese Osmose zwischen Nationalökonomie und Geisteswissenschaften sein kann, belegt die Forschungsarbeit von Bertram Schefold, der in Deutschland zu den kompetentesten Verfechtern dieser interdisziplinären Perspektive zählt. Die in diesem Band versammelten Studien sind markante Beispiele einer folgenreichen Öffnung des ökonomischen Denkens für Interpretationsverfahren und Gegenstände der Kulturwissenschaft.

Der Autor

Bertram Schefold, geboren 1943 in Basel, ist, nach mehrjährigen Forschungsaufenthalten in Cambridge und Harvard, Professor für Volkswirtschaftslehre und Wirtschaftstheorie an der Universität Frankfurt. – Wichtige Veröffentlichungen: *Piero Sraffas Theorie der Kuppelproduktion, des Kapitals und der Rente* (1971); *Wie möchten wir in Zukunft leben?* (zus. m. K. M. Meyer-Abich, 1981); *Die Grenzen der Atomwirtschaft* (zus. m. K. M. Meyer-Abich, 1986); *Arbeit ohne Umweltzerstörung. Strategien für eine neue Wirtschaftspolitik* (zus. m. H. C. Binswanger u. a., 1988); *Ökonomische Klassik im Umbruch* (Hg., 1986); *Studien zur Entwicklung der ökonomischen Theorie* (Hg., 1989–92); *Mr. Sraffa on Joint Production and Other Essays* (1989); Reihe *Klassiker der Nationalökonomie* (Hg., seit 1991); Mitherausgeber mehrerer Fachzeitschriften.

BERTRAM SCHEFOLD

Wirtschaftsstile

Band 1:
Studien zum Verhältnis von Ökonomie und Kultur

FISCHER TASCHENBUCH VERLAG

FISCHER WISSENSCHAFT

Originalausgabe
Veröffentlicht im Fischer Taschenbuch Verlag GmbH,
Frankfurt am Main, Dezember 1994

Umschlaggestaltung: Buchholz/Hinsch/Hensinger
Gesamtherstellung: Clausen & Bosse, Leck
Printed in Germany
ISBN 3-596-12243-0

Gedruckt auf chlor- und säurefreiem Papier

Inhalt

Vorwort

I. Der Grundgedanke des Wirtschaftsstils

Wirtschaftsstile? Der Begriff bleibt den meisten Ökonomen heute fremd, auch wenn sie in einer sozialen Marktwirtschaft leben, die von einem ihrer großen Begründer, Müller-Armack, als Wirtschaftsstil verstanden wurde. Sie gilt als Wirtschaftsstil des Kompromisses. Zwischen Leistungsprinzip und der Umverteilung an die sozial Schwachen muß immer wieder ein Ausgleich gefunden werden, für dessen Höhe es kaum objektivierbare Maßstäbe der Gerechtigkeit gibt. Die Rivalität der Nationen setzt gewisse Schranken. Ein Land, das zuviel umverteilt, wird im Wachstumswettbewerb hintanstehen; ein anderes, das soziale und Erziehungsaufgaben vernachlässigt, kann auch zurückbleiben, wenn die Kluft zwischen Arm und Reich zu Spannungen führt oder die Qualifikation der Arbeiter nicht mehr den technologischen Erfordernissen entspricht. Im übrigen bestehen weite Gestaltungsspielräume, die freilich nicht nach dem Willen einzelner Politiker oder Parteien genutzt werden können. Diese müssen sich nämlich der Dynamik der gesellschaftlichen Entwicklung fügen. Solange Alte und Kranke durch die Familie versorgt werden, steht der Staat weniger unter Druck, seine Einrichtungen der Wohlfahrt auszubauen, und wo das Opfer für die Erziehung der Kinder spontaner erbracht wird, werden private Schulen und Universitäten mehr erreichen. Der Komplex dieser Einflüsse prägt den Wirtschaftsstil.

Der Leser könnte also erwarten, in diesen zwei Bänden (der zweite Band wird im Januar 1995 erscheinen) vergleichende Studien zu den Wirtschaftsstilen verschiedener Länder und Epochen zu finden. Solche Vergleiche klingen an, und an einem Projekt über die historische Entwicklung von Wirtschaftsstilen arbeite ich seit Jahren. In diesen Bänden geht es dagegen um die wirtschaftspolitische Programmatik. Worin besteht unsere Freiheit, wenn Wirtschaft und Kultur so zusammenhängen, wie der Begriff Wirtschaftsstil es meint? Wo kommt der

Stilbegriff überhaupt her, und was hat er im Bereich des Wirtschaftens zu suchen? Bildet die Wirtschaft nicht einen eigenen Regelmechanismus, der zu allen Zeiten ungefähr derselbe war? Läßt sich die Andersartigkeit des Wirtschaftsdenkens anderer Epochen überhaupt belegen? Und selbst wenn man von den unseren abgehobene Formen des Wirtschaftens bei vorindustriellen Gesellschaften wahrzunehmen bereit und imstande ist: werden solche Unterschiede nicht durch die moderne Wirtschaftsweise zum Verschwinden gebracht?

Solchen Fragen gehen die Aufsätze im ersten der beiden Bände nach. Im zweiten Band ist zunächst von folgendem die Rede: Wenn einerseits die Verschränkung von Wirtschaft und Kultur existiert, wenn andererseits wirtschaftliche Prozesse in einem charakteristischen Kausalzusammenhang stattfinden, so daß die Mechanik zum ersten Vorbild für wirtschaftstheoretische Analyse wurde, muß eine dem Denken in Wirtschafts*stilen* angemessene Theorie bezeichnen können, an welchen Stellen der von der Wirtschafts*theorie* beschriebene Mechanismus für eine Verschränkung und Wechselwirkung mit politischen, gesellschaftlichen und kulturellen Faktoren sozusagen »offen« ist. Ist es nur die Mentalität, die beispielsweise Entwicklungsunterschiede verschiedener Wirtschaften begründet? Offenbar spielt nicht nur die Verfügbarkeit von Naturschätzen, sondern auch die Fähigkeit, mit Technik umzugehen, eine Rolle, ferner die Verfügungsrechte und Besitzverhältnisse, die Aspekte der Wirtschafts*ordnung* sind. Folgt aus einer gegebenen Ordnung und den verfügbaren Ressourcen schon, wie man das Wachstumspotential einzuschätzen hat? Oder ist das Investitionsverhalten, wie das im Grunde Keynes schon behauptete, auch durch gesellschaftliche Lagen, ja durch Stimmungen der Unternehmer – er sprach von ihren »Lebensgeistern« – beeinflußt? Aber wie müssen die Sätze der ökonomischen Theorie formuliert werden, wenn für einige Größen die kausalen Abhängigkeiten zwischen ihnen hinlänglich genau bestimmt sind, um eine Formalisierung nach dem Vorbild der Physik zu rechtfertigen, während für Schlüsselvariablen wie die Investitionen eine solche Abhängigkeit nicht oder nur unter großen Vorbehalten formuliert werden kann?

Eine im angedeuteten Sinne »offene« Theorie erweckt den Anschein, die Politik könnte über die in der Theorie nicht endogen bestimmten Variablen sozusagen von außen verfügen; aber der Schein trügt oft, nicht nur, weil politisches Handeln mit widerstreitenden

Interessen zu rechnen hat, sondern auch, weil die Reaktion der Wirtschaft das erstrebte Ziel durchkreuzen kann. Die Kritik an der Grenzproduktivitätstheorie der Verteilung zum Beispiel rechtfertigt, für sich genommen, noch lange nicht den Versuch, die Lohnquote durch gewerkschaftliche Intervention zu verändern. Inflation und Rezession können die Folge sein.

Eine Gruppe zusammengehöriger Studien im zweiten Band untersucht ein analoges Problem im Bereich der Energiepolitik. Kann eine technologiepolitische Entscheidung wie die Wahl zwischen Energiesystemen rein unter dem Gesichtspunkt der Kostenminimierung (unter der Berücksichtigung auch von gesellschaftlichen und Umweltkosten) getroffen werden? Hat sich die Politik in der Kernenergiedebatte nur aus Ungeschicklichkeit in über den unmittelbaren Anlaß hinausreichende Diskussionen wie Probleme der inneren Sicherheit verwickeln lassen, oder lag darin eine Logik? Oder ist es, um das letzte Beispiel zu nehmen, in der Frage der europäischen Integration überhaupt möglich, nach Gesichtspunkten der wirtschaftlichen Opportunität vorzugehen, oder sieht sich die Politik von sonst nicht bemerkten Fesseln der Geschichte gebunden? Die Betrachtung der Wirtschaft als offenes System scheint zunächst größere Spielräume zu verheißen, als jene annehmen, die gedanklich von geschlossenen Systemen ausgehen. Erinnert man sich jedoch der gesellschaftlichen Macht der Traditionen, die den Wirtschaftsstil bedingen und in die das System eingebunden ist, so erkennt man, weshalb es so schwer fällt, Europa eine mit der Wirtschaftsordnung verträgliche politische Verfassung zu geben.

II. Klassische ökonomische Theorie

Die in beiden Bänden versammelten Aufsätze sind in einem Zeitraum von 12 Jahren entstanden und ursprünglich für ganz verschiedene Zwecke verfaßt. Sie wurden – bis auf kleine Verbesserungen besonders der Literaturhinweise – unverändert nachgedruckt. Der zwischen ihnen bestehende Zusammenhang wird wohl am ehesten nachvollziehbar, wenn wir von der ökonomischen Theorie ausgehen. In ihrer klassischen Form hat sie sich aus den merkantilistischen Ansätzen zu einer verbal dargestellten, aber einen deutlichen analytischen Kern enthaltenden Beschreibung des Wirtschaftsprozesses, besonders der Bildung von Preisen durch die Konkurrenz und der Akkumulation des Kapitals, entwickelt. Bei Autoren des 17. Jahrhunderts wie Petty finden wir schon den Grundgedanken der Werttheorie. Wenn von zwei Männern einer ein Jahr lang ackert, um Korn anzubauen, ein anderer ebensolange gräbt, um Silber zu gewinnen, wenn beide in derselben Zeit alle ihre Hilfs- und Lebensmittel selbst herstellen und verbrauchen, müssen die beiden Nettoprodukte gleich viel wert sein. Daraus wurde zunächst geschlossen, die Produkte seien gleich viel wert, weil sie gleich viel Arbeit enthielten, aber es braucht vom Kapitalvorschuß hier nicht abgesehen zu werden: Damit man mit Korn und Silber und unter Wettbewerb von anderen Waren gleich viel eintauschen kann, ist auch die Verzinsung des Kapitalaufwandes zu berücksichtigen; sie muß im Kornanbau und Silberabbau gleich groß sein. Der Grundgedanke wurde namentlich von Ricardo und seiner Schule und seinen modernen Nachfolgern (Sraffa) stark verfeinert, doch blieb der Ausgangspunkt erhalten: Die Preise der reproduzierbaren Waren entsprechen den Produktionskosten einschließlich eines Normalgewinns gemäß exogener Rate, wobei der Berechnung des Aufwands gegebene Produktionstechniken und insbesondere ein jeweils gegebener Arbeitsaufwand zugrunde liegen. Bei näherer Betrachtung erkennt man, daß die Produktionsmittel selbst einen Aufwand aus produzierten Waren darstellen, so daß die Warenpreise, modern gesprochen, in einem interdependenten System von Gleichungen zu bestimmen sind, indem bei Einzelproduktion der Waren so viele Produktionsprozesse zu berücksichtigen sind, wie es Waren gibt; die Warenpreise werden durch ebenso viele Gleichungen bestimmt, wenn die Profitrate und eine Geldlohnrate vorgegeben werden. Bei gegebener Produktionstechnik und gleicher Zusammensetzung des Endprodukts bedeutet eine Erhöhung der Profitrate eine Senkung der Kaufkraft aus Löhnen, wobei sich die relativen Preise verändern, weil die Profitratenerhöhung die Preise in kapitalintensiven Industrien im Verhältnis zu denen von Produkten arbeitsintensiver Industrien erhöht.

Es ist nun weiter zu überlegen, was die Einkommensverteilung bestimmt, unter welchen Einflüssen sich das Niveau der effektiven Nachfrage und die Zusammensetzung des Endprodukts verändern und welche Bestimmungsgründe die Wahl der Technik festlegen, da diese Daten in der klassischen Theorie die Preise abzuleiten gestatten, wie schon Pettys Gedankenexperiment andeutet. Die neoklassische

Theorie will alle diese Fragen im Gleichgewicht bei Vollbeschäftigung – das hier ein langfristiges ist – simultan lösen. Die Präferenzen der Individuen bestimmen die Nachfrage nach Gütern, ebenso ihr Angebot an Faktoren, insbesondere Arbeit. Ihre zeitlichen Präferenzen bestimmen die Bereitschaft, Kapital zu halten, und die Technik wird unter dem Gesichtspunkt der Gewinnmaximierung und Kostenminimierung gewählt.

Ohne hier auf die vor allem die Stabilität betreffenden Einwände gegen die neoklassische Theorie einzugehen, stellen wir fest, daß die klassische einen unmittelbareren Bezug zur Geschichte herzustellen gestattet. Nach der Logik der reinen Theorie ist die Wahl der Technik durch Kostenminimierung bestimmt, aber diese kann durch politische und gesellschaftliche Faktoren, welche die Wahl bestimmter Methoden vorschreiben oder durch Anreize günstig gestalten, modifiziert werden. Die Veränderungen in der Zusammensetzung des Endproduktes können auch als Resultat sich verschiebender gesellschaftlicher (ohne notwendigen Rekurs auf die individuellen) Präferenzen ausgedrückt werden, während Kapitalakkumulation und Einkommensverteilung historischen Einflüssen unterliegen. Bei der Beschäftigung können exogene Faktoren eine Rolle spielen wie die Öffnung neuer Märkte. Bei der Betrachtung der Verteilung kann man feststellen, daß die Dynamik der Kapitalakkumulation bei günstiger Beschäftigungslage die Gewinne hochhält oder, unter ganz anderen Bedingungen, bei schwächerer Wachstumsdynamik hohe Zinsen einem verschuldeten Unternehmenssektor nur bei hohen Gewinnspannen erlauben, ihre Auslagen für Kapital zu refinanzieren.

Diese Andeutungen sollen zeigen, wie die dem klassischen Vorbild folgende Entwicklung der ökonomischen Theorie die Herstellung der Verbindungen zwischen der Logik des wirtschaftlichen Ablaufs und den Institutionen und politischen und gesellschaftlichen Einflüssen auf diese herzustellen verlangt. Das geschlossene System der allgemeinen Gleichgewichtstheorie der Neoklassik erschwert dagegen die Einbeziehung und die Modellierung solcher Einflüsse und legt sie auch nicht nahe. Die Herstellung einer Verbindung des analytischen Kerns der ökonomischen Theorie mit einer historischen Betrachtungsweise war vielen Autoren der Frühen Neuzeit selbstverständlich. Seither hat es auch bei den Schöpfern der klassischen Theorie immer wieder die Tendenz gegeben, einer Verselbständigung der Abstraktionen nachzugeben, aber die Struktur des klassischen Ansatzes machte die Herstellung der Verbindung zu den Nachbardisziplinen der Ökonomie, zur Einbettung der funktionalen in eine historische Analyse immer wieder notwendig und umgekehrt die ökonomische Deutung von Aspekten der Geschichte verlockend. Was hier für die Entwicklung der Verknüpfung von Preis- und Verteilungstheorie gesagt wurde, könnte ebenso für andere Teildisziplinen der Ökonomie angedeutet werden. Das Problem der richtigen Beschäftigung der Bevölkerung: der Vermeidung von Müßiggang, der Herstellung der geographischen Mobilität und das Durchbrechen von Schranken zwischen Zünften und beruflichen Traditionen, erschien den Merkantilisten überaus dringlich. Als Teil der Bevölkerungstheorie wurde es von klassischen Autoren weiter diskutiert, als Problem der Unterbeschäftigung erscheint es bei Keynes, der anschauliche Beispiele für Beschäftigungspolitik Petty entlehnte.

Die bedeutenden Anwendungen der klassischen Methode haben gemeinsam, daß Gestaltungsmöglichkeiten der Zukunft in Szenarien verglichen werden können. Mit Szenarien will man alternative denkbare Entwicklungen beschreiben. Sie sind also keine Prognosen, sondern allenfalls bedingte Prognosen, die sagen, was sich ereignen könnte, wenn als möglich erachtete Rahmenbedingungen sich einstellen. Szenarioüberlegungen schließen nicht aus, daß die gedachten Entwicklungen durch Optimierung – sei es Gewinnmaximierung, sei es Optimierung in der Verfolgung von Zielsetzungen des Staates – bestimmt werden, aber oft schließen sie wesentliche Modifikationen durch andere Verhaltensformen mit ein. So handelte es sich beispielsweise, modern gesprochen, um ein Szenario, als Ricardo in seiner berühmten Diskussion der Korngesetze überlegte, wie sich Wachstum und Einkommensverteilung bei einer Öffnung des Landes entwickeln würden.

Schließlich ist die klassische Theorie auch ein Ausgangspunkt, um die Transformation von Wirtschaftssystemen zu beschreiben. Smith hat mit unnachahmlicher Meisterschaft in wenigen Sätzen die Kräfte bezeichnet, durch die der Handel und die Monetarisierung der Wirtschaft feudale Strukturen in die frühneuzeitlichen des Merkantilismus transformierten. Die heute von Osteuropa verlangte Wandlung greift nicht ebenso tief, insofern der Sozialismus nicht so lange Zeit hatte, sich zu verwurzeln, und seine Befestigung wegen der Künstlichkeit des Planungssystems nicht gelang. Die formale klassische Theorie ist zwar viel zu einfach strukturiert, um die Fülle vorgefundener Wirtschaftsformen abzubilden, aber sie erzieht durch ihre Offenheit für institutionelle Daten zum Verständnis für Veränderungen von Wirtschaftssystemen oder, in der hier vorgezogenen Sprechweise, von Wirtschaftsstilen.

Da die hier gesammelten Aufsätze, wie schon bemerkt, für verschiedene Zwecke und in größerem zeitlichen Abstand geschrieben wurden, beleuchten sie die Aspekte der Wirtschaftsstil-Diskussion nicht gleichmäßig von allen Seiten und bilden in ihrer Gesamtheit kein Lehrbuch – ein solches schreiben zu wollen, hielte ich für verfrüht. Aber sie wurden unter vielen ausgewählt, um den Zusammenhang der Theorie mit Geschichte und Politik, wie er sich mir in klassischer Perspektive ergeben hat, wenigstens zu illustrieren. Eine Schwierigkeit allerdings kann ich nicht lösen: An einer Stelle ist der formale Anspruch, der an den Leser gestellt wird, höher, an einer anderen wird von ihm mehr historische Einfühlung gefordert. Wer das Interesse von Theorie, Geschichte und Politik nicht verbindet, dem werde ich es nicht rechtmachen können, oder allenfalls nur dort, wo sein Interesse, das sich ja legitimerweise nicht auf jeden Gegenstand erstrecken muß, gerade angesprochen wird.

III. Im Überblick

Der einleitende Aufsatz des ersten Bandes versucht, die theoretischen und wirtschaftspolitischen Konzeptionen, die sich mit dem Gebrauch des Stilbegriffs verbinden, nach zwei Seiten abzugrenzen: der Neoklassik und dem Marxismus, die je in ihrer Weise auch eine Begründung des Politischen liefern. – Der zweite Aufsatz handelt von der interdisziplinären Methode der historischen Schule, während der dritte der Frage nachgeht, wie der Wirtschaftsstil-Begriff in der ersten Hälfte dieses Jahrhunderts, insbesondere in den zwanziger Jahren verwendet wurde und was die Beweggründe waren, mit Hilfe von System und Stil eine Orientierung im Denken zu suchen. – Der Aufsatz über Platon und Aristoteles ist eine dogmenhistorische Untersuchung über die Wurzeln des wirtschaftswissenschaftlichen Denkens in der griechischen Philosophie, die das ökonomische Problem als das ethische der »richtigen Lebensführung« auffaßte und insofern eine positive ökonomische Theorie nicht wollte; aus der Ablehnung dieser Vorstellung entwickelten sich die moderne von der Autonomie des Wirtschaftsprozesses und seine Abbildung in einer kausal erklärenden Theorie, deren wichtigste Bestandteile schließlich einer Formalisierung zugänglich gemacht wurden. – Von der griechischen Wirtschaftsauffassung dagegen läßt sich zeigen – dies versucht jedenfalls der letzte Aufsatz des ersten Bandes –, daß sie nicht erst von den Philosophen des 5. und 4. Jahrhunderts konzipiert wurde, sondern tief in einem Denken wurzelt, das sich in der griechischen Dichtung bis in die homerische Zeit zurückverfolgen läßt. Dabei zeigt sich eine erstaunliche Kontinuität in den Grundmustern, ungeachtet der Tatsache, daß in der archaischen Periode Griechenlands eine der größten institutionellen Veränderungen des Wirtschaftslebens überhaupt stattfindet, nämlich die Einführung der Münze. In der älteren Dichtung findet das griechische Wirtschaftsleben einen geschlosseneren Ausdruck als in der späteren, weil sich da die Philosophie schon aus dem Lehrgedicht herausgelöst hat. Man könnte sagen, daß es sich um den Nachweis der Kontinuität in der griechischen Wirtschaftsmentalität handelt, der das Beharrungsvermögen des griechischen Wirtschaftsstils mit seinen Varianten zu verstehen erleichtert.

Am Anfang des zweiten Bandes stehen drei Aufsätze zur ökonomischen Theorie, deren Thematik im Einleitungsaufsatz schon angesprochen wurde, die nun aber fachlich ausdifferenziert wird. Der Beitrag über die Bedeutung der Cambridge-Theorie behandelt die Synthese klassischer und keynesianischer Ansätze, die ich während meiner Studienjahre in England um 1970 kennengelernt und seither vertieft habe. Die Trennung von Ordnungs- und Prozeßpolitik würde ich heute weniger skeptisch, die Möglichkeiten keynesianischer Wirtschaftssteuerung vorsichtiger beurteilen als damals, aber die Probleme sind geblieben. – Es folgt ein Aufsatz, der Grundgedanken der keynesianischen Theorie mit Hilfe der Ungleichgewichtstheorie darstellt und besonders die Argumente hervorhebt, weshalb die sogenannte klassische Unterbeschäftigung in eine keynesianische übergehen muß. – Der dritte Aufsatz in dieser Gruppe ist der technisch anspruchsvollste. Mit den inhaltlichen und formalen Problemen der Kuppelproduktion habe ich mich oft und ausführlich auseinandergesetzt. Der hier abgedruckte Beitrag ist mein einziger Versuch, in deutscher Sprache einen knappen Überblick über die Thematik zu geben. – Die drei folgenden Aufsätze gelten der Energiepolitik. Sie stehen für eine Vielzahl von Gutachten, Buchbeiträgen, Vorträgen, Reden und Interviews, die mir in den hitzigen Debatten über die Kernenergie zu Beginn der achtziger Jahre und besonders nach dem Unfall von Tschernobyl abverlangt wurden. Die große Welle der Erregung hat sich gelegt, und ich habe mich selbst anderen Forschungsgegenständen zugewendet. Aber die Frage, ob die Ablösung der fossilen Brennstoffe, die durch das Klimaproblem immer dringlicher wird, auf nuklearen oder solaren Techniken beruhen soll, wieweit eine Einmischung des Staats erwünscht ist und er insbesondere für die Steigerung der Effizienz in der Anwendung der Energie Verantwortung zu übernehmen hat, ist offengeblieben. – Mit dem Zerfall der Sowjetunion hat das Problem, wie der Gefahr einer Weiterverbreitung der Atomwaffen zu begegnen ist, an Aktualität gewonnen. Ich war nie ein strikter Gegner der Kernkraft, habe aber den Widerstand gegen sie als Zeichen einer berechtigten Skepsis gegenüber der fortschreitenden Technisierung des Lebens mit ihren vielen Risiken sowohl für die wilde Natur wie für die kulturell gestaltete Landschaft gesehen. Der Anfang der achtziger Jahre entwickelte Kompromiß scheint mir immer noch richtig: Man mag die Kernenergie wie andere Quellen nutzen, von denen keine ohne Natureingriffe auskommt, aber es gibt keinen wichtigen Grund, glücklicherweise auch keinen ökonomischen, die Kernenergie durch starke Anwendung im Übergang zu einer polemisch sogenannten »Plutoniumwirtschaft« so umfassend einzusetzen, daß über die sonstigen Risiken beim Umgang mit Radioaktivität hinaus auch noch die spezifischen im Umgang mit ganz oder nahezu waffentauglichem Plutonium eingegangen werden müssen. Diese Kompromißposition ist, obwohl anfangs stark befehdet, mittlerweile sehr nah an der Politik, die von der Regierung verfolgt wird: Der Brüter und die eigene nationale Wiederaufarbeitung wurden aufgegeben, die Lösung des Endlagerproblems allerdings steht noch aus, obwohl sie schon vor Jahrzehnten versprochen wurde. – Der folgende Aufsatz erörtert Gründe für die Zurückhaltung der Mehrheit der Schweizer in der Frage der europäischen Integration. Die Diagnose hat sich bei der Abstimmung über den Beitritt der Schweiz zum europäischen Wirtschaftsraum am 6. Dezember 1992 als richtig erwiesen; sie mußte gestellt werden, obwohl ich selbst mich im Zusammenhang mit der Abstimmung für den Beitritt ausgesprochen hatte. – Der Aufsatz über die Beschäftigungswirkungen der Umweltpolitik verallgemeinert einige der im Rahmen der Energiedebatte gewonnenen Erfahrungen. – Im letzten Aufsatz schließlich gehe ich auf mögliche Entwicklungstendenzen der ökonomischen Wissenschaft selbst ein, die, weltweit, einen riesigen Forschungsapparat errichtet hat und Millionen von Studenten ausbildet, der es aber unverändert schwerfällt, wirklich der Zukunft ins Auge zu blicken.

Januar 1994

I. Wirtschaftsstile und Wirtschaftssysteme

Die Politik in der Wirtschaftsgesellschaft aus historischer, klassischer und neoklassischer Sicht

Einleitung

Politische Ökonomie ist nicht praktische Politik, sondern Theorie, und als solche mehr als das Ausfüllen eines Vakuums einer sonst deterministischen Lösung, das ökonomische Theorien aus Verlegenheit gelegentlich offenlassen. Wenn unvollkommene Konkurrenz in der neoklassischen Theorie einen Preissetzungsspielraum eröffnet, so ist der Verweis auf Macht – die meist noch nicht einmal politische wäre – nur der Hinweis auf exogene Kräfte, deren Analyse noch offensteht. So ist es auch noch nicht politische Ökonomie, wenn der Spielraum innerhalb einer Theorie statt bei der Preissetzung bei der Verteilung aufgedeckt wird, obwohl in diesem Fall sich der Hinweis auf Macht spontan und richtig mit dem auf die politisch gestalteten Institutionen verbindet, innerhalb derer sich die tarifliche Auseinandersetzung um den Geldlohn und die für den Reallohn entscheidende Festlegung der Inflationsrate abspielt. Politische Ökonomie kann sich aber auch nicht auf die Unterscheidung zwischen Ordnungs- und Prozeßpolitik festlegen und ihre wesentlichen Inhalte auf die erstere einschränken lassen, während die letztere als Gefahr für den Liberalismus soweit als möglich gebannt wird. Denn diese weitreichende Trennung wird weder allgemein gewollt, noch ist sie streng durchführbar.

Politische Ökonomie zielt auf das Erkennen des Zusammenhangs zwischen den wirtschaftlichen Kräften und denen, die das staatliche und gesellschaftliche Leben lenken, indem sie teils selbst aktuellen wirtschaftlichen Interessen entspringen, zum Teil aber historisch verwurzelt sind: sei es in älteren wirtschaftlichen Motiven, in gesellschaftlichen Traditionen oder anderen Ansprüchen wie dem neuzeitlichen auf Geltung von Menschenrechten. Politische Ökonomie muß auf einem Verständnis vom Ursprung und Ineinandergreifen dieser Kräfte beruhen. Ich will hier ihrer Auffassung in den drei Hauptströmungen der Nationalökonomie nachgehen, wobei eine Respektbezeugung – aber keineswegs die nicht mehr mögliche vollständige Ehrenrettung – für die historische Schule vorangestellt ist.

Politische Ökonomie ist auch mit den Leitbildern befaßt, nach denen die politischen und wirtschaftlichen Prozesse mehr oder weniger bewußt koordiniert werden. Daß diese sich mit den zugrundeliegenden Institutionen, und mit diesen auch die Spielregeln des ökonomischen Handelns, daß also auch die Inhalte der ökonomischen Theorien sich wandeln müssen, hat die historische Schule richtig gesehen. Fatal waren allerdings die nationalistischen Konsequenzen, die zahlreiche Mitglieder gezogen haben, und zwar hauptsächlich wegen der Vorbereitung des Terrains für nationalsozialistisches Gedankengut, indirekt aber auch wegen der daraus zwar nicht nach der Logik der Sache, aber nach der Logik der der Wissenschaftspolitik folgenden Diskreditierung des historischen Standpunkts. Vorsicht ist auch, und aus ähnlichen Gründen, geboten, wenn man – wie ich im folgenden – den Rückgriff auf die Klassik wagt. Auch Marx zeichnet sich, wenn auch nicht als einziger, durch die Berücksichtigung des historischen Standpunktes aus. Zwar wird niemand behaupten, es führe wegen der Dazwischenkunft von Marx eine gerade Straße von Smith und Ricardo zum Archipel Gulag, die nicht auch andere Ausfahrten hätte: aber wo genau liegen sie, und wie wären sie zu beschildern? Der im weiteren vorgeschlagene Weg gilt gegenwärtig als selten begangene Variante – zu Unrecht, wie ich einmal noch zu zeigen hoffe.

I. Das Erbe der historischen Schule

Zur begrenzten Ehrenrettung der historischen Schule sei zuerst die Vermutung gewagt, daß – da die deutsche Wissenschaft sonst im 19. Jahrhundert eine führende Stellung einnahm, wie sie sie seit dem Nationalsozialismus nie wieder erreicht hat – es doch absonderlich wäre, wenn die deutsche Nationalökonomie jener Epoche als einzige die Verachtung verdiente, die ihr die gegenwärtigen Zunftvertreter mehrheitlich angedeihen lassen. Felix Klein hat die Geschichte der Mathematik im 19. Jahrhundert[1] geschrieben, in der die Namen von Gauß, Riemann und Cantor neben berühmten Franzosen und Engländern die Hauptrolle spielen, und sie läßt sich mit Klein selbst und Hilbert fortsetzen. Ebenso ließe sich die große Bedeutung des deutschen Beitrags auch in den übrigen Naturwissenschaften dokumentieren; er ist im Ausland unbestritten.

Vielleicht ragt die deutsche Geisteswissenschaft im vergangenen Jahrhundert im internationalen Vergleich aber noch stärker heraus, und zwar nicht nur, wenn wir an die Philosophie, sondern auch, wenn wir an die Kulturwissenschaften[2] denken, an die an Winckelmann anknüpfende Begründung der Altertumswissenschaft, an die Leistungen der Historiker und Philologen, und wir dürfen hier auch die klassische deutsche Dichtung als einen Ursprung dieser geistigen Bewegung nennen. Vieles Neue wurde als Umwälzung empfunden, und nicht nur Technisches. Ist nicht zum Beispiel Burckhardts Werk über die Renaissance als ein Beleg der Beeinflussung von Geschichts- und Kunstverständnis durch die Geisteswissenschaft zu den großen Entdeckungen[3] zu zählen?

Nun möchte es scheinen, es sei, außer List mit seiner Entwicklungszollidee, kaum ein Mitglied der historischen Schule international einflußreich geblieben. Wenn man bedenkt, wie viele Vertreter der historischen Schule sich dem Nationalsozialismus nicht entzogen, ja ihm den Weg bereitet haben, wird diese Auffassung verständlich. Sie vernachlässigt allerdings, daß die historische Schule indirekt mehr Einfluß auf die historischen und gesellschaftlichen Disziplinen gehabt hat, als man sich bewußt wird, wenn man nur an die Einzelbeiträge der Hauptvertreter denkt und sich auf die Fachökonomen beschränkt.

Um zuerst die bekannten Namen zu nennen: Die Marxsche Sicht der Geschichte beruht auf einer Faktenkenntnis, die der mit der historischen Schule zusammenhängenden deutschen geisteswissenschaftlichen und insbesondere historischen Forschung die vielfältigsten Gesichtspunkte verdankt, wenn er auch von der historischen Schule der Nationalökonomie im engeren Sinne nicht abhängig war und fast nur als ihr Kritiker von ihr angeregt wurde (z. B. von Roscher, den er als Wilhelm Thukydides verspottete). Hier ist jedoch an die Historiker von Niebuhr bis Bachofen zu denken, obwohl die geschichtlichen Illustrationen im *Kapital*, da sie aus bekannten Gründen England betreffen, sich vorwiegend auf englische Autoren stützen. An anderen Stellen, besonders in den historischen Exkursen der *Grundrisse*, läßt sich die Auseinandersetzung mit historischen Quellen und der deutschen Sekundärliteratur, insbesondere zur Alten Geschichte, reichlich belegen.[4] Beeinflußt war Marx auch von Vertretern der deutschen historischen Rechtsschule, die in ihren im Gegensatz zu naturrechtlich-liberalen Vorstellungen stehenden Bemühungen um eine historische Begründung von Recht und Gesetz umfangreiche rechtsgeschichtliche und allgemein-historische Untersuchungen durchführten. Zu nennen ist hier vor allem v. Maurer, der sich mit der Geschichte der Germanen befaßte und für Marx durch seine Untersuchung über das Gemeineigentum interessant wurde.[5]

Vor Max Weber hat Wilhelm Hennis gezeigt, wie er seine Ausbildung, viele seiner Grundbegriffe und den Diskussionszusammenhang der historischen Schule verdankte.[6] Durch ihn wirken die Ideen der historischen Schule, freilich abgewandelt, international in der Gesellschaftswissenschaft am stärksten nach.

Zwischen der historischen Schule und der neuentstehenden Ethnologie bestanden Zusammenhänge, die zu Ansätzen der ökonomischen Anthropologie führten, noch bevor Malinowski dieses Gebiet außerhalb des deutschen Sprachraums bekanntmachte.[7] So wurde auch die Vorstellung gewonnen, daß die alten orientalischen Reiche und die asiatischen Despotien planwirtschaftlichen Charakter hatten, daß die Planwirtschaft also nicht eine Erfindung der Moderne ist.[8] Am bekanntesten aber sind die Beiträge von Mitgliedern der historischen Schule zur Charakterisierung der antiken und mittelalterlichen Wirtschaftsweise; an diesen Fragestellungen waren mehrere der herausragendsten Exponenten wie Karl Bücher, Brentano oder Schmoller selbst beteiligt.[9] Echos der Debatten finden sich bei bekannten modernen Autoren wie Rostovtzeff und Finley für das Altertum, bei der französischen Schule der Annales und bei den englischen Wirtschaftshistorikern, erinnert sei an Namen wie Marc Bloch, Ashley, Clapham.[10]

Indem die historische Schule im induktiven Verfahren zur Wirtschaftsgeschichte der Welt wesentliches beitrug, hat sie ein Anschauungsmaterial zusammengetragen, das – obwohl in Darstellungen, Einschätzungen und im sprachlichen Ausdruck zeitgebunden – für differenzierte Einschätzungen der modernen Entwicklung Raum ließ. Natürlich spielten die Standpunkte eine Rolle – die historische Schule hatte ebenso ihre »linken« wie ihre »rechten« Exponenten –, aber es gab ein breites Verständnis für die sozialen Umwälzungen, die Aufgaben des Staates, die Emanzipationsbewegungen, die Problematik der Kolonialisierung usf. Wer für die Vergangenheit verschiedene Wirtschaftsformen gekannt hatte, hatte den Mut, möglichen Wandel auch für die Zukunft vorzusehen. So entstanden auch die Anfänge des wirtschaftlichen Systemvergleichs.

Das politische Spektrum der historischen Schule reicht von den Liberalen Knies und Hildebrand (der aktiv an der 1848er Revolution teilgenommen hatte) und dem Linksliberalen Brentano bis zu den Konservativen Roscher und Schmoller.[11]

Brentano hatte sich in einer Zeit, in der dies noch keineswegs üblich war, für eine starke Gewerkschaftsbewegung eingesetzt. Er bekämpfte die Schutzzollpolitik Bismarcks, die z. B. von Adolph Wagner (der zwischen der historischen Schule und der theoretisch orientierten Nationalökonomie anzusiedeln ist) vehement vertreten wurde, und war gleichzeitig ein Befürworter der Kartellbewegung.

Ein interessanter Fall ist auch Sombart[12], der seine akademische Karriere als Marx-Bewunderer begann (und deshalb bis zum Ende des Kaiserreichs nur zweitklassige Positionen im deutschen Universitätssystem einnehmen konnte) und den seine Ablehnung der industriellkapitalistischen Entwicklung schließlich in die Arme des Nationalsozialismus trieb, die sich ihm aber nicht öffneten.

Schmoller, der wohl bekannteste Vertreter der jüngeren historischen Schule, war ein begeisterter Anhänger der preußisch-deutschen Monarchie. Er befürwortete eine paternalistische Sozialpolitik mit dem Ziel der Integration der Arbeiter in den monarchischen Staat.

Trotz aller Vielfalt der politischen Schattierungen war wohl die Befürwortung einer aktiven staatlichen Sozialpolitik und die Ablehnung des »Manchester-Liberalismus« das (von der wirtschaftspolitischen Seite her) eigentlich Verbindende für die Vertreter der jüngeren historischen Schule, die man nicht umsonst vielfach »Kathedersozialisten« nannte.

In Verfolgung der induktiven Methode hat die historische Schule die Fähigkeit zur phänomenologischen Beschreibung des historisch spezifischen Charakters wirtschaftlicher Tätigkeiten in bestimmten Epochen, bei bestimmten Völkern und unter bestimmten Sitten bis hin zu Anwendungen entwickelt, die den modernen Ökonomen verblüffen. In seinem Buch *Arbeit und Rhythmus*[13], das viele Auflagen erlebte, hat beispielsweise Karl Bücher die Arbeitsformen unter vorindustriellen Bedingungen verglichen und gezeigt, wie sich – den Aufgaben, Werkzeugen, kulturellen Traditionen und Herrschaftsverhältnissen entsprechend – bestimmte Arbeitsrhythmen herausbilden, deren Takt an Arbeitsgesängen abgelesen werden kann, so daß wir da in einem ökonomischen Traktat statt mathematischer Formeln Notenbeispiele finden. Das Exotische solchen Unterfangens, verbunden mit professoraler Gründlichkeit der Ausführung, erweckt heute den Eindruck reiner Materialsammlung. Dank seiner Originalität war Bücher wenigstens selten langweilig, wohl aber – leider – manche mindere Kollegen, zumal die verschiedenen Ansätze zu Stufentheorien in ihren theoretischen Grundsätzen sehr einfach strukturiert blieben und die Einteilungskriterien unter der Materialfülle erstickten.

Aber es gab auch informierte Synthesen, die nachzuvollziehen sich lohnt.[14] Sie ermöglichten eine zeitliche Periodisierung und eine räumliche Abgrenzung von Wirtschaftsformen, also eine Typisierung, die in der modernen Wirtschaftsgeschichte häufig abhanden gekommen zu sein scheint. Zwar ist die Vorstellung einer mechanisch-regelmäßigen Abfolge von bestimmten Produktionsweisen nach einer Schematisierung marxistischen Gedankenguts mit Recht diskreditiert, aber das rechtfertigt nicht den gänzlichen Verzicht auf entsprechende Begriffe, ohne die nicht nur die Logik der vergangenen Entwicklung, sondern auch der innere Zusammenhang der Gegenwartskonflikte und die Alternativen zukünftiger Entwicklung kaum zu begreifen sind.

Wie ich anderswo mehrfach ausgeführt habe,[15] scheint mir eine Verbindung der Begriffe von Wirtschaftssystem und Wirtschaftsstil der Anforderung, den Stand der modernen theoretischen Diskussion zu halten, ohne die phänomenologische Methode der historischen Schule ganz zu verlieren, am ehesten angemessen. Das Wirtschaftssystem läßt sich – das beweisen jedenfalls die bestehenden Ansätze – durch die Theorie jeweils nur in gröbsten Zügen und nach einem eher mechanischen Muster charakterisieren. In extremer Form zeigt sich dies in der neoklassischen Denkwelt, die bei identischen Faktorausstattungen, Technologien und durch ihre Nutzenfunktion charakterisierten Individuen die Systemunterschiede im wesentlichen nur an Verfügungsgewalten festmacht, im Extrem die reine Konkurrenzwirtschaft und die reine Planwirtschaft einander gegenüberstellend. Das Bild kann sich dann differenzieren, indem beispielsweise der Theorie der unvollkommenen Konkurrenz Modelle entnommen werden, mit denen sich spezielle Ausprägungen der Marktbedingungen formalisieren lassen. Solche Modifikationen des Systembegriffs erbringen jedoch kaum einen eigenständigen Charakter.

Der Stil soll jedoch, auch jenseits der quantifizierbaren wirtschaftlichen Größen, jene »Einheit des Ausdrucks und der Haltung einer Epoche« kennzeichnen, die für die Kulturgeschichte unumstritten als ein – wenn auch in den Abgrenzungen oft diskussionswürdiges – Faktum mit zeitlichen und regionalen Variationen festgestellt wird. Freilich sind die wissenschaftstheoretischen Prinzipien, auf deren Grundlage etwa der Stil der Renaissance entdeckt und seither – nur in Einzelheiten anders aufgefaßt – in die historischen, kunsthistorischen, literaturhistorischen usw. Lehrmeinungen aufgenommen wurde, sehr andere als die Verfahren der theoretischen und experimentellen Forschung in der Physik, von denen sich die analytische Wissenschaftstheorie ableitet. Aber wenn die Wirtschaftslehre nicht nur eine Pseudonatur-, sondern auch eine Geistes- und Kulturwissenschaft ist, muß sie sich eben auch jener anderen Methoden bedienen können und hermeneutische Verfahren in sich aufnehmen. Daher wurde früher nicht nur von »rationaler«, sondern auch von »anschaulicher« Theorie gesprochen.[16]

Die materialistische Geschichtsdeutung ist längst nicht mehr nur eine Angelegenheit von Marxisten. Der Rekurs auf die ökonomischen Bedingungen als letztinstanzlichen Erklärungsgrund findet sich nunmehr auch bei anderen Historikern und zumal in der amerikanischen Wirtschaftsgeschichte. Demgegenüber ist es provokativ, die Dimensionen, nach denen Spiethoff[17] den Wirtschaftsstil zu untersuchen vorschlug, gleichzuordnen, unter Einschluß des sog. »Wirtschaftsgeistes«. Aber meine unpublizierten Vorlesungen über »Wirtschaftssysteme im historischen Vergleich«, in denen ich – von der neolithischen bis zur industriellen Revolution – die Wirtschaftsgeschichte in großen Abschnitten betrachte, haben mich mehr und mehr von der Berechtigung dieser Sichtweise überzeugt, obwohl ich, als ich vor über zehn Jahren mit der Vorlesung begann, den Stilbegriff in der Ökonomie noch nicht kannte.

Demnach unterscheiden wir zwischen 1. den natürlichen und technischen Grundlagen, 2. der Wirtschaftsverfassung, 3. der Gesellschaftsverfassung, 4. der Wirtschaftsstruktur und Wirtschaftsdynamik und 5. der Wertedimension. In jeder dieser Dimensionen spielt sich eine eigene, mit den Abläufen in den anderen Dimensionen verschränkte Geschichte ab, und es stellt sich als sehr problematisch heraus, einer vor den anderen das Primat einzuräumen.

Wenn beispielsweise antike Volksweisheit gerne Leitbilder entwarf und gelegentlich drei Existenzweisen beschrieb, deren erste mit der aktiven Teilnahme an den olympischen Spielen, etwa dem Wettlauf, verglichen wurde, die zweite mit dem Zuschauen und die dritte mit dem Herumeilen derer, die den Athleten und Zuschauern Stärkungen feilboten, so bestand für die Philosophen nur die Frage, ob die erste oder zweite Lebensform die wünschenswertere sei, in der späteren Terminologie die vita activa oder contemplativa. Die dritte Existenzweise war unter der Würde. Die die griechische Kultur durchziehende Geringschätzung der Händlertätigkeiten, von Aristoteles[18] systematisch durchdacht, und die Zuordnung des Gewinnstrebens zur Händlertätigkeit unter Ausblendung der Produktion ist ein Charakterzug, der nicht als Überbauphänomen abgetan werden kann und der zur Beschränkung der in der griechischen Welt durchaus vorfindlichen »kapitalistischen Tendenzen« beitrug. Die Vorstellung korrespondiert mit Aspekten der Wirtschafts- und Gesellschaftsverfassung, die die Bürger von handwerklicher Tätigkeit fernhielt, und trug dazu bei, daß naturwissenschaftliches Wissen nicht in den Dienst der Produktion gestellt wurde. Man wollte lieber Tugenden und Staatsformen systematisieren als das Ingenieurwesen.[19]

Das eigentlich Interessante ist jedoch nicht der Stil in statischer Betrachtung, sondern der Stilwandel, wie er etwa zum Ausdruck kommt im Gegensatz zwischen den kleinen griechischen Staaten mit ihren demokratisch gleichberechtigten Bürgern, die, gestützt auf mäßige landwirtschaftliche Haushalte und mäßigen Sklavenbesitz, ihre Angelegenheiten in günstigen Epochen gemeinschaftlich regelten, und dem von der Politik der reichen Senatoren mit ihrem Großgrundbesitz und den Sklavenmassen bestimmten, vom Kaiser zentral regierten imperialen Rom. Der Kontrast mit seinen Ursachen hat Zeitgenossen und Nachwelt seit seinem Entstehen immer wieder fasziniert. Man deutete dies als zwei durch eine historische Entwicklung miteinander verknüpfte Stilausprägungen desselben Wirtschaftssystems: der Sklaverei, bei nicht so sehr unterschiedlichen technischen Grundlagen, gestützt auf agrarische Produktion, Handwerk, lokalen und Fernhandel.

Die hervorragende Bedeutung der Politik im Altertum erlaubt eine einfache Illustration ihrer Einbettung in das Wirtschaftsstilkonzept. Natürlich ist die Politik auch dort Interessenvertretung gewesen, wofür beinahe jeder uns bekannte politische Akt Zeugnis ablegt. Aber ein Verständnis des politischen Handelns ist nicht zu gewinnen ohne Kenntnis der Inhalte der Interessen und – zumal gerade Politiker sich gerne öffentlich auszeichnen – der Werte, in deren Verfolgung man wetteifert. Politische und kriegerische Qualitäten waren vielleicht für eine Wahl günstigere Auszeichnungen als ökonomischer Erfolg, und wer für die Verschönerung etwas leistete, ging eher in die Geschichte ein, als wer die Hafenzölle neu regelte.

Wie ein gegenwärtiger Wirtschaftsstil in wünschenswerter Richtung zu verändern sei, will ich zu Ende dieses Aufsatzes fragen. Wenn es nicht um die Setzung neuer Normen, sondern die Beschreibung der bestehenden gehen soll, wäre es eine sinnvolle, nach meiner Ansicht der politischen Ökonomie zuzurechnende Aufgabe, den Stilwandel zu erfassen, der in der Bundesrepublik mit dem Auslaufen der Wiederaufbauphase sich abzuzeichnen begonnen hat. Ökonomische Aspekte spielen jedenfalls insofern eine größere Rolle, als in den Medien mehr von ihnen die Rede ist als je zuvor, während das Wachstum sich stark abgeschwächt hat. Die Außenorientierung ist geblieben, der Binnenmarkt schwächer. Die der Stabilität zugrundeliegende zurückhaltende Lohnpolitik sieht sich in Frage gestellt. Die Ausdehnung der Staatsquote ist auf eine Grenze gestoßen. Wie sind nun Deregulierung, die wachsende Rolle des Kapitalmarkts, die fortschreitende Konzentration, der Kampf um neue Technologien, die Umschichtung der Staatsausgaben zu interpretieren? Mit welchen Wertänderungen gehen der Übergang zu kleineren Familien, zu neuen Berufen, die gewachsene Arbeitslosigkeit (besonders bei der Jugend), die veränderten Aufgaben der Manager einher? Oder wie hängen die Veränderungen des Steuersystems und das Wertesystem zusammen?

Es gibt eine Vielzahl solcher Fragen, die der politischen Ökonomie zugehören und die in Zusammenhängen zu betrachten sind, die einen Wirtschaftsstil kennzeichnen. Warum sind beispielsweise Fragen der Sozialversicherung als solche der politischen Ökonomie anzusehen? Doch nur z. T. deshalb, weil über sie im politischen Raum entschieden wird, weil die Entscheidung Interessen reflektiert und so fort. Die volle Bedeutung des Worts politisch ist erst erfaßt, wenn die Maßnahme mit ihren Konsequenzen für die wirtschaftlichen und gesellschaftlichen Zusammenhänge gesehen wird, beispielsweise, indem man durch die Verbesserung der Sozialversicherung – vielleicht ganz bewußt – dem Trend zur Auflösung der Großfamilie weiter Raum gibt, was wieder vielfältige Konsequenzen hat, wie für den Wertewandel, die Siedlungsform, die Schichten der Bevölkerung, wenn man will, den Lebensstil.

Zu den verhältnismäßig stabilen Elementen, die einen Wirtschaftsstil kennzeichnen, gehören die Formen der Kompromißfindung in der Austragung gegensätzlicher Interessen. Dahinter stehen nicht nur Institutionen, wie Verfassung, Gesetze, Entscheidungsorgane, sondern auch inhaltliche Traditionen, die ein Gefühl von der sachlichen Angemessenheit eines bestimmten Kompromisses vermitteln, etwa indem dadurch statusbedingte Interessen gewahrt bleiben. Während die politische Ökonomie in praktischer Hinsicht von der Beeinflussung der Interessengleichgewichte handelt und in theoretischer Hinsicht ihre wirtschaftliche Determinanten untersucht, möchte ich jede Untersuchung des Zusammenhangs der wirtschaftlichen und außerwirtschaftlichen Interessen in historischer Perspektive als Wirtschaftsstilforschung auffassen, ob sie sich nun in den von Spiethoff genannten Dimensionen oder in Varianten derselben bewegt.

Daher scheint mir die Wirtschaftsstilforschung – oder jede äquivalente, aber anders benannte Bemühung – ebenso eine wesentliche Hilfe zum Verständnis der politischen Ökonomie zu sein, wie sie diese selbst benötigt – jedenfalls unter den modernen Verhältnissen, in denen die ökonomischen Interessen der systematischen politischen Aushandlung unterworfen werden.

So sollte der Student nicht nur lernen, die Arithmetik der Sozialversicherung zu verstehen, sondern er sollte auch den Blick für die größeren politischen Zusammenhänge schärfen, und er sollte auch fähig sein, diese zu beschreiben. Er muß mehr als nur rechnen können. Um ihn zu üben, hießen ihn die Inhaber der Lehrstühle zu Zeiten der historischen Schule (die ja in der Begründung des Sozialstaates Pioniere waren) geschichtliche Prozesse, meist im kleinen Rahmen und auf kleinem Raum, aus den Quellen analysieren und darstellen. Ob das ein soviel schlechterer Unterricht war als ein immer neues Variieren derselben Oligopolmodelle? Jedenfalls möchte ich, um einem verkürzten Verständnis von Wirtschaftstheorie und Wirtschaftspolitik zu wehren, Geschichte und Wirtschaftsgeschichte entgegen dem

Trend curricularer Reformen der letzten Jahre als Obligatorium empfehlen.

Fern steht mir allerdings der Wunsch, um des historischen Blickes willen nun wieder die Theorie zu opfern. Sie bleibt die erste Voraussetzung unserer Wissenschaft und liegt auch dem Wirtschaftsstilkonzept (der Stil ist die Ausprägung eines Systems) in meinem Verständnis zugrunde. Betrachten wir daher nun die beiden großen, primär theoretischen Denkrichtungen, die neoklassische und die klassische.

II. Neoklassik

Von den großen Entwürfen, in denen Wirtschaft und Gesellschaft, Geschichte und Politik um das 19. und beginnende 20. Jahrhundert vereinigt werden sollten, haben die Teile jeweils besser überlebt als das Ganze. Wenn einem Buch wie Webers *Wirtschaft und Gesellschaft*[20] analoge Versuche heute kaum genannt werden können, liegt dies an der nun verbreiteten Skepsis gegenüber Grundhypothesen wie dem historischen Materialismus, die einer Gesamtschau als vereinigende Leitidee zugrunde liegen können, schließlich aber an der theoretischen Entwicklung der Nationalökonomie. Die vor etwa 100 Jahren entstandene und seit etwa 50 Jahren – wenn auch nicht unangefochten – dominierende Neoklassik eignet sich zwar zur Charakterisierung des Gegensatzes von Markt- und Planwirtschaft.[21] Sie ist aber hilflos beim Versuch, Wesenszüge traditionaler Gesellschaft zu kennzeichnen, ohne sich dabei entscheidend abzuwandeln. Sie hat andererseits das Ziel nicht aufgegeben, die marktwirtschaftliche Ordnung als ideale Verkehrsform nachzuweisen. Dazu muß sie eine Universalität ihrer Voraussetzungen behaupten, die der Theoretiker gleich zurücknimmt, wenn er mit historischem Material ernsthaft konfrontiert wird, ohne daß jedoch das Bewußtsein der Beschränkung in die theoretische Exposition oder auch nur in deren ideologische Präsentation wirklich aufgenommen würde.

Was ist neoklassische Theorie? Wenn man die Robbinssche Definition im weiten Sinne versteht, wie es heute üblich geworden zu sein scheint, bedeutet sie wenig mehr als die Anwendung eines Optimierungskalküls auf wirtschaftliche und gesellschaftliche Zusammenhänge: Individuen und Kollektive suchen bei Entscheidungen ihren Vorteil.

Zur dogmenhistorischen Unterscheidung ist eine so weit gefaßte Definition untauglich, denn keine Schule der Nationalökonomie kommt ohne Optimierungsvorstellungen aus – man denke an die Gewinnmaximierung, die als eine Maxime, unter der Kapitalakkumulation sich vollziehen kann, noch nie geleugnet worden ist, sosehr etwa von der historischen Schule andere Motive als ebenso berücksichtigungswürdig hervorgehoben wurden.

Ferner ist die Definition zu weit, weil sie einen Aspekt jeder menschlichen Tätigkeit anspricht; in ihrer Wertungslosigkeit bleibt sie ohne Inhalt und führt zu den Sophismen, die die Philosophen schon vor über 2000 Jahren beobachtet haben, wonach sogar die altruistische Tat »eigennützig« (als »Optimierung«) gedeutet werden kann, weil sie freier Wahl entspringt. Dagegen ist es ein moralisches Problem, ob von Altruismus gesprochen werden darf, wenn sich der ihn Ausübende darin gefällt. Der Philosoph mag daher mit Lessings Nathan fragen, wo die echte Tugend des Altruismus beginnt. Die Unterordnung heterogener Motive unter ein einziges Präferenzprinzip scheint mir noch immer moralisch und wissenschaftlich problematisch, jedenfalls unfruchtbar, auch wenn sie sich in der Anwendung meist auf die Erklärung der Wahl zwischen dinglichen Gütern beschränkt. Die Tendenz, immer weitere Handlungsbereiche utilitaristisch zu deuten, stellt andere Motive und Bewertungsmaßstäbe in Frage. Insofern empfinde ich diese Theorie als gesellschaftlich subversiv.

Das historisch Unspezifische schließlich mag man an folgendem Beispiel ablesen. Für mehrere traditionale Gesellschaften findet sich die zuerst im vorrevolutionären Rußland bestätigte Chayanov-Regel bekräftigt, die besagt, daß die Mitglieder der Großfamilie desto mehr arbeiten, je ungünstiger das Verhältnis der Zahl der Arbeitsfähigen zu der der nichtarbeitsfähigen Mitglieder der Gesellschaft ist.[22] Es wird also offenbar gearbeitet, bis ein historisches Subsistenzminimum für alle Angehörigen erreicht ist, dann hört die Arbeit auf; es wird nicht akkumuliert. In solche Zusammenhänge gehören oft Traditionen, die den gemeinsamen Verzehr von Überschüssen durch Feste nahelegen, und Regeln, die ein Teilen auch mit Fernerstehenden vorschreiben. Das Sprichwort »Ein Freund im Sommer ist ein Verwandter im Herbst« besagt, daß, wer im Sommer als Freund etwas abseits stand, sich im Herbst, wenn die Ernte zur Teilung ansteht, gerne als Verwandter zu erkennen gibt, um auch etwas abzubekommen.

Hinter solchen Regeln stehen Evolutionen, die – obwohl dies zumeist nur auf Hypothesen beruht – vielleicht sozialdarwinistisch erklärt werden mögen: teilungsfähige Gesellschaften überleben länger. Andererseits kann, gegeben die Institutionen, behauptet werden, das Teilen liege im eigenen Interesse des Individuums, weil es dadurch im bestehenden institutionellen Rahmen und bei bestehenden Wertvorstellungen sein Prestige maximiert. Das für einen solchen Zusammenhang auffälligste Beispiel des Potlachs (destruktiver Wettbewerb im Geben bei einigen Indianerstämmen) ist so von Orosel behandelt worden.[23]

Solche Präsentationen eines gegebenen Traditionszusammenhangs sind zugleich Interpretationen und damit interessante Erklärungsversuche, aber sie haben mit neoklassischer Theorie wesensmäßig nicht mehr zu tun als mit der Klassik oder der historischen Schule. Das traditionale Verhalten kann nur unter Entleerung, ja manchmal Verkehrung des Nutzenbegriffs diesem subsumiert werden. Gelingt die Umdeutung, befinden wir uns auf anderem Terrain. Wenn die Erweiterung des Forschungsgebiets über den eigenen Gesellschaftszusammenhang am ehesten der historischen Schule entspricht, und die Klassik zuerst die eigenen Interessen (bei Smith deutlich über Gewinnmaximierung hinaus in seiner Theorie der sittlichen Gefühle) betont hat, so entstammen nun der Neoklassik fast nur noch die mathematischen Verfahren zur Formalisierung der abstrakt gefaßten Interessen und ihrer modellmäßigen Vermittlung.

Ich ziehe es vor, mich an das bewährte Verständnis von Neoklassik zu halten, wonach sie – in Abgrenzung von der Klassik – die Preisbildung auf Güter und Faktormärkten durch ein markträumendes Gleichgewicht von aus subjektiven Präferenzen abgeleiteten Angeboten und Nachfragen erklärt. Sie ist daher ihrem Wesen nach eine Theorie der Vollbeschäftigung, denn die Gleichgewichtspreise sind so definiert, daß insbesondere die zu den Faktorpreisen gehörigen Angebote der Faktorbesitzer nachgefragt werden.

Die neoklassischen Modelle existieren in zahlreichen Varianten, die sich vor allem im Hinblick auf die Behandlung des Kapitals unterscheiden, denn dieser im gegebenen System zentrale Produktionsfaktor kommt im langfristigen Gleichgewicht gemäß einheitlicher Profitrate zur Anwendung, während die Faktorbestände in unterschiedlichem Grade knapp sein können, so daß zwischen den Preisbestimmungen des Kapitals gemäß Produktionskosten und gemäß Knappheit ein Widerspruch entsteht, der von den neoklassischen Modellen in verschiedener Weise umgangen wird. Eine der beiden Hauptformen der Behandlung des Problems im modernen Unterricht besteht in der Voraussetzung, Kapital sei homogen (Ein-Gut-Ökonomie, Produktionsfunktion). Dann läßt sich der Akkumulationsprozeß im Sinne einer Verschiebung des langfristigen Gleichgewichts durch Wachstum behandeln. Das Kapitalangebot besteht aus dem Bestand, vermehrt um die Ersparnis; die Nachfrage wird mit der Bedingung, daß Grenzprodukt und Faktorpreis bei Gewinnmaximierung übereinstimmen müssen, von der Produktionsfunktion abgeleitet. Die Einwände gegen diese Konstruktion sind bekannt.

Aus der Verknüpfung des Walrasschen Modells des Tauschs und der Produktion ohne Kapitalbildung mit Lindahls und Hayeks Annäherung an eine Zins- und Geldtheorie im intertemporalen Modell ist die moderne Theorie des intertemporalen allgemeinen Gleichgewichts als eigentümlicher Zwitter zwischen der kurzen und langen Periode zuzuordnenden Fragestellungen entstanden.[24] Diese zweite moderne Methode der Behandlung des Kapitalproblems hat das inkonsistente Walrassche Modell der Kapitalbildung bei uniformer Profitrate ganz und die empirisch gehaltvollere marshallianische Analyse weitgehend verdrängt. Der kurzen Periode entstammt die Vorstellung eines gegebenen Angebots heterogener Kapitalgüter »am Anfang«. Auf die lange Periode verweist der über viele Perioden erstreckte Zeithorizont. Der kurzen Periode entspringt das Bestehen von Quasirenten, die in dieser Theorie auftreten können, wenn Firmen mit unterschiedlichen Produktionsfunktionen ausgestattet sind. Auf die lange Periode verweist die Tatsache, daß unter geeigneten Voraussetzungen auch im intertemporalen Modell ein turnpike-theorem gilt.[25] Mit zunehmender Entfernung des Zeithorizontes ergibt sich eine Annäherung an einen Pfad gleichschrittigen Wachstums, bei dem dann die Verschiedenheit der Eigenzinssätze (die Ausdruck der unterschiedlichen Knappheiten der Anfangsbestände sind) sich tendenziell aufhebt und sich eine allgemeine Profitrate herausbildet.

Vom Standpunkt der klassischen Theorie handelt es sich also um ein Marktpreismodell, das eine Konvergenz von Marktpreisen zu Produktionspreisen implizit darstellt, unter der für die kurze Periode willkürlichen und einschränkenden Bedingung, daß die Märkte in jeder

Periode geräumt werden, wie Duménil und Lévy hervorgehoben haben.[26]

Am absonderlichsten ist die Behandlung des Kapitals. Die Divergenz der Produktionspreise der Kapitalgüter und der Preise für die Anfangsbestände sollte einen von dieser Preisdifferenz gesteuerten Anpassungsprozeß auslösen. Man würde erwarten, daß etwa Preise der Anfangsbestände, die unter den Produktionspreisen liegen, zur Enttäuschung von Erwartungen führen (denn es muß ja auch früher schon Produktion gegeben haben), so daß das Problem eines Zusammenbruchs der effektiven Nachfrage zumindest sektoral zu behandeln wäre. Da aber vollständige Voraussicht angenommen wird, richten sich die Investitionen nach dem aus zukünftigen Konsumgüternachfragen abgeleiteten Bedarf nach Produktionsgütern. Der Konflikt zwischen aus der Vergangenheit ererbten Erwartungen und den neu zu bildenden wird nicht thematisiert. Dies äußert sich, wenn die Substitutionsmöglichkeiten begrenzt sind und daher ein im Überschuß vorhandenes Kapitalgut in der ersten Periode den Preis 0 erhält, darin, daß hier die Kapitalverzinsung nicht uniform ist, weil die überschüssigen Kapitalgüter gar keinen Gewinn abwerfen.[27] Analog: Wenn ein Überschußangebot an Piloten vorgefunden wird, die Löhne der Flieger in der Wirklichkeit aber keineswegs gegen Null tendieren, liegt für den Neoklassiker eine institutionelle Anomalie vor. Die reine Theorie würde prognostizieren, daß die noch eingestellten Piloten gratis arbeiten; die angewandte Theorie müßte eine Rigidität annehmen. Der Klassiker sieht die Behandlung eines Arbeitsangebotes als Faktorbestand und die Lohnbestimmung durch Angebot und Nachfrage in der kurzen Periode jedoch generell als falsch an.

Diese Inkonsistenzen betreffen die ökonomische Logik, nicht die mathematische Modellbildung. Die Existenz des Gleichgewichts schließt andere Mängel nicht aus, die von den neoklassischen Ökonomen selbst hervorgehoben worden sind.

Nach Sonnenschein und Debreu läßt sich im wesentlichen zu jeder Konstellation von Nachfragekurven ein allgemeines Gleichgewicht mit Präferenzen angeben, das die gegebenen Nachfragekurven beliebig gut annähert.[28] Wenn die allgemeine Gleichgewichtstheorie den Anspruch erhebt, zu beliebigen Präferenzen ein Gleichgewicht nachzuweisen, so sind auf diesem Wege nun also beliebig viele Beispiele von Gleichgewichten zu gewinnen, die instabil sind, denn man hat nur entsprechende Überschußnachfragefunktionen anzugeben, die zu instabilen Gleichgewichten führen. Dies gilt schon auf der Ebene des reinen Tauschs.

Aus Kehoes Untersuchungen geht hervor, daß selbst unter recht einfachen Annahmen (z. B. vollständige Substituierbarkeit) die Eindeutigkeit des Gleichgewichts in allgemeinen Gleichgewichtsmodellen mit Produktion nicht gesichert werden kann. Wenn aber das Gleichgewicht nicht eindeutig ist, kann man wiederum bei kleinen Variationen der Anfangsausstattungen nicht sagen, zu welcher Gleichgewichtslösung die Ökonomie hin tendieren wird (wenn Stabilität überhaupt gegeben ist).[29]

Beeindruckt hat mich auch das Argument von Krause und Steedman, wonach, wenn ein gegebenes Individuum entsprechend seinen sozialen Rollen (z. B. Beruf versus Familie) eigentlich mehrere verschiedene Präferenzsysteme verinnerlicht hat, es für sich selbst daraus kein einheitliches und konsistentes Präferenzsystem ableiten kann, das dann Grundlage seiner Indifferenzkurven sein könnte, weil diese verschiedenen Präferenzsysteme des Individuums im allgemeinen genausowenig zu einer übergeordneten Präferenzordnung aggregiert werden könnten wie die Präferenzen vieler Individuen zu einer sozialen Wohlfahrtsfunktion.[30]

Ungeachtet ihrer Beliebtheit weist die allgemeine Gleichgewichtstheorie demnach sowohl in bezug auf ihre innere ökonomische Logik wie nach ihrer Voraussagefähigkeit (Stabilität, Eindeutigkeit) je nach ihren Voraussetzungen (Allgemeinheit der Präferenzen, man könnte hinzufügen: Ausschluß steigender Erträge) erhebliche Defizite auf.

Nun pflegt Hahn zu sagen, die Neoklassiker seien die besten Kritiker ihrer eigenen Theorie, und verweist dabei insbesondere auf die Aufgabe, monetäre Probleme und keynesianische Unterbeschäftigung in wesentlicher Weise mit der neoklassischen Theorie zu verbinden und sie nicht nur durch Rigiditäten oder andere Ad-hoc-Zusatzannahmen zu verknüpfen. Das allgemeine Gleichgewicht ist gegenüber monetären Faktoren und gegenüber der politischen Form gleichermaßen neutral. Diese Neutralität zu überwinden, ist ein Forschungsprogramm, das weiterhin der Vollendung harrt.[31]

Unterdessen haben die Neoklassiker ihre Theorie in der verschiedensten Weise modifiziert, um eben doch durch einfache Zusatzannahmen größeren Realitätsgehalt zu gewinnen. Hierzu gehören die

Rigiditäten, die beispielsweise der Ungleichgewichtstheorie zugrunde liegen. Es sind dies gewissermaßen die Epizyklen, welche die neoklassischen Ptolemäer ihrem allgemeinen Gleichgewicht (der sphaerischen Harmonie) anfügen, um vom vollkommenen Gleichgewicht (Kreisbahn) zur Annäherung an die beobachteten Planetenbahnen zu gelangen. Die unmittelbare Einführung der Keplerschen Ellipse wird nicht vorgesehen.

Für die Behandlung der politischen Ökonomie hat dies nun die angenehme Konsequenz, daß für die großen und allgemeinen Fragen weiterhin die Harmonielehre herangezogen werden kann, während beobachteten Mängeln die Epizyklen und dann auch bestimmte politische Instrumente zugeordnet sind.

Daraus ist eine neue politische Ökonomie entstanden, die versucht, die Rationalität politischer Entscheidungsbildung und politischer Prozesse zu analysieren, indem sie die Handelnden als Koalitionen von ihre Interessen verfolgenden Agenten auffaßt: Politiker und Parteien, die Wählerstimmen maximieren, Firmen und Haushalte, die Subventionen zu erlangen trachten oder Steuern minimieren usw. Diese neue politische Ökonomie ist grundsätzlich nicht neoklassisch im oben definierten Sinne, sondern verwendet deren analytische Instrumente zu neuen Zwecken. Sie wird aber häufig von Neoklassikern betrieben, die die Interessen auf Grund neoklassischer Theorie interpretieren.

Wenn das Instrumentarium neoklassischer Provenienz in der neuen politischen Ökonomie auch vom Neoklassiker gehandhabt wird, ergibt sich ein eigentümliches Paradox. Wird nämlich das allgemeine Gleichgewicht tatsächlich unterstellt, so wird wegen dessen wohlfahrtstheoretischer Eigenschaften ein wirklicher Politikbedarf gar nicht sichtbar, da der Markt die Interessen bereits harmonisiert – jedenfalls so lange nicht, als die Verteilung der Anfangsausstattungen akzeptiert bleibt. Man stellt daher auch fest, daß die neue politische Ökonomie vor allem dadurch konkret und interessant wird, daß sie gewissermaßen von Epizyklen der neoklassischen Theorie, von den Ausnahmen, vom Marktversagen, von externen Effekten und unvollkommener Konkurrenz, wie sie sich z. B. mit steigenden Skalenerträgen verbindet, ausgeht, denn solche Phänomene führen zu Abweichungen vom Konkurrenzgleichgewicht, die neue, über den Markt nicht von selbst befriedigend auszugleichende Interessen definieren, die also erst einen wesentlichen Politikbedarf bestimmen. Es ist kein Wunder, wenn in dieser verwirrenden Situation der Begriff von dem, was neoklassische Theorie eigentlich ausmacht, allmählich verlorengeht.

Buchanan hat in seiner Nobelpreisrede das Dilemma mit der Metapher von der unsichtbaren Hand erklärt.[32] Politik sei dadurch vom Markt unterschieden, daß es für die am Markt tätigen nutzenmaximierenden Individuen den Mechanismus der unsichtbaren Hand gebe, während in der Politik solche Vermittlung fehle. Den Abstimmungsprozessen mangeln die mit dem Marktgleichgewicht assoziierten wohlfahrtstheoretischen Eigenschaften, wenn man den Gegenstandsbereich nicht so einengt, daß Politik auch tatsächlich durch den Markt ersetzt werden kann. Buchanans Sprechweise ist insofern für den Dogmenhistoriker ärgerlich, als Adam Smith die Parabel von der unsichtbaren Hand zuerst gerade für einen quasipolitischen Zusammenhang eingeführt hatte, nämlich für den Ausgleich zwischen nach Rang und Achtung strebenden, von ihrem Gewissen aber kontrollierten Individuen im gesellschaftlich-öffentlichen Raum gemäß der *Theorie der sittlichen Gefühle*[33], bevor er das ursprünglich aus der Astronomie übernommene Gleichnis endlich auf den Marktprozeß im *Reichtum der Nationen* übertrug.

Da Buchanan jedoch keine unsichtbare Hand in der Politik entdekken kann, da er andererseits der Heterogenität der politischen Interessen begegnet, deren Abstimmung in der politischen Ökonomie eine Normgebung zu verlangen scheint, nimmt er eine Wendung vor, die gegenüber sonst – übrigens auch bei ihm – vorfindlichen Ansätzen der politischen Ökonomie einen Rückzug darstellt, ähnlich dem von der älteren Wohlfahrtstheorie mit ihrer kardinalen Nutzenmessung zur paretianischen Wohlfahrtstheorie: Die politische Ökonomie soll nun nicht mehr so sehr Einzelmaßnahmen diskutieren und bewerten, als die Spielregeln, Abstimmungsprozesse usw. des demokratischen Prozesses selbst in solcher Weise zu verbessern helfen, daß grundsätzlich allgemeine Zustimmung zu diesen Reformen der Verfahren erwartet werden darf. Das führt zu einem Verständnis von neuer politischer Ökonomie, welches mit Rawls' *Theorie der Gerechtigkeit*[34] Parallelen aufweist. Wenn es dort um die Begründung einer Gerechtigkeitsvorstellung durch einen Gesellschaftsvertrag ging, geschlossen zwischen informierten Individuen, die aber ihre zukünftige Stellung in der Gesellschaft nicht kennen, sollen jetzt diejenigen demokratischen Regeln gesucht werden, die ein Individuum unabhängig von der gegenwärtigen Interessenlage gutheißen würde, weil es sich in jeder möglichen Interessenlage durch die Gerechtigkeit des Verfahrens geschützt fühlte. Wie eine insofern ideale Verfassung auszusehen hätte, ist ein interessantes Problem, das aber von den Bemühungen um ein Verständnis der historisch vorfindbaren, großen politischen Zusammenhänge durch die normative Fragestellung hinwegführt.

Trotz großen Aufwands bleibt es wohl dabei, daß es für die Neoklassik – zumindest für die Neoklassik im engeren Sinne – keine wesentliche Begründung des Politischen innerhalb der kapitalistischen Gesellschaft auf ökonomischer Grundlage gibt, denn wenn die Faktoren in der Verteilungstheorie gleichartig behandelt werden, ist insofern kein Ansatz zur Unterscheidung ihrer wesentlich verschiedenen Interessenlagen, auch noch nicht zu einem Gegensatz von »links« und »rechts« gegeben. Wo grundsätzlich Vollbeschäftigung herrscht, ist Beschäftigungspolitik nur als temporäre Korrektur zu verstehen. Wettbewerbs- und Sozialpolitik wurden von den Begründern der sozialen Marktwirtschaft in großen Lettern auf die Fahnen geschrieben, denn die Marktformenlehre ist gewiß eine der natürlichsten unter den vorgeschlagenen Erweiterungen und Anwendungen des Gleichgewichtsbegriffs, während die Grenzen des Leistungsprinzips – also die Notwendigkeit sozialen Ausgleichs – auf der Hand liegen, wenn man an die Formen der Erwerbsunfähigkeit, die schon naturgegeben sind, denkt. Aber gerade in diesem Bereich finden sich neuerdings nun andere Weiterungen der Neoklassik, die eine Begrenzung statt einer Verstärkung sowohl der Wettbewerbspolitik als auch sozialstaatlicher Forderungen durch eine Weiterung des Wettbewerbsbegriffs begründen. Solche Wettbewerbsvorstellungen sind freilich in der Klassik stärker verwurzelt. Die Theorie der bestreitbaren Märkte z. B. legt eigentlich das Gewicht auf die Möglichkeit der Wanderung der Kapitale zwischen den Firmen oder Sektoren, fragt systematisch nach den Eintrittsbarrieren und stellt eine gewisse Gleichwertigkeit zwischen potentiellem und wirklichem Markteintritt fest, so daß Wettbewerb nicht mehr, wie es in der Neoklassik eigentlich üblich ist, an der Anbieterzahl gemessen wird, sondern, wie in der Klassik, an den Möglichkeiten der Wanderung des Kapitals.[35]

So ergibt sich, daß die eigentliche neoklassische Theorie den politischen Bereich nahezu ausschließt und die von den Neoklassikern betriebene politische Ökonomie für diese Schule wenig spezifisch ist. Man kann daher auch keineswegs behaupten, die neoklassische Theorie im weiteren Sinne sei mit bestimmten »rechten« oder auch nur »liberalen« wirtschaftspolitischen Positionen zwangsläufig verknüpft.

III. Klassik

In der Klassik handelte und handelt es sich gewissermaßen darum, von vornherein an die Stelle der idealen Kreisbewegung (das Gleichgewicht auf allen Güter- und Faktormärkten) die elliptische Bahn als eine andere idealisierte Grundform zu setzen (Gleichgewicht ohne Vollbeschäftigung), indem den Faktormärkten spezifische, durch die Bedingung des gegebenen Surplus gekoppelte Einkommensverteilungsgesetze zugeordnet werden. Dem Vordringen der walrasianischen Theorie entsprechen Bestrebungen moderner Interpreten, die historische Bedeutung des klassischen Entwurfs einzuengen: nur gerade der anstößige Marx wird ihr gerne zugeordnet, Ricardo wird umgedeutet, Smith neoklassisch vereinnahmt, Mill übergangen, und von der Kontinuität klassischen Denkens [36] vom Ende des letzten Jahrhunderts bis zu den dreißiger Jahren, für die in Deutschland solche Namen wie Bortkiewicz, Oppenheimer, Lederer stehen könnten, spricht man nicht.

So wird, trotz der Existenz dauernder Über- und Unterangebote am Arbeitsmarkt und anderer, mit der Neoklassik widerstreitender Beobachtungen ihr Geltungsanspruch sogar rückwärts erweitert. Gewiß läßt jeder, auch der neoklassische Begriff des langfristigen Gleichgewichts Unter- und Überbeschäftigung als temporäre Schwankung oder Störung zu. Aber die von den Klassikern gemeinte Arbeitslosigkeit oder Überbeschäftigung beruht auf der Kapitalakkumulation als autonomem Prozeß; sich anzupassen ist Sache der Bevölkerung durch Wanderungen, Veränderungen der Partizipationsraten usw. Die Interpretation der Klassiker aus neoklassischer Sicht ist daher so, als würde – um hier im Gleichnis zu bleiben – aus der Notwendigkeit der Störungsrechnung (Abweichungen vom Gleichgewicht) immer geschlossen, auch die Ellipse sei nur ein gestörter Kreis.

Teilweise ist diese Haltung wohl in der Furcht begründet, die von Marx aus der Klassik gezogenen politischen Konsequenzen seien denknotwendig. Damit würden Theorien nur nach den vermeintlichen Folgen beurteilt und die politischen Haltungen der Gründer der Klassik übergangen. Obwohl ich vielen, die an solchen Vereinfachungen nicht teilhaben, damit nichts Neues erzähle, will ich, um auch der politischen Vielfalt der Klassik gerecht zu werden, auf die Stellung der wichtigsten Autoren kurz eingehen.

Adam Smith war der erste große Theoretiker des Laissez-faire-Systems, der beschrieb, wie auf den privaten Vorteil ausgerichtete Aktivitäten der Individuen in einer dezentralen, marktregulierten Ökonomie so koordiniert werden, daß sie zu einer Erhöhung des »Reichtums der Nation« beitragen. Dabei darf allerdings nicht vergessen werden, daß die Einflußnahme des Staats für Smith eine weitaus größere Rolle spielt, als gemeinhin angenommen wird.[37]

Vor dem Hintergrund der zahlreichen kulturkritischen Passagen im *Reichtum der Nationen* scheint mir die Zusammengehörigkeit dieses zweiten Hauptwerkes mit dem ersten plausibel; ich übernehme daher die These, daß die marktregulierte Ökonomie bei Smith nur deshalb bestehen kann, weil das politische und soziale Leben von ethischen Prinzipien beherrscht wird. Bekanntlich war Smith nicht allein Nationalökonom, sondern auch Moralphilosoph. In seiner *Theorie der sittlichen Gefühle* formuliert Smith das Prinzip der »sympathy«. Es ist eine Art gefühlsmäßiger Anteilnahme am Schicksal anderer, zu der gehört, daß jedes Individuum die Handlungsweisen der anderen beurteilt, indem es sich gleichsam in diese hineinzuversetzen und deren Motive nachzuempfinden sucht, kurz, zum Beobachter (»spectator«) von deren Verhalten wird. Das »sympathy-Konzept« wird zum Prüfstein moralisch gutzuheißenden Handelns. Da jedes Individuum die »sympathy« der anderen zu erringen trachtet, wird es bei seinen Handlungen stets berücksichtigen, wie seine Umwelt, d. h. seine potentiellen »spectators«, über diese denken. Es wird überlegen, wie ein anderer an seiner Stelle geurteilt und gehandelt hätte. Das Individuum wird damit gleichsam zum eigenen »spectator«, der »impartial spectator« wird zum Gewissen des Individuums – ein dem Freudschen Über-Ich nicht unähnliches, aber sozial verankertes Konzept.

»We suppose ourselves the spectators of our own behaviour, and endeavour to imagine what effect it would, in this light, produce upon us. This is the only looking-glass by which we can, in some measure, with the eyes of other people, scrutinize the propriety of our own conduct.«[38]

Diese »Widerspiegelungstheorie« vermittelt so den gesellschaftlichen Zusammenhang der agierenden Individuen.

Smith sieht also soziale Verhaltensweisen von ethischen Prinzipien geregelt, die unabhängig von ökonomischen Zwängen und Marktmechanismen sind und den Charakter einer das politische und soziale Leben ordnenden Gesetzlichkeit besitzen. Nicht umsonst taucht die »invisible hand« bereits in der *Theorie der sittlichen Gefühle* in einem Zusammenhang auf, in dem der Marktmechanismus keine Rolle spielt. Es ist diese »Sozialisation des Individuums« (Heilbroner), vor deren Hintergrund die Rolle des eigennutzorientierten Handelns im *Wealth of Nations* zu relativieren ist.

Die Unbestechlichkeit und die Redlichkeit, mit der Ricardo die wirtschaftspolitischen Urteile in seinen ökonomischen Hauptwerken fällte, ist bekannt geworden und fand sogar Marx' Anerkennung. Selbst Landbesitzer, wandte er sich gegen die Korngesetze. Selbst den Unternehmern verbunden, wies er auf die Möglichkeit technologischer Arbeitslosigkeit hin. Wer seine Parlamentsreden und öffentlichen Äußerungen durchgeht, wird bemerken, daß die weit überwiegende Zahl seiner Interventionen ökonomische Angelegenheiten betraf, über die er als Experte, regelmäßig im Zusammenhang mit seiner besonderen Form der Theoriebildung, sprach. Die auffallenden Ausnahmen betreffen die Religionsfreiheit, zu der er sich mit großer Entschiedenheit äußerte – daß dazu Mut gehörte, zeigt der Owen betreffende Zwischenfall.[39] Obwohl er das bevorzugte Feld seiner nichtökonomischen Intervention, nämlich seinen Parlamentssitz, dem alten Wahlsystem verdankte, das eigentlich auf Kauf beruhte, trat er mit größter Entschiedenheit für die Ausdehnung des Wahlrechts aufgrund freier und geheimer Wahlen ein. Er war ein liberaler Mensch, dem seine Analyse die Interessenkonflikte in der Wirtschaftsgesellschaft zeigten und dem sein Herz gebot, sie durch langfristig tragbare Reformen zu mildern. Diese liefen freilich nach seiner Analyse eher auf den Abbau als auf die Erweiterung der Staatseingriffe hinaus. Eine Theorie seiner Politik zu schreiben lag ihm fern.

John Stuart Mills *Principles of Economics*, das am Ende des 19. Jahrhunderts am weitesten verbreitete Lehrbuch in England, wurde oft nur als eine Zusammenfassung der Ergebnisse der klassischen Ökonomie angesehen. Mehr in der Politik und der Anwendung als im Kern der ökonomischen Theorie wich Mill von der klassischen Lehrmeinung ab: Er erkannte, daß eine Verteilungstheorie im Gegensatz zu einer Produktionstheorie stärker institutionellen Charakter hat, betrachtete den stationären Zustand einer Ökonomie durchaus nicht als Übel und setzte sich für einen »genossenschaftlichen Sozialismus« ein, der eine Klasse mit Eigentum an Produktionsmitteln nicht vorsah und die Konkurrenz beibehielt.[40]

Mills Schrift *On Liberty* wird oft für bedeutender gehalten als die längeren Abhandlungen über die Grundlagen der Logik und der politischen Ökonomie.[41] John Stuart Mill setzt sich hier[42] für die »bürgerliche und soziale Freiheit« gegenüber der Gesellschaft und dem Staate ein. Die Grenzen der Herrschaft der Gesellschaft[43] sollen da liegen, wo das Handeln eines Individuums das Handeln der anderen noch nicht beeinträchtigt oder schädigt.[44] Mill trennt das Leben in einen privaten und einen öffentlichen Teil. Im privaten haben sich der Staat und die Gesellschaft möglichst nicht einzumischen. Der minimale Eingriff des Staates in die Privatsphäre der Individuen wird begleitet durch eine Zentralisierung der Information, die jedem zugänglich sein sollte.

Aus seiner Theorie folgt jedoch offenbar für Mill nicht eine Verurteilung der Gewerkschaften, die – so die gewöhnliche Argumentation der Liberalen – durch Zusammenschluß Gewalt auf die Kapitalisten ausüben könnten: »It is a great error to condemn, per se and absolutely, either trade unions or the collective action of strikes.«[45] »Associations of labourers«, so Mill, seien ein notwendiges Werkzeug für einen freien Markt, denn das seien »an indispensible means of enabling the sellers of labour to take due care of their own interests under a system of competition«[46]. Mill schätzte jedoch andererseits die Macht der Arbeiter, den Lohn beeinflussen zu können, gering ein.

Eine Haltung, die offenes Bemühen um analytische Klarheit, mutiges Benennen von Interessengegensätzen, Willen zur Reform und Charakterfestigkeit verband, sah ich auch bei den Schülern von Keynes in Cambridge. Von diesen sympathisierte Joan Robinson mit der Planwirtschaft, während Kaldor und Kahn ihre Dienste den gemäßigten politischen Kräften anboten, die sie in Anspruch nehmen wollten, ohne daß sie ihre Loyalität verkauft hätten.[47]

Nach Marx hätten solche Positionen schon vor hundert Jahren unmöglich sein müssen. Ich will kurz versuchen, die Grenzen seines Arguments vor dem Hintergrund klassischer Theorie zu bezeichnen.

Einmal handelt es sich um seine Vorstellung von einem Zusammenbruch des kapitalistischen Systems, der von der Zentralisation des Kapitals (heute Konzentration genannt) und vom säkularen Fall der Profitrate ausgelöst werden soll. Die Schwächung der Kapitalseite bei besserer Organisation der Arbeiterklasse wird die Überwindung des Systems dann erlauben, wenn die Voraussetzungen einer zentral geplanten Organisation der Produktion durch die kapitalistische Entwicklung selbst geschaffen sind. Meine Deutung, weshalb diese Tendenz sich nicht verwirklicht, habe ich an anderer Stelle angegeben.[48]

Im Zusammenhang mit der politischen Ökonomie scheint mir die von Ökonomen weniger oft untersuchte Frage, weshalb sich auch der Klassenzusammenhalt nicht so herausgebildet hat, wie Marx ihn postulierte, von größerem Interesse. In der Tat endet Marx selbst bei seiner Darstellung der Klassen im dritten Band des Kapitals mit einer – da das Manuskript abbricht – nicht ausgeführten Aporie:

»Die zunächst zu beantwortende Frage ist die: Was bildet eine Klasse? Und zwar ergibt sich dies von selbst aus der Beantwortung der andern Frage: Was macht Lohnarbeiter, Kapitalisten, Grundeigentümer zu Bildnern der drei großen gesellschaftlichen Klassen?
Auf den ersten Blick die Dieselbigkeit der Revenuen und Revenuequellen. Es sind drei große gesellschaftlichen Gruppen, deren Komponenten, die sie bildenden Individuen, resp. von Arbeitslohn, Profit und Grundrente, von der Verwertung ihrer Arbeitskraft, ihres Kapitals und ihres Grundeigentums leben.
Indes würden von diesem Standpunkt aus z. B. Ärzte und Beamte auch zwei Klassen bilden, denn sie gehören zwei unterschiednen gesellschaftlichen Gruppen an, bei denen die Revenuen der Mitglieder von jeder der beiden aus derselben Quelle fließen. Dasselbe gälte für die unendliche Zersplitterung der Interessen und Stellungen, worin die Teilung der gesellschaftlichen Arbeit die Arbeiter wie Kapitalisten und Grundeigentümer – letztre z. B. in Weinbergsbesitzer, Äckerbesitzer, Waldbesitzer, Bergwerksbesitzer, Fischereibesitzer – spaltet.«[49]

Marx selbst sagt uns also deutlich genug, daß innerhalb der Klassen die Verschiedenheit der Interessen und Lebenslagen trotz der gleich benannten Revenuen eine Spaltung verursacht. Marx hätte im Fortgang des Arguments also noch nachweisen müssen, daß hinter den formal gleichen Revenuen auch wesentlich identische Interessen und Voraussetzungen stehen und daß aufgrund dieser sich Verhaltensweisen und Traditionen herausbilden, die eine soziale Identität und Kohäsion der Klasse jenseits der »Zersplitterung« begründen.

Die Hauptlinien dieser Argumentation waren im *Kapital* durchaus vorgezeichnet: einerseits die Konfrontation von Kapital und Arbeit durch die Ausbeutungslehre, darauf gründend die Lohntheorie, der Übergang von der formellen zu der reellen Subsumption der Arbeit unter das Kapital, also die Disziplinierung der Arbeiter durch die Ausdehnung des Fabrikwesens. Auf der anderen Seite sah Marx den »Kommunismus des Kapitals«: Die Unternehmer gewinnen den Mehrwert insgesamt nach Maßgabe der Ausbeutungsrate (je länger die Mehrarbeit, gegeben der Arbeitstag, desto höher der Mehrwert); die Verteilung des Mehrwerts erfolgt in den einzelnen Industriezweigen jedoch in Proportion zum vorgeschossenen Kapital. Die Verteidigung des Mehrwerts erfordert ein Zusammengehen trotz Konkurrenz. Die so gestiftete Homogenität je von Kapital und Arbeit überträgt sich zwar nicht ohne weiteres auf den Landbesitz, der entsprechend verschiedenen Produkten in verschiedene Zweige zerfallen kann, deren Renten sich nicht parallel bewegen, doch hätte Marx vielleicht auf die Vorherrschaft der Kornproduktion verwiesen und im übrigen die Kohäsion der landbesitzenden Klasse durch ihren Gegensatz zu den beiden anderen erklärt.

Man sieht nun leicht, daß die Überzeugungskraft der Marxschen geschichtshistorischen Interpretation der kapitalistischen Entwicklung nicht auf der Grundstruktur der klassischen Theorie und ihrer Preislehre beruht, sondern auf der besonderen Form (Arbeitswertlehre), die Marx ihr gegeben hat, und auf den Hypothesen, die er über die Kapitalakkumulation und den technischen Fortschritt aufstellte.

Die Behauptung von der steigenden organischen Zusammensetzung beruht als aprioristische Konstruktion auf Fehlern in der Anwendung der Arbeitswertlehre (arbeitssparender Fortschritt führt nicht notwendig zur Steigerung des Kapital-Lohn-Verhältnisses), als halbempirisches Argument beruht sie auf einer richtigen Interpretation von Mechanisierung (Maschineneinsatz ersetzt Arbeit, nicht Rohstoffe), die tatsächlich zwingend die organische Zusammensetzung steigert, die aber nicht als dominierende Form des Fortschritts angesehen werden darf.[50] Die Homogenität der Arbeit beruht in der nichtmarxistischen Klassik nicht auf »abstrakter Arbeit«, sondern auf der angenommenen Konstanz der Lohndifferentiale, ist also nicht so emphatisch zu verstehen wie bei Marx. Die Ausbeutungskonstruktion ist damit nicht zwingend Grundlage der Klassik – auf die Varianten der Verteilungstheorie kommen wir noch zu sprechen.

Um den Marxschen Determinismus zu widerlegen, bedarf es also keineswegs der allgemeinen Gleichgewichtstheorie. Es genügt im übrigen, noch auf solche Faktoren hinzuweisen wie die Segmentierung der Arbeit, die Gegenmacht der Arbeiter unter gewerkschaftlicher Organisation, die Heterogenität auch von unternehmerischen Interessen und auf Traditionsbildungen (darunter die demokratischen), die zu dem Klassengegensatz gewissermaßen »quer« liegen. Die soziologische Untermauerung der marxistischen Argumentation wird ferner relativiert durch den Übergang zum »managerial capitalism«, die Ausdehnung der staatlichen Funktionen und schließlich die Entfaltung des dritten Sektors, der bisher in keiner ökonomischen Theorie den seiner Bedeutung entsprechenden Platz gefunden hat.

Aber die Klassengegensätze haben sich auch nicht in Luft aufgelöst; daß die Art und Weise, wie sie sichtbar werden, von nationalen Traditionen stark geprägt wird, ist unübersehbar. Trotz grüner Parteien bleiben sie vorläufig die Hauptgrundlage der Parteienbildung in den europäischen repräsentativen Demokratien und sind insofern ein wesentlicher Erklärungsgrund für einen auffallenden Unterschied zwischen der modernen und der antiken Demokratie, die nämlich solche Parteien nicht kannte. In der »querelle des anciens et des modernes«, in der es seit alters darum geht, ob uns die Antike noch etwas zu sagen habe, wird immer wieder gefragt, ob nicht eine Rückkehr zur partizipatorischen Demokratie möglich sei, die oft – etwa von Hannah Arendt – als der modernen überlegen angesehen worden ist.[51] Offenbar würde dies nicht nur die Rückkehr zu kleineren Einheiten durch föderalistische Strukturen, sondern auch eine weitergehende Zurückdrängung des Klassengegensatzes voraussetzen. Einstweilen bleibt mit der Politik auch unsere Vorstellung von politischer Ökonomie mit der Verknüpfung von Partei und wirtschaftlicher Stellung verbunden. In der Antike gab es ökonomische Interessen und natürlich die Politik, aber nicht die politische Ökonomie.[52]

Die Verteilungsfrage ist noch nicht entschieden. Der modernen

Formulierung der klassischen Preistheorie durch Sraffa ist wiederholt ihre politische Ambivalenz vorgeworfen worden. Mir scheint sie mittlerweile, als der realen Lage entsprechend, ein Verdienst zu sein. Die Ablösung von der Marxschen Arbeitswertlehre – beruhend auf dem Nachweis, daß Werte und Preise je aus dem Mengensystem abgeleitet werden und nicht Preise aus den Werten – läßt offen, ob die Verteilung durch Konflikt, durch Absprache oder durch zunächst nicht benannte andere ökonomische Gesetze geregelt wird. Das Bewußtsein von der Offenheit des Verteilungsparameters, verbreitet auch durch modische Popularisierungen moderner Versionen der klassischen Theorie, hat zwar nach meinem Wissen zweimal zu einer voluntaristischen Lohnpolitik beigetragen, die beide Male im Fiasko endete: in Chile und in Italien zu Beginn der siebziger Jahre.[53] Aber daraus, daß man die Verteilung nicht ändern kann, ohne die Akkumulationsbedingungen zu stören, indem inflationäre Prozesse ausgelöst und das Außenhandelsgleichgewicht in Frage gestellt werden, folgt nicht, daß jede Beeinflussung der Verteilung nur eine Störung des natürlichen Gleichgewichtes wäre. Der politische Gehalt der klassischen Theorien ist verbunden mit ihren spezifischen Ausprägungen in Ansätzen zur Erklärung von Akkumulation und Verteilung. Plakatorische Stichworte müssen genügen:

In allen klassischen Theorien ist die Kapitalakkumulation ein autonomer, das heißt eigener Gesetzlichkeit folgender Prozeß, der sich nicht automatisch an die äußeren Gegebenheiten des Bevölkerungswachstums oder natürlicher Ressourcen anpaßt. Im Extrem (Malthusianische Theorie) paßt sich umgekehrt das Bevölkerungswachstum dem Wachstum des Kapitals über das Lohngesetz an.[54] Die Profitrate ist nicht der Knappheitspreis des Kapitals, sondern entspringt der Verteilungstheorie. Die Kapitalbestände müssen daher entsprechend einer auf die lange Periode angelegten Theorie der effektiven Nachfrage immer erst geschaffen werden; sie treten nicht als »Anfangsbestände« in Erscheinung. Ebenso ist die Bevölkerung Folge des Wachstumsprozesses; die immer noch zeitgemäße Hypothese ist, daß Wanderungsbewegungen Unter- und Übernachfrage nach Arbeit ausgleichen, daß die Partizipationsrate sich anpaßt, daß der Staat stützend eingreift. Die im Zuge solcher Anpassung vorkommenden Reibungen wirken sich allerdings ihrerseits auch auf die Akkumulation aus. So kann die Bevölkerungsvermehrung, einschließlich der Immigratioen, auch stimulierend wirken, ein Arbeitskräftemangel kann an die von Joan Robinson so genannte Inflationsbarriere[55] heranführen usw.

Für die klassische Methode ist ein sequentielles Analyseverfahren charakteristisch, das im Grunde auch das Verfahren der angewandten Ökonomie ist (weshalb ich die Behauptung wage, der angewandte Ökonom stünde der klassischen Denkweise näher, als er sich gewöhnlich bewußt ist).[56] Die Akkumulation wird analysiert, indem die Theorie in getrennte Bausteine zerlegt wird: eine Bestimmung der Technik, eine des Endprodukts und der effektiven Nachfrage, eine der Verteilung. Gegeben diese, lassen sich die normalen Preise oder Produktionspreise berechnen. Garegnani nennt diesen letzteren Schritt den Kern der Theorie, weil er am klarsten einer eigenen Gesetzlichkeit unterliegt. Jede Veränderung im Zuge des Akkumulationsprozesses (z. B. technischer Fortschritt) wirkt auf den Kern zurück. Die Logik der Uniformität von Preisen, Lohn und Profitrate erlaubt, die normalen Preise unter der Voraussetzung gleichgebliebener sonstiger Daten (im Beispiel Nachfrage und Verteilung) neu zu berechnen und zu prüfen, inwieweit nun, aufgrund dieser hypothetischen Preise, Veränderungen der Daten, also beispielsweise der Nachfrage, zu erwarten sind. Dabei können institutionelle Faktoren einbezogen werden; eine simultane Lösung wie in der allgemeinen Gleichgewichtstheorie (wo sie in bezug auf die Gesamtheit der Einflußgrößen im Wachstumsprozeß aber auch nur Projekt ist) wird gar nicht angestrebt, solange sie zu speziellen Voraussetzungen zurückführen müßte, wie der Annahme spezifischer Investitionsfunktionen, für die wir keine Basis haben.

Die gesellschaftlich notwendige Technik kann auf zwei Arten definiert werden: als die kostenminimierende oder, bei langsamer Diffusion neuer Methoden, als Durchschnitt bestehender Prozesse. Während die letztere Definition zu einer Vorstellung von normalen Preisen führt, die den gegenwärtigen Marktpreisen nahe sein dürften, ist die erstere zukunftsgerichtet. Beim fixen Kapital schließlich bilden alte, abgeschriebene und technisch veraltete Maschinen einen Sonderfall, solange sie noch eine Quasirente abwerfen, weil die direkten Kosten der mit ihnen verbundenen Produktion unter dem Produktionserlös liegen (Erlös und direkte Kosten zu normalen Preisen gemäß der gesellschaftlich notwendigen Technik berechnet). Die Kapitalisierung der Quasirenten ergibt den Wert der Maschine. So kann aus der

Setzung des technischen Fortschritts (die teils durch Konkurrenz, teils durch institutionelle Faktoren erfolgt) der Übergang zur Theorie der normalen Preise gefunden werden.[57]

Ich habe mich auch um die Rekonstruktion einer klassischen Theorie der Zusammensetzung des Endproduktes (Nachfrage nach Konsumgütern) bemüht. Sie versucht, die Einkommenselastizität durch Wanderungen zwischen sozioökonomisch definierten Gesellschaftsschichten mit bestimmten Bedarfsstrukturen und Preiselastizitäten durch Substitutionen von Haushaltsprozessen zur Befriedigung gegebener Bedürfnisse zu erklären; sie legt im übrigen das Gewicht auf die kulturhistorischen Wandlungen der Bedürfnisstrukturen selbst.[58] Obwohl so auch vom Konsum her ein historisches Moment eingebracht werden kann, will ich das Gewicht nun jedoch auf die Verteilung legen. Den verschiedenen Zuständen des Akkumulationsprozesses sind gewissermaßen verschiedene politische Grundkonstellationen zuzuordnen, wie man anhand der Verteilung am besten illustrieren kann.

Eine vollständig passive Anpassung des Arbeitsangebots an die Nachfrage bei gegebenem Reallohn, also zum Beispiel Immigrationen ohne politischen Einfluß der Arbeiter, bilden eine Extremvorstellung, der scharfe gewerkschaftliche Kampf, der die Lohnquote direkt zu beeinflussen trachtet, das andere Extrem. Natürlich richtet sich die Lohnverhandlung, wie Keynes hervorgehoben hat, primär auf den Geldlohn, aber eine Beeinflussung des Reallohns durch die Lohnverhandlung ist nicht ausgeschlossen, wenn dem Inflationsprozeß durch geldwirtschaftliche Rahmenbedingungen und die außenwirtschaftliche Konkurrenz um den Preis der Rezession Grenzen gesetzt sind.

Recht verschiedenartige politökonomische Zustände sind zwei anderen Verteilungsansätzen zuzuordnen, die im Zusammenhang mit der Offenheit des Verteilungsparameters bei Sraffa immer wieder genannt werden. Auf der einen Seite die Cambridge-Gleichung, welche – Kaldor folgend – von der Akkumulationsrate ausgeht und die Theorie der effektiven Nachfrage von der kurzen auf die lange Periode überträgt. Steigerungen der Investitionsquote haben eine Umverteilung zugunsten der Gewinne zur Folge, die über den Multiplikatorprozeß die Finanzierung dieser Investitionen ermöglicht. Kalecki und Steindl erklären die aus der Nachfrageerhöhung folgende Gewinnerhöhung mit der verbesserten Kapazitätsauslastung bei gegebener

Gewinnmarge auf den direkten Kosten. Wenn Joan Robinson diesen Ansatz für die Wachstumstheorie immer wieder bemüht hat, so – wie ich wenigstens glaube – mit dem Bild des relativ glatt verlaufenden Akkumulationsprozesses der fünfziger und sechziger Jahre vor Augen, bei dem eine hohe Eigenfinanzierung der Unternehmungen den Gedanken, daß die Ersparnis sich über Verteilungsänderungen an Investitionsänderungen anpaßte, besonders plausibel machte.[59] Es handelte sich um einen Zustand, bei dem die Dominanz der Unternehmerseite, die beides, Akkumulationsrate und Verteilung, kontrollierte, unter der Bedingung von mit der Produktivität steigenden Löhnen – die einzelwirtschaftlich wiederum die Modernisierung der Produktion anstachelten – allseitig akzeptabel war.

Demgegenüber verweist die Vorstellung einer Beeinflussung der Profitrate über die Zinssätze, wie sie von Sraffa selbst vorgeschlagen worden ist, auf einen Zustand, in dem die Fremdfinanzierung eine bedeutendere Rolle spielt.[60] Man kann spekulieren, daß Sraffa von Erfahrungen der Vorkriegszeit beeinflußt war, die uns heute weniger entfernt scheinen als vor fünfundzwanzig Jahren. Nach dieser Hypothese könnte man die Tatsache des Rückgangs der Reallöhne (oder ihres – relativ – zurückgebliebenen Wachstums) in fast allen OECD-Ländern mit den restriktiven Geldpolitiken in Verbindung bringen, die in letzter Zeit (zusammen mit der Senkung der Rohstoffpreise) dazu beigetragen haben, die Inflationsraten deutlich zu reduzieren. Die Gewinne aber sind gestiegen. Stark idealisiert kann man sich den Prozeß vielleicht so vorstellen: In einer schwach wachsenden Wirtschaft (so daß nicht die Dynamik der Nachfrage zum Ansteigen der Preise führt) werde durch die Zentralbankpolitik der Zinssatz angehoben (was Resultat, wenn nicht erklärtes Ziel der restriktiven Geldpolitik sein mag), so daß – gegeben eine Spanne für den Unternehmerlohn – die Preise relativ zum Geldlohn steigen müssen und der Reallohn fällt oder jedenfalls sein Wachstum sich verlangsamt. Die Annahme, daß die Zinssätze die Rate des Kapitalertrags steuern, ist dann nicht mehr so abwegig. Der Übergang zu einem solchen Regime ginge, um einen altmodischen Ausdruck zu gebrauchen, einher mit der Zunahme des Einflusses des Finanzkapitals.[61]

Ich will nun nicht noch auf andere Varianten der Einkommensverteilungstheorie und den ihnen zugehörigen institutionellen Rahmen eingehen wie Kaleckis Monopolgrad oder die Preisersche Theorie. Es liegt mir aber an der Feststellung, daß es sich dabei nicht um Spezialfälle der Neoklassik im Sinne von vereinfachten neoklassischen Modellen oder einfachen Erweiterungen solcher Spezialfälle (Rigiditäten) handelt, sondern um Bausteine einer anderen Theorie. Wie kurz im übrigen ein Weg sein kann, der von den neoklassischen Vorstellungen durch Anwendung des Prinzips der effektiven Nachfrage unter Bedingungen konstanter Erträge zu keynesianischen Vorstellungen führt, zeige noch das folgende Modell, das in Band 2 näher ausgeführt werden wird. Auch ohne kapitaltheoretische Argumente zu bemühen, wird man unter Berücksichtigung des Kreislaufzusammenhangs rasch aus dem ursprünglich für die Partialanalyse konzipierten Schema von Angebot und Nachfrage hinausgeführt.

Um dies zu illustrieren, nehme man etwa an, in einer Eingüterwirtschaft seien die Staatsausgaben und Investitionen real geplant und hätten real die Größe g. Es sei w die Lohnrate, und die Produktion sei mit einem Faktor a der eingesetzten Arbeit L proportional, so daß die Gleichung für den volkswirtschaftlichen Kreislauf, wonach die Summe von Löhnen und Gewinnen gleich der Summe von Konsum und Investitionen (einschließlich der Ausgaben der Regierung) ist, unter der klassischen Sparhypothese auf die Gleichung

$$wL + gp = aLp$$

führt; Löhne zuzüglich exogener Ausgaben sind gleich dem Produktionswert (p ist das Preisniveau). Umgeformt folgt daraus für den Reallohn w/p

$$w/p = a - g/L.$$

Bei der effektiven Nachfrage g ist also der Reallohn eine steigende Funktion des Arbeitseinsatzes; sinnvoller ausgedrückt, ist der Reallohn zu erhöhen, um – wenn sich die autonomen Ausgaben real nicht ändern – die Beschäftigung zu steigern.

Wird diese Nachfrage nach Arbeit konfrontiert mit einem inelastischen Arbeitsangebot oder, wie in der nachstehenden Figur mit dem (entsprechend niedrigerer Partizipation bei höherem Reallohn) S-förmig rückläufigen Arbeitsangebot, so entsteht eine Darstellung von Arbeitsangebots- und Nachfragefunktion, die entsprechend der übers Kreuz verlaufenden Kurven an Angebots- und Nachfragefunktionen der Neoklassik erinnert, die deren Verläufe aber gerade umkehrt. Man gelangt ins Gleichgewicht im Sinne der Übereinstimmung von Angebot und Nachfrage aus der Arbeitslosigkeit durch eine Steigerung des Reallohns.[62] Es handelt sich um keynesianische Arbeitslosigkeit im Sinne Malinvauds, die »klassische« ist mit der Weglassung der neoklassischen Produktionsfunktion entfallen.

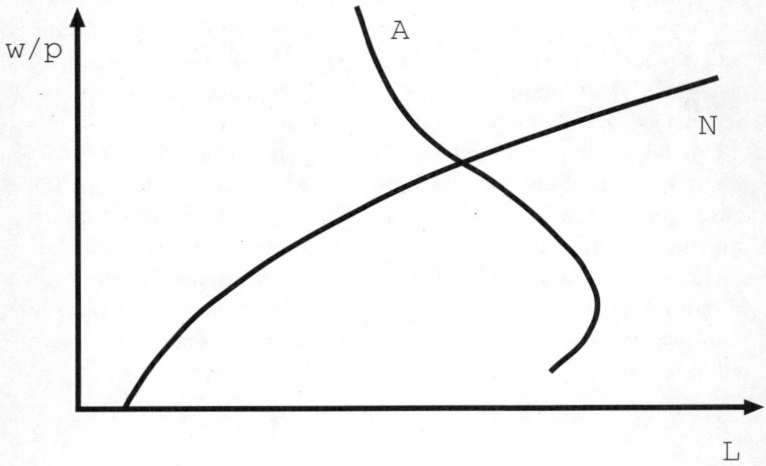

Dieses Gleichgewicht ist in hohem Grade instabil, gleichgültig, ob man ein walrasianisches oder ein marshallianisches Stabilitätskriterium verwendet. Das ist ein Hinweis darauf, daß man sich den Reallohn nicht als neoklassisches Gleichgewicht von Angebot und Nachfrage nach Arbeit bestimmt denken darf. Weder ein kompliziertes kapitaltheoretisches noch ein Deflationsargument waren notwendig, um diesen Punkt zu illustrieren; die Unterstellung einer exogenen effektiven Nachfrage genügte. (Natürlich gilt das Argument so nur in der geschlossenen Wirtschaft und unter ceteris paribus-Annahmen!)

Es bleibt die Frage, wie die hier nur angedeuteten Elemente der klassischen Theorie der Akkumulation und Einkommensverteilung, auf deren möglichen wirtschaftspolitischen Kontext wir ja schon hingewiesen hatten, in ein Bild der Wirtschaftsentwicklung und in die politische Ökonomie einzuordnen seien. Mein dafür bevorzugter Begriff bleibt der des Wirtschaftsstils. Dabei sind – mit der möglichen

Ausnahme der Sraffaschen Theorie der Subsistenzwirtschaft – alle hier angeführten Modelle lediglich zur Charakterisierung bestimmter Konstellationen innerhalb kapitalistischer Wirtschaftssysteme tauglich, die man – wenn die institutionelle und politische Eingliederung der Arbeiter weit genug gediehen ist – auch Marktwirtschaft nennt. Die Beschreibung solcher Wirtschaftssysteme wie der Sklaverei, der Verhältnisse in den orientalischen Reichen, des Feudalismus oder gar die ökonomischen Aspekte primitiver Gesellschaften scheinen in ihren Grundzügen wie in konkreten Ausprägungen anderer Begriffe zu bedürfen.

Ich glaube nicht, daß man allgemeine, gewissermaßen operationalisierbare Kriterien angeben kann, um die Kohärenz oder Stimmigkeit der Beschreibung eines Wirtschaftsstils festzustellen, denn die Elemente anschaulicher Beschreibung, die in die Darstellung eingehen, können nur beim nachvollziehenden Verstehen, nicht durch analytische Rekonstruktion überzeugen.

Ein von mir früher diskutiertes Beispiel einer Wirtschaftsstilanalyse war eine Ausführung von Kaldors Interpretation[63] des Gegensatzes zwischen dem Wachstum der Bundesrepublik und Großbritanniens in den fünfziger und sechziger Jahren. Ersteres konnte als exportinduziertes Wachstum, das letztere als durch die Binnennachfrage stimuliertes interpretiert werden.

Die Elemente dieser Theorie sind bekannt: Die Markterweiterung durch die europäische Integration und die steigenden Skalenerträge bei Unternehmenskonzentration und Wachstum bedingen sich gegenseitig. Die hohen Produktivitätsgewinne ermöglichen entsprechende Steigerungen der Reallöhne und damit eine konfliktfreie Integration der Arbeit. Die Bereitschaft zur Modernisierung und Umgestaltung des Erziehungswesens und die Innovationsfähigkeit sind ebenso wechselseitig miteinander verknüpft. Die starke Außenhandelsposition und die Stabilisierung der Währung stützen sich. Daher die vorteilhafte Ausgangsposition der Bundesrepublik. Das Vereinigte Königreich wurde andererseits bei einem entsprechenden Modernisierungsprozeß durch schrumpfende Märkte behindert. Infolge der schwachen Außenhandelsposition fanden binnenwirtschaftlich begründete Politiken der Nachfragestimulierung ihre Grenze in Handelsbilanzdefiziten. Der unruhige Wirtschaftsverlauf erschwerte eine stetige Lohnpolitik. Deren Unregelmäßigkeiten und die Unruhe im bestehenden Gewerkschaftssystem verstärkten sich gegenseitig. Anstelle der Koordination des Investitionsprozesses der Industrie durch ein mit ihr verzahntes Bankensystem finden wir eine Dominanz der Börse über das Unternehmertum, die der Unternehmensentwicklung im einzelnen oft nicht förderlich war.

Mit den außenwirtschaftlichen und einigen binnenwirtschaftlichen Bedingungen haben sich die Charaktere des Wachstums in der Bundesrepublik und in England stark verändert. Das hindert nicht, daß die Stile je für eine Weile, wie teils analytisch, teils anschaulich belegt, so »wirklich« waren, wie eben eine zusammenhängende Interpretation vieler Einzelphänomene in der geschichtlichen Deutung Wirklichkeit beanspruchen kann.

Man mag es unbefriedigend finden, wenn die Typisierung eines – an großen historischen Abläufen gemessen – ephemeren Phänomens, wie das der Wirtschaftsentwicklung eines Landes während vielleicht zweier Jahrzehnte, schon als ein Wirtschaftsstil bezeichnet wird, während Müller-Armack erst das Konzept der sozialen Marktwirtschaft – was gewiß darüber hinausgehende Bedeutung besitzt – einen Wirtschaftsstil nannte. Dabei war schon diese Bezeichnung im Vergleich zu früheren Anwendungen des Begriffs eine Einengung, denn früher hatte man – nicht zuletzt Müller-Armack selbst – mit Wirtschaftsstil nicht solche wandelbaren Kompromisse wie den in der sozialen Marktwirtschaft verkörperten zwischen Leistungs- und Sozialstaatsprinzip gemeint, sondern reine Formen – im Grunde, unter den anderen Prämissen einer stärkeren Betonung der Werte und der Einheit der Gestalt, dasselbe wie das Wirtschaftssystem. Ich meine aber, daß, wenn man dem anschaulichen Element und der Vielfalt der Motivationen, entsprechend einer kulturhistorischen Betrachtungsweise, mehr Raum lassen will, man auch – wie die Kulturhistoriker – den Stilbegriff mit größerer Freiheit muß anwenden dürfen. Wenn es einen Stil der Renaissance und gleichzeitig den bestimmten Stil eines Michelangelo und wenn es für beide einen bestimmten Stilwandel im Sinne einer frühen, hohen oder späten Renaissance und den Stil eines jungen oder den Altersstil eines Michelangelo gibt, dann muß es ebenso in anschaulicher Zusammenfassung und auch in räumlicher und zeitlicher Gliederung Unterteilungen und Phasen der Wirtschaftsstile geben dürfen. Nur so wird die immer präsente Gefahr einer rein statischen Kombinatorik von Stilelementen überwunden[64] und wird der Blick auf die historische Entwicklung frei.

Freilich ist eine ästhetische Einheitlichkeit derselben, anders als in der Kunst, wo sie ja erstrebtes Ziel ist, nicht ohne weiteres zu unterstellen. Die Konfliktträchtigkeit und der disparate Charakter der Interessen besonders in der modernen Gesellschaft könnten dazu führen, daß sich die Einheitlichkeit eines Stils weder analytisch noch anschaulich nachvollziehbar erweisen ließe. In der Tat meine ich, daß man von einem Wirtschaftsstil erst sprechen darf – und nur bei einer gewissen Homogenität ist der Begriff zulässig –, wenn zentrale Werte und Institutionen eine Identität aufweisen. Sind widerstreitende Interessen gegeben, so kann der Stil erst entstehen, wenn übergeordnete Werte und Institutionen die geregelte Konfliktaustragung ermöglichen. Aus diesem Grunde sind demokratisch verfaßte Staaten der größten inneren Heterogenität fähig, eben weil sie das komplexeste System der Konfliktaustragung im politischen Bereich in sich bergen. Gerade heute wissen Ökonomen, daß diese Komplexität eine, vielleicht die wichtigste Voraussetzung weiteren Wachstums und der technologischen Dynamik ist. Daher ist der »Politikstil« ein nicht zu unterschätzender Faktor der wirtschaftlichen Entwicklung. Der Wunsch, Wachstumskräfte freizusetzen, dürfte neben dem genuinen Wunsch, der Gerechtigkeit zu dienen, ein Motiv der neuen politischen Ökonomie sein, und so mag man auch die Bemühungen um die Liberalisierung in der Sowjetunion deuten.

Die spannendste Frage betrifft das Problem, inwieweit ein Stilwandel zielgerichtet in die Wege geleitet werden kann. Wenn ich den kunsthistorischen Vergleich noch einmal wagen darf, möchte ich darauf hinweisen, daß der Stilwandel oft von einer programmatischen Bewußtseinsbildung der Künstler begleitet war; man denke etwa an die Diskussionen, Ausstellungen, Manifeste, mit denen sich die Impressionisten vom herrschenden Historismus absetzten.

Entgegen dem, was Wirtschaftspolitik gewöhnlich nahelegt, kann es bei einem solchen Stilwandel aber nicht allein um ein engbegrenztes Bündel wirtschaftspolitischer Maßnahmen, wirtschaftspolitischer Entscheidungen oder nur um die Veränderung wirtschaftspolitischer Entscheidungsregeln – man vergleiche noch einmal die Vorstellungswelt der neuen politischen Ökonomie – gehen. Von entscheidender Bedeutung ist die Parallelität der Entwicklung auf verbundenen Gebieten: staatlichem Handeln, Wertewandel, Veränderung der technologischen Grundlagen und so fort. Der Wirtschaftspolitiker, der als Adressaten nur den Staat sieht, hat wenig Anlaß, Veränderungen der Wirtschaftsstile zu diskutieren. Wohl aber ist es möglich, eine informierte und im Grunde bereits willige Öffentlichkeit auf die Möglichkeiten aufmerksam zu machen, die mit einem bereits identifizierbaren Wertwandel einhergehen. In dieser Absicht habe ich mehrfach über Veränderungen des Wirtschaftsstils im Sinne eines »sanften Weges« geschrieben.[65]

Der Erfolg einer solchen Bemühung kann sich natürlich nicht an der Durchführung einzelner Maßnahmen messen lassen, aber Veränderungen der Umweltpolitik und des Umweltbewußtseins beweisen, daß der Stil, wie immer man ihn nenne und werte, auch heute sich wandelt.

Anmerkungen

1 F. Klein, *Vorlesungen über die Entwicklung der Mathematik im 19. Jahrhundert*, Berlin 1926/27, repr. Darmstadt 1979.

2 Dieses Urteil ließ sich damals sogar als literarischer Topos verwenden, wie G. Eliot in ihrem Roman *Middlemarch* (Kap. 21) beweist. Von der Kulturgeschichte meint Erwin Panofski (*Sinn und Deutung in der bildenden Kunst*, Köln 1975, S. 379), ihre Muttersprache sei deutsch. Die Beispiele ließen sich vermehren.

3 Es handelt sich nicht um die Entdeckung des Begriffs, sondern des umfassenden kulturgeschichtlichen Zusammenhangs. Vgl. J. Huizinga, *Das Problem der Renaissance*, Darmstadt 1974 (1920), S. 19ff.

4 Vgl. insb. ›Formen, die der kapitalistischen Produktion vorhergehen‹ in den *Grundrissen* und das auf den Marxschen Einzelstudien beruhende *Der Ursprung der Familie, des Privateigentums und des Staates* von Engels.

5 Vgl. die ›Untersuchungen zum Marxschen Lesefeld im Bereich der Historie‹ im Anhang zu *Karl Marx über Formen vorkapitalistischer Produktion*, hrsg. v. H.-P. Harstick, Frankfurt/M. 1977, Anhang I, S. 231ff., bes. 244–47 u. 254f.

6 W. Hennis, *Max Webers Fragestellung*, Tübingen 1987.

7 Vgl., freilich weniger revolutionär als Malinowski, M. Schmidt, *Grundriß der ethnologischen Volkswirtschaftslehre*, 2 Bde., Stuttgart 1920, 1921.

8 Vgl. hierzu die Quellen in K. A. Wittfogel, *Die orientalische Despotie*, Frankfurt/Berlin/Wien 1977. O. Neurath (in: *Antike Wirtschaftsgeschichte*, 3. Aufl., Leipzig/Berlin 1926) spricht von der alt-orientalischen »Verwaltungswirtschaft« auf Naturalbasis und einem »Naturaliengiroverkehr«, der den entwickeltsten Formen der Geldwirtschaft an die Seite gestellt werden müsse.

9 Vgl. z. B. L. Brentano, *Der wirtschaftende Mensch in der Geschichte*, Leipzig 1923; ders., *Das Wirtschaftsleben der antiken Welt*, Jena 1929; G. Schmoller, *Grundriß der Allgemeinen Volkswirtschaftslehre*, 2 Bde., Leipzig 1904 und 1908; K. Bücher, *Die Entstehung der Volkswirtschaft*, 1. Sammlung, 16. Aufl., Tübingen 1922; vgl. auch B. Schefold, ›Karl Bücher und der Historismus in der deutschen Nationalökonomie‹, in: N. Hammerstein (Hrsg.), *Deutsche Geschichtswissenschaft um 1900*, Stuttgart 1988, S. 239–267.

10 Vgl. z. B. M. J. Rostovtzeff, *The Social and Economic History of the Hellenistic World*, 3 Bde., London 1941; M. Finley, *Studies in Ancient Society*, London u. Boston 1974; W. J. Ashley, *An Introduction to English Economic History and Theory*, 2 Bde., London 1888 u. 1893; M. Bloch, *La société féodale*, Paris 1968 (1939); J. H. Clapham, *The Economic Development of France and Germany, 1815–1914*, Cambridge 1968 (1921).

11 Vgl. hierzu die Kurzbiographien im *Palgrave Dictionary*.

12 Vgl. *Sombarts ›Moderner Kapitalismus‹, Materialien zur Kritik und Rezeption*, hrsg. v. B. vom Brocke, München 1987.

13 Vgl. K. Bücher, *Arbeit und Rhythmus, Abhandlungen der Königlich Sächsischen Gesellschaft der Wissenschaft*, Leipzig 1897.

14 Vgl. den Sammelband *Wirtschaftsstufen und Wirtschaftsordnungen*, hrsg. v. H. G. Schachtschabel, Darmstadt 1971.

15 Vgl. z. B. K. M. Meyer-Abich/B. Schefold (Hrsg.), *Wie möchten wir in Zukunft leben. Der ›harte‹ und der ›sanfte‹ Weg*, München 1981, Kap. 4.

16 Vgl. E. Salin, *Politische Ökonomie. Geschichte der wirtschaftspolitischen Ideen von Platon bis zur Gegenwart*, Tübingen 1967 (1923), S. 180ff.

17 Vgl. A. Spiethoff, *Die Allgemeine Volkswirtschaftslehre als geschichtliche Theorie. Die Wirtschaftsstile*, Schmollers Jahrbuch für Gesetzgebung, Verwaltung und Volkswirtschaft im Deutschen Reich, Vol. 56, 2. Halbband, 1932, S. 891–924.

18 B. Schefold, ›Platon und Aristoteles‹, in: *Klassiker des ökonomischen Denkens*, hrsg. v. J. Starbatty, München 1988, in diesem Band S. 113ff.

19 Vgl. A. McIntyre, *After Virtue: A Study in Moral Theory*, 2. Aufl., Notre Dame [IN] 1984.

20 Tübingen 1972 (5. Aufl.).

21 Auch dieses mag sogar bezweifelt werden. Die Unterscheidung von freier Marktwirtschaft und Zwangswirtschaft entspringt, trotz Eucken, eher heuristischen Überlegungen, als daß sie wesensmäßig neoklassisch wäre. Allgemeine Gleichgewichtsmodelle unterscheiden sich nicht, ob sie nun eine Planwirtschaft oder eine Marktwirtschaft beschreiben. Nur der Mechanismus, wie man zum Gleichgewicht kommt, wird verschieden vorgegeben.

22 Vgl. hierzu M. Sahlins, *Stone Age Economics*, Chikago 1972, S. 87ff.

23 Vgl. G. O. Orosel, ›Tentative Notes on Prestige Seeking and Pareto Efficiency‹, in: D. Bös/C. Seidl (Hrsg.), *Welfare Economics of the Second Best* (*Zeitschrift für Nationalökonomie*), Suppl. 5, Wien/New York 1986.

24 Vgl. hierzu B. Schefold, ›Cambridge Price Theory: Special Model or General

Theory of Value?‹, in: *The American Economic Review – Papers and Proceedings*, Vol. 75, 1985, S. 140–145.

25 Vgl. z. B. M. Yano, ›The Turnpike of Dynamic General Equilibrium Paths and its Insensitivity to Initial Conditions‹, in: *Journal of Mathematical Economics*, Vol. 13, 1984, S. 235–254.

26 Vgl. hierzu G. Duménil/D. Lévy, ›The Classicals and the Neoclassicals: A Rejoinder to Frank Hahn‹, in: *Cambridge Journal of Economics*, Vol. 9, 1985, S. 327–345.

27 Vgl. hierzu Schefold, ›Cambridge Price Theory‹, a. a. O., S. 141 ff.

28 Vgl. hierzu H. Sonnenschein, ›Market Excess Functions‹, in: *Econometrica*, Vol. 40, 1972, S. 549–563; G. Debreu, ›Excess Demand Functions‹, in: *Journal of Mathematical Economics*, Vol. 1, 1974, S. 15–21.

29 Vgl. hierzu T. Kehoe, ›Multiplicity of Equilibria and Comparative Statics‹, in: *The Quarterly Journal of Economics*, Vol. 100, 1985, S. 119–147.

30 Vgl. U. Krause/J. Steedman, *Goethe's Faust, Arrow's Possibility Theorem and the Individual Decision Taker*, in: Jon Elster (Hrsg.), *The Multiple Self*, Cambridge 1968, S. 197–231.

31 Vgl. hierzu auch das Vorwort zu K. J. Arrow/F. H. Hahn, *General Competitive Analysis*, Amsterdam/New York/Oxford 1980 (1971), insb. S. vii.

32 Buchanan, J. M.: The Constitution of Economic Policy, *The American Economic Review*, Vol. 77, 1987, S. 243–250.

33 Vgl. A. Smith, *The Theory of Moral Sentiments*, hrsg. v. D. D. Raphael u. A. L. Macfie, Oxford 1976, S. 184 f.

34 Vgl. J. Rawls, *A Theory of Justice*, Cambridge (Mass.) 1971.

35 W. Baumol, ›Contestable Markets: An Uprising in the Theory of Industry Structure‹, in: *The American Economic Review*, Vol. 72, 1982, S. 1–15.

36 Vgl. B. Schefold (Hrsg.), *Ökonomische Klassik im Umbruch*, Frankfurt/M. 1986.

37 Vgl. J. Viner, ›Adam Smith and Laissez-Faire‹, in: ders. (Hrsg.): *The Long View and the Short*, London 1958, S. 213–245.

38 Smith, *The Theory of Moral Sentiments*, a. a. O., S. 112; vgl. auch ebd., S. 109–118 u. S. 130–138; zum »sympathy«-Konzept vgl. auch H. Medick, *Naturzustand und Naturgeschichte der bürgerlichen Gesellschaft*, Göttingen 1973, insb. S. 211–221; R. L. Heilbroner, ›The Socialization of the Individual in Adam Smith‹, in: *History of Political Economy*, Vol. 14, 1982, S. 427–439.

39 Um in einer Rede über Religionsfreiheit zu beweisen, daß praktische Wohltätigkeit auch ohne Jenseitsglauben vorkäme, hatte Ricardo im Parlament mit dessen vorher eingeholten Erlaubnis auf Owen verwiesen. Als diesem ob der öffentlichen Debatte über seinen fehlenden Glauben der Mut sank und er Ricardo bat, die Feststellung doch zurückzunehmen, wollte der charakterfeste Ricardo von solchem Wankelmut nichts wissen. Vgl. *The Works and Correspondence of David Ricardo*, hrsg. v. P. Sraffa, Bd. V, *Speeches and Evidence*, S. 330 f.

40 Vgl. J. S. Mill, *Principles of Political Economy*, hrsg. v. W. J. Ashley, Fairfield 1987 (London 1909) nach der 7. Aufl. 1871 (1848), S. 792: »I agree, then, with the Socialist writers in their conception of the form which industrial operations

tend to assume in the advance of improvement; and I entirely share their opinion that the time is ripe for commencing this transformation, and that it should by all just and effectual means be aided and encouraged. But... I utterly dissent from the most conspiciuous and vehement part of their teaching, their declamations against competition.« Wenn man glaubt, daß eines der Hauptprobleme des »real existierenden« Sozialismus die Disziplinierung der Arbeiter ist, weil der Konkurrenzmechanismus fehlt, dann schließt man sich weitgehend der Position Mills an. Mill handelte sich von Marx den Vorwurf ein, als »geistloser Synkretist« »... Unversöhnliches... versöhnen...« zu wollen. Vgl. K. Marx, *Das Kapital*, Bd. I, Berlin 1976, S. 21.

41 Vgl. B. Russell, *John Stuart Mill, Lecture on a Master Mind*, London 1955, S. 49.

42 Mill setzte sich besonders für die Gleichbehandlung der Frauen ein. Vgl. hierzu *The Subjection of Women*, London 1869.

43 Mill meinte, daß in England seinerzeit die gesellschaftliche Kontrolle sehr viel größer gewesen sei als die staatliche (vgl. *On Liberty*, Harmondsworth 1987, S. 67). Vgl. A. Löwe, *The Price of Liberty. A German on Contemporary Britain*, London 1937.

44 Vgl. hierzu Mill, *On Liberty*, a. a. O., S. 141.

45 Vgl. Mill, *Principles*, a. a. O., S. 936.

46 Vgl. ebd., S. 937.

47 Unter diesem Eindruck habe ich die Nachrufe für J. Robinson und P. Sraffa in *WSI-Mitteilungen*, 36. Jg., 1983, S. 692–695, und für Kaldor, in *WSI-Mitteilungen*, 40. Jg., 1987, S. 309–311 geschrieben.

48 Vgl. B. Schefold, ›Different Forms of Technical Progress‹, in: *The Economic Journal*, Vol. 86, 1976, S. 806–819.

49 Vgl. K. Marx, *Das Kapital*, Bd. III, Berlin 1986, S. 893.

50 Vgl. B. Schefold, ›Different Forms‹, a. a. O.

51 Vgl. D. Sternberger, ›Politik und Leviathan. Ein Streit um den antiken und den modernen Staat‹, in: *Zeugen des Wissens*, hrsg. v. H. Maier-Leibnitz, Mainz o. J., S. 861–896.

52 Vgl. A. Bürgin, *Zur Soziogenese der politischen Ökonomie*, Marburg 1993.

53 Wie ich freilich nur vom Hörensagen weiß, habe Emmanuels Theorie des ungleichen Tausches die Hochlohnpolitik der Regierung Allende und Sraffas Modell die aggressive Gewerkschaftspolitik in Italien in den Jahren um 1970 rechtfertigen sollen.

54 Vgl. P. Garegnani, *›Demand and Supply‹ of Factors and the Theory of Distribution*, mimeo, 1987.

55 J. Robinson, *The Accumulation of Capital*, London 1969 (1956), S. 48 ff.

56 Vgl. B. Schefold, ›Sraffa and Applied Economics: Joint Production‹, in: *Political Economy. Studies in the Surplus Approach*, Vol. 1, 1985, S. 15–40.

57 Weiter ausgeführt, insb. für Kuppelproduktion, in: B. Schefold, ›The Dominant Technique in Joint Production Systems‹, in: *Cambridge Journal of Economics* 1988, S. 97–123.

58 B. Schefold, ›Nachfrage und Zufuhr in der klassischen Ökonomie‹, in: *Ökono-*

mische Klassik im Umbruch, a.a.O., 195 ff., u. ders., ›Über Änderungen in der Zusammensetzung des Endproduktes‹, in: *Postkeynesianismus*, mit Beiträgen von K. Dietrich u. a., Marburg 1987, S. 119–164.

59 Vgl. insbesondere die Formulierung der Theorie in *Economic Heresies*, London 1971, S. 117–125.

60 Vgl. P. Sraffa, *Warenproduktion mittels Waren* (Nachworte von Bertram Schefold), Frankfurt/M. 1976, S. 56, u. Schefold, ebd., S. 203 f.

61 Vgl. M. Pivetti, ›On the Monetary Explanation of Distribution‹, in: *Political Economy. Studies in the Surplus Approach*, Vol. 1, 1985, S. 73–103.

62 Vgl. B. Schefold, ›Kahn on Malinvaud‹, in: J. Eatwell/M. Milgate (Hrsg.), *Keynes's Economics and the Theory of Value and Distribution*, London 1983, S. 229–246.

63 Vgl. N. Kaldor, *Causes of the Slow Rate of Economic Growth of the United Kingdom*, Cambridge 1966; B. Schefold, ›Die Relevanz der Cambridge-Theorie für die ordnungspolitische Diskussion‹, in: *Zukunftsprobleme der Sozialen Marktwirtschaft*, Verhandlungen auf der Jahrestagung des Vereins für Socialpolitik, hrsg. von O. Issing, Berlin 1981, S. 689–715.

64 So könnte man z. B. K. Polanyi (*The Livelihood of Men*, New York 1977) einen statisch-kombinatorischen Umgang mit seinen Begriffen von Gegenseitigkeit, Redistribution usw. vorwerfen, und doch öffnet sich seine Darstellung dann dem geschichtlichen Wandel und seinen Ursachen durch Betrachtung der wirtschaftlichen und gesellschaftlichen Dynamik.

65 Zuletzt in K. M. Meyer-Abich/B. Schefold, *Die Grenzen der Atomwirtschaft*, München 1986.

Normative Integration der Einzeldisziplinen in gesellschaftswissenschaftlichen Fragestellungen

I. Der Zustand der Zersplitterung

Auf einer schwarzfigurigen Lekythos in Yale sieht man eine merkwürdige Gruppe abgebildet: Hermes und zwei geleitende Göttinnen ermuntern einen jungen Helden, den Streitwagen zu besteigen, vor den ein Löwe, ein Panther, ein Eber und ein Wolf gespannt sind. Offenbar kann nur ein Halbgott so kräftige, ungleiche, mit wilden Blicken drohende Zugtiere zusammenhalten. Für die Griechen war es ein wiederkehrendes Sinnbild von der durch menschliches Vermögen allein kaum zu bewältigenden Aufgabe der Vereinigung ursprünglicher Gegensätze.

Beinahe so naturgemäß gegensätzlich erscheinen uns heute unsere Einzelwissenschaften, die über verschiedene Gegenstandsbereiche wie über ebensolche Territorien je unabhängig zu herrschen scheinen, die jedoch oft genug um den Geltungsanspruch ihrer Methoden heftig streiten, wenn sie sich in der Behandlung desselben Objektes begegnen. Und obgleich uns eine ursprüngliche Einheit der Wissenschaften in der philosophischen Tradition ganz geläufig ist, bewundern wir wie Heroen jene geistigen Vorfahren, die – ein Leonardo, ein Goethe oder ein Adam Smith – mehrere Fächer verfolgten, als ihre Ausdifferenzierung sich bereits abzeichnete, und die doch nicht nur, wie ein Virtuose, der diverse Instrumente beherrscht, zwischen ihnen wechselten, sondern auf der Grundlage einer ihnen eigentümlichen, nun als unwiederholbar angesehenen Weltsicht eine Verbindung unter ihnen herstellten.[1]

Ich will es mir versagen, nach zoologischen Metaphern zu suchen, um das Auseinandertreiben der gesellschaftswissenschaftlichen Disziplinen, das wir hier beklagen, durch nähere Vergleiche zu illustrieren. Friedrich Tenbruck hat glänzend dargelegt, wie ein und dieselben Wirtschaften und Gesellschaften, nach Fragestellungen in »Problemfelder« zerlegt, meist nebeneinander als verschiedene Gegenstände untersucht werden, ohne daß man nach einer gemeinsamen Wahrheit über sie forschte. Es gibt Versuche, Wolf und Eber zusammenzuspannen, indem man ihnen das gleiche Zaumzeug anlegt. Mathematik allein genügt dazu nicht, einheitliche Analyseverfahren sind mehr. Gestützt auf vereinfachende und verallgemeinernde Hypothesen können sie ein Stück Integration leisten. So werden im Rahmen der sogenannten Neuen Politischen Ökonomie Aspekte, die bisher bevorzugt von Politologen, Soziologen oder Rechtstheoretikern je für sich behandelt wurden, nun mit Mitteln analysiert, die einer Verallgemeinerung der Vorgehensweise der neoklassischen ökonomischen Theorie entspringen.[2] Hier ist mittlerweile eine reichhaltige und interessante Literatur entstanden. Aber auch sie darf kaum behaupten, das ganze Gebiet der Gesellschaftswissenschaften abzudecken, sowenig wie die Neoklassik, deren Geltungsanspruch auf ihren ursprünglichen Territorien auch schon umstritten ist, den Gesamtbereich ökonomischer Theoriebildung abdeckt. Als Evidenz für die Grenzen des Ansatzes mag es genügen, auf den historischen Gehalt jeder dieser Wissenschaften hinzuweisen.

II. Das Beispiel Schmollers

Gegenüber dem konfliktträchtigen Nebeneinander der mit Gesellschaft befaßten Wissenschaften an der modernen Universität nimmt sich der von den Vertretern der Historischen Schule der Nationalökonomie und inbesondere von Schmoller in seinem Grundriß praktizierte Zugriff auf die Gesamtheit dieser Fächer wie eine Synthese aus, von der freilich zunächst nicht klar ist, wie tief er sie zu verankern vermochte. Er schrieb:

»Ob das künftige Urteil dahingehen werde, daß ich als Historiker gescheitert, weil ich zugleich Nationalökonom war, als Nationalökonom, weil ich nicht aufhören konnte, Historiker zu sein, muß ich dahingestellt sein lassen. Ich kann nur beides zugleich sein, und bilde mir ein, das beste, was ich zu leisten vermag, dieser Verbindung zu danken.«[3]

Er sah sich selbst also in einer Doppelrolle. Bekannt ist aber, daß Schmoller auch Sozialpolitiker und Wirtschaftspolitiker war, daß für ihn Soziologie und Ethik noch in den Kanon der von ihm behandelten

Wissenschaftsgruppe gehörten, und die Durchsicht des *Grundrisses* fördert sogleich noch mehr zutage: Wir finden in der Behandlung der natürlichen und technischen Grundlagen des Wirtschaftens nicht nur Bevölkerung und Technik erwähnt (unter Nutzung der Statistik, um den Überblick zu erleichtern), sondern ich meine, hier auch in der Beschreibung der Völker mit ihrer Entwicklung und der Technik mit ihrem Fortschritt ein spezifisches phänomenologisches Vorgehen zu erkennen. Maschinen z. B. werden nicht nach der Art der Ingenieure beschrieben, auch nicht gemäß einer persönlich-sinnlichen Erfahrung, sondern Schmoller findet eine Ausdrucksweise, die den Gegenstand erfaßt, indem sie ihn unmittelbar in einen wirtschaftlichen und gesellschaftlichen Zusammenhang einrückt.

Über die Einheit der von ihm vertretenen Wissenschaft hat sich Schmoller ebenso ambivalent geäußert wie seine Kritiker und Nachfolger. Es wirkt paradox, daß er einerseits eine Ganzheit seiner Volkswirtschaftslehre behauptet, während er andererseits selbständige Einzeldisziplinen aufzählt. Als Historiker, meinen manche, habe er vorwiegend historische Tatsachen gesammelt. Bekannt ist Yorcks Vorwurf des Historismus: Er habe kein historisches System errichtet und sei nur eine »epimetheische« Natur. Rüdiger vom Bruch konzediert Schmoller, es »eignete ihm eine eher tastende Vorstellung für historische Wesenhaftigkeit«[4]. Doch sein Lob gilt Schmollers Einzelstudien. Soweit solche Urteile zutreffen, bedeuten sie, daß nicht nur Schmollers umfassender Ansatz einer interdisziplinären Erklärung des Wissenschafts- und Gesellschaftslebens sich in die Domänen der Einzelwissenschaften auflöst, sondern auch, daß innerhalb derselben keine systematische Einheit erreicht wird.

Aber Schmoller selbst hat im *Grundriß* geschlossenen Theorien und Systemen höchste Bedeutung für die gesellschaftliche Evolution beigemessen:

»Aus den Bruchstücken wirklicher Erkenntnis läßt sich zunächst nur durch Hypothesen und teleologische Konstruktionen ein Ganzes machen. Aber ein solches ist nötig, weil der Einheitsdrang unseres Selbstbewußtseins nur so zur Ruhe kommt, und weil nur durch geschlossene, einheitliche Systeme der menschliche Wille praktisch geleitet werden kann. Der nie ruhende Kampf dieser Systeme und Theorien hat eine kaum zu überschätzende praktische und theoretische Bedeutung; die jeweilig zur Herrschaft kommenden Theorien übernehmen die Führung in der Politik und die Umgestaltung der Gesellschaft... Die späteren Systeme und Theorien enthalten einen steigenden Anteil gesicherten Wissens neben ihren vergänglichen Bestandteilen.«[5]

Schmoller hat sich mit mancherlei vergangenen Systemen auseinandergesetzt, die, was heute verschiedene wissenschaftliche Disziplinen sind, jeweils verschieden integrierten; er selbst geht auf die antiken Philosophen ebenso ein wie auf den englischen Empirismus und den deutschen Idealismus. Adam Smith spielt dabei möglicherweise keine so herausragende Rolle – nicht einmal als Herausforderung für den Antiklassiker Schmoller – wie wir heute vielleicht meinen könnten.

Unter den einheitsstiftenden Momenten möchte ich hier drei benennen:

- die Psychologie der Gesellschaftssubjekte, die einen Zusammenhang zwischen dem Sozialverhalten der Subjekte und ihren wirtschaftlichen Interessen herstellt,
- die Anschauung, die eine Gestalteinheit innerhalb einer Gesellschaft wahrnimmt und eine stilistische Verwandtschaft wirtschaftlicher und sozialer Institutionen und ihrer Ausdrucksformen behauptet, und schließlich
- die Ethik, die empirisch von der notwendigen Kompatibilität, jedenfalls vom Spannungsfeld zwischen individuellen und gesellschaftlichen Normen ausgeht, um deren bindende Wirkung zu beschreiben.

Ich meine, daß Schmoller alle drei Gesichtspunkte zur Herstellung eines einheitlichen und doch durch eine gewisse fachliche Differenzierung geförderten Zugangs zu seinem Gegenstand nutzte. Er scheint mir aus Gründen, die auch heute Interesse verdienen, das ethische Element privilegiert zu haben. Ihm will ich mich in der folgenden Diskussion vor allem zuwenden. Einen Weg zum Verständnis des Zusammenhangs finden wir von frühen Schriften her.

Das Erbe, an dem Schmoller sich hier maß, war die deutsche Klassik, die von Dilthey 1867 als eine breite Bewegung geschildert wurde, ausgehend von Lessing und Winckelmann, gipfelnd in Goethe und Schiller, einmündend in die Philosophie, aber nicht eingeschränkt auf Kunst und Wissenschaft, sondern als kulturelle Prägung der Gesellschaft und der Individuen, weshalb Goethes Person, der zugleich den Dichter, Staatsmann, Forscher, vor allem aber einen sehr lebendigen

Menschen verkörperte, ein so außerordentliches und bis heute nachwirkendes Interesse erregte:

»So erhob sich... damals... der Drang, ein neues Lebensideal zu gestalten – eine Frage nach der Bestimmung des Menschen – nach dem Gehalt eines wahrhaft wertvollen Lebens, nach echter Bildung.«[6]

In einer frühen Schrift mit dem Titel *Friedrich von Schillers ethischer und kulturgeschichtlicher Standpunkt*[7] hat sich Schmoller 1863 mit dieser mächtigen Tradition auseinandergesetzt. Schiller und Goethe waren

»nicht bloß die Dichter, sondern die Lehrer und Erzieher ihrer Zeit. Es ist nicht umsonst, daß der eine zugleich Philosoph und Historiker, der andere in ebenso bedeutender Weise Staatsmann, Psychologe und Naturforscher war. Sie trugen die großen Aufgaben ihrer Zeit in der Brust.«[8]

Schiller habe nun aber das Streben nach dem Schönen verabsolutiert, welches in der Tat – wenn auch nur in den gebildeten Kreisen wie in Weimar und Jena – selbst Ungleichheit und Unterdrückung bändigen könne und so sittliche Kraft entfalte. Doch stelle sich hier das subjektiv-ästhetische Belieben über die objektiven Lebensaufgaben der Menschen. Hierin hätten sich Goethe und Schiller selbst korrigiert – ein Sinnbild der Korrektur sei, wie Euphorion, der rein subjektive Dichter, im 2. Faust in den Lüften zerstiebt[9], und ein Beleg sei die praktische Tätigkeit beider – Kunst sei also nicht das einzige der Kulturelemente; ebenso seien es Religion, die politischen Institutionen, die Sitten, die Wissenschaft.[10] Im Vorwort 1888 heißt es dann in einer selbstsicheren und stolzen Lobpreisung der deutschen Wissenschaft für das spätere 19. Jahrhundert:

»Noch getragen von dem schwungvollen Idealismus aus der Zeit unserer großen Philosophen und Dichter ging es rüstig auf allen Bahnen des Lebens und der Wissenschaft zu männlichem realistischen Tun über, mit entschlossenem Geiste die Früchte pflückend, die energischem Handeln sich erschließen.«[11]

Wir wissen heute, daß dieses »realistische Tun«, das ich nicht als zwangsläufige Kausalabfolge deuten will, unter Verdrehung des »schwungvollen Idealismus«, die verhängnisvollen Spannungen der Jahrhundertwende nicht zu lösen vermochte.[12] Schmoller selbst suchte ja nach einer Orientierung, welche das klassische, auf das Individuum in seinem kleinen Kreis bezogene Bildungsideal überwinden soll. Was kann nun das »energische Handeln« lenken?

Schon in der Schrift von 1863 weist Schmoller eine utilitaristische ebenso wie eine transzendentale, oder allgemeiner, eine idealistische Begründung der Ethik zurück. Im *Grundriß* ist die Ethik eine Aufgabe der Menschen im Ganzen, die Gerechtigkeit »eine der stärksten idealen Lebensmächte«, eine »psychologische Notwendigkeit«[13], deren konkrete Inhalte sich aber in gewissem Grade historisch abwandeln; zumindest ihr allgemeiner Begriff erfährt keine inhaltliche Bestimmung.

Aber gerade in der Wendung zum Gesellschaftlich-Sittlichen sieht Schmoller den Fortschritt seiner Zeit und Erkenntnis, und daher zeigt er im *Grundriß*, wie sich aus der Ethik Teildisziplinen seiner Wissenschaft – speziell die Soziologie – historisch ableiten.

Somit ist es die empirische Begründung der Ethik, die in den Versuch führt, die Gesamtheit der gesellschaftlichen Erscheinungen »als ein zusammenhängendes, natürlich geistiges, kausales System von Erscheinungen schildern« zu wollen.[14] Die Soziologie insbesondere ist »eine Art ausgebildeter empirischer Ethik«.[15]

Schmollers eigentümliches Konzept einer empirisch begründeten Gesellschaftsethik ist wohl, ebenso wie die zentrale Funktion der Sittlichkeit in seiner Ökonomie und seine Hypothese über die Naturrechtsphilosophie als Quelle des ökonomischen Denkens, hinlänglich bekannt. Aus diesem Zusammenhang leitet sich ja seine Begründung von Sozialpolitik ab. Weniger wird aber bemerkt, daß diese Abstützung auf die Sittlichkeit mit einer bewußten Zurückweisung ästhetischer Kategorien als wesentlicher Elemente gesellschaftlicher Gestaltung einhergeht. Hier zeigt sich wieder, was ich an anderem Ort[16] anhand einer Gegenüberstellung des Denkens von Schmoller und Dilthey und Schmollers Verhältnis zu den Stufenlehren gefunden habe. Schmoller verhält sich konsequent skeptisch gegenüber Charakteristika, die dem »Kunst- und Gefühlsleben« abgelauscht sind. Gegen Lamprechts kulturhistorische Periodisierungen wandte er ein, daß es sich um »Schlagworte« handelte, die »jedenfalls Recht, Verfassung, Klassenverhältnisse, Betriebsformen« nicht erklärten.[17]

So erkennen wir, daß Schmoller die phänomenologische Methode der Ordnung der historischen Erscheinungen im Gesellschaftsbild nur unter großer Zurückhaltung gegenüber künstlerischen und literarischen Zeugnissen verwendet und daß eine Verbindung zwischen Kulturgeschichte und historischer Methode der Nationalökonomie bei ihm nicht etwa deshalb fehlt, weil er ihre Möglichkeit nicht bedacht hätte, sondern weil er sie schon aus früher Reflexion über den Gegenstand ablehnt. Die mit bestimmten Bildungs- und Lebensformen verknüpften Kulturzustände sieht er nicht als Erklärungsgründe ökonomischer Institutionen an.

Erst in der folgenden Generation treten Individuen wie der bei Dilthey promovierte Gothein und der Schmoller-Schüler Spiethoff, der Hauptvertreter des Wirtschaftsstilgedankens, der Verbindung von Kulturgeschichte und Wirtschaftsgeschichte in ihren Vorstellungen und Schriften ernstlich näher. Auch Bücher mit seinem Spätwerk *Arbeit und Rhythmus* und Bechtel mit seinem *Wirtschaftsstil des Spätmittelalters* wären hier zu nennen.[18] Es fällt auf, daß zumindest Gothein sich dem Bildungsideal der deutschen Klassik enger verbunden fühlte als Schmoller. Als Andeutung eines Beleges sei auf Gotheins Werk über die Renaissance in Süditalien[19] verwiesen, das als bewußte Fortsetzung von Burckhardts bahnbrechendem großem[20] Werk verstanden werden darf, ferner auf Gotheins gespannte Nähe zum George-Kreis[21] und die zu seinem Sohn Percy weiterführende Entwicklung, der es wohl als folgerichtig ansah, wenn er sein Leben dem Widerstand gegen den Nationalsozialismus opferte.

Schmollers Leben und Werk war von diesen Zuspitzungen noch weit entfernt. Ethische Betrachtungsweisen dienen sozusagen als die Zügel, welche sein Wissenschaftsgespann lenken sollen. Wir sehen dies selbst auf scheinbar abliegenden Gebieten wie der Technik. In seinem »Maschinenkapitel« im ersten Band des *Grundrisses*[22] wird natürlich der technische Fortschritt zuerst per se beschrieben. Es geht ihm dabei nicht wie dem Maschinenbauer um die Akkumulation des technischen Wissens, sondern um dessen wirtschaftliche Bedeutung; so wird die Rendite zuerst nur physisch betrachtet, wenn er feststellt, daß beispielsweise bessere Mühlen aus einem gegebenen Quantum Getreide einen höheren Mehlertrag liefern. Hier erweist er sich insofern als Materialist, als technische Gegebenheiten ein Stück weit die Gesellschaft determinieren. Er verharrt aber nicht bei der damit zum Zuge kommenden, schon erwähnten phänomenologischen Methode; er bleibt bei der angedeuteten Entsprechung zwischen dem Charakter der auf der Dampfmaschine beruhenden Produktion und dem der zeitgenössischen Lebenswelten nicht stehen. Er gelangt vielmehr zur technologischen Arbeitslosigkeit. Hier wird wiederum wenig Raum auf die Kontroverse zwischen den Vertretern der Kompensationstheorie und jenen der These von der wachsenden Reservearmee verwendet; in erster Linie wird zumindest temporäre technologische Arbeitslosigkeit als unverkennbares empirisches Phänomen herausgestellt, das freilich gemäß Bedingungen, die er aus konventionellen Theorien entwickelt, nur rascher oder langsamer verschwindet.

Das Ziel der Erörterung wird damit endlich deutlich: die durch die Maschinen »revolutionierte Gestaltung des Wirtschaftslebens nach den ewigen sittlichen Idealen zu ordnen«.[23] Wie er sich dies vorstellt, ist hier nicht mein Thema, sondern nur, daß von diesem Zweck her die interdisziplinäre Betrachtung integriert wird.[24]

Wenn die Ethik so am Ende Schmoller ein Zusammenführen der Einzeldisziplinen in der Absicht sozialer Befriedigung gestattet, ist der Ausgangspunkt in seinen Ausführungen über Psychologie zu suchen, denn von der Untersuchung der menschlichen Triebe und Beweggründe zum Handeln führt *ein* Weg in die Betrachtung gesellschaftlicher Integration, ein anderer in die wirtschaftliche Dynamik. Die Historische Schule, die den paretianisch geschulten Wirtschaftspolitiker von heute durch ihren Zugang zur Ethik beunruhigt, weil allgemeine Handlungsmaximen fehlen und liberale Grundsätze leicht in Frage gestellt werden können, zeigt hier eine wesentliche Stärke, denn in der Behandlung des subjektiven Aspekts wird die Eindimensionalität des Handlungsverständnisses der neoklassischen Schule überwunden – oder es wird wenigstens inhaltlich ein Stück weit ausgefüllt, was Präferenzen in ihrer Wandlung bestimmt. Dem kann hier jedoch nicht näher nachgegangen werden.

III. Moderne Synthesen

Vielmehr will ich nun die Herausforderung des Themas annehmen und wenigstens in Beispielen nach modernen Parallelen zum Schmollerschen Programm fragen. Sein Weg zur Integration der Fachwissenschaften kann auch heute fruchtbar sein. So ist in letzter Zeit wiederholt auf den Wirtschaftsstilbegriff der Schmoller-Schule zurückgegriffen worden.[25]. Obgleich nicht mehr im Bewußtsein vieler Ökonomen, gehört er sogar zu den Grundbegriffen der Ordnungsdiskussion.

Die »Einheit des Ausdrucks und der Haltung«, die den Stil auch des Wirtschaftslebens eines Landes in einer Epoche kennzeichnen mag, wird eher aus der Distanz als von den unmittelbar Betroffenen wahrgenommen. Als Müller-Armack den Begriff des Wirtschaftsstils einführte, um damit das Konzept der Sozialen Marktwirtschaft für die Bundesrepublik Deutschland zu begründen, konnte er vorerst nur auf wenige Stilelemente explizit und programmatisch verweisen; er bezog sich vor allem auf die freiheitliche Wettbewerbsverfassung und den demokratisch, gemäß etablierten Kompromißvorstellungen vermittelten Ausgleich von Sozialstaats- und Leistungsprinzip.[26]

Seither gibt es neue Elemente, welche die Wirtschaft der Bundesrepublik in der Nachkriegszeit ausgezeichnet haben. Im Vergleich zu anderen nationalen Wirtschaften Westeuropas, wie Frankreich mit seiner Tradition der *Planification* und England mit seinem Erbe der zurückgehenden Bedeutung der Verbindungen zu den ehemaligen Kolonien, stellt sich die Bundesrepublik als von starkem, auf Expansion und außenwirtschaftliche Verflechtung gerichteten Wettbewerb geprägt dar, mit einer besonders stabilen Währungsordnung, einer vergleichsweise zurückhaltenden Lohnpolitik und einer weiterreichenden Integration von Bankwesen und Industrie als in angelsächsischen Ländern, die als ein privatwirtschaftliches Planungsinstrument angesehen werden kann. Solche Charakteristika einer dynamischen Entwicklung sind heute fast schon Gemeinplätze für außenstehende Beobachter. Müller-Armack hatte dagegen die institutionellen Grundlagen betont, die eine künftige Gestaltung bestimmen sollten. Als er die Soziale Marktwirtschaft als eine freie Wettbewerbswirtschaft definierte, die – über demokratische politische Institutionen und gemäß einer von vergangenen Erfahrungen geprägten Perspektive – eine als gerecht empfundene Balance zwischen den am Markt zugemessenen Entlohnungen und dem sozialen Ausgleich für unverschuldet Benachteiligte finden sollte, stand ihm noch ein radikaleres Bild des freien Wettbewerbs vor Augen, als schließlich durchgesetzt oder mit dem Begriff des funktionsfähigen Wettbewerbs zur Norm gemacht wurde.

Die verschiedenen Zugänge zum Wirtschaftsstilbegriff und zu verwandten Konzepten anderen Namens haben gemeinsam, daß sie – wie Schmoller und seine Schule – auf ökonomische, soziologische, historische und andere fachwissenschaftliche Gesichtspunkte zurückgreifen, um ihren Erkenntnisgegenstand angemessen zu beschreiben. Dessen innerer Zusammenhang wird deutlich vor allem in der Kompatibilität der für den einzelnen und für die wirtschaftlichen und gesellschaftlichen Institutionen gesetzten Normen. Der Wirtschaftslauf wird von der Psychologie der Akteure her verstanden: als Wettbewerber in verschiedenen Marktlagen oder aus ihrer Doppelrolle als Konsumenten und Arbeitnehmer. Während die Beschreibung des Ganzen funktionale Zusammenhänge nach der Art der allgemeinen Gleichgewichtstheorie zur Erklärung des Systemzusammenhangs der Marktwirtschaft heranzieht, sind die konkreten Stilausprägungen einzelner Marktwirtschaften phänomenologisch zu beschreiben. Der Wirtschaftsstil wird vor allem anschaulich erfaßt, auch wenn analytisches Wissen und Kausalerfahrungen in die Darstellung eingehen, wie etwa, in unserem Beispiel, ein Verständnis der Wechselwirkung zwischen Produktivitätswachstum einerseits und Markterweiterung im Export andererseits. Der Stilbegriff kann deshalb seinen Ursprung aus den Kunstwissenschaften genausowenig verleugnen wie die heute weiter verbreitete Wirtschaftssystemanalyse[27] den ihren aus dem Vorbild der Mechanik. Wir sollten deshalb meines Erachtens Wirtschaftssystem und Wirtschaftsstil nicht als gegensätzliche, sondern als komplementäre Begriffe auffassen.

Eucken hatte recht, gegen die Theorielosigkeit der Historischen Schule und die mangelnde innere Strukturierung ihres Stilbegriffs aufzutreten (die Vorstellung eines linearen Fortschritts in Stufentheorien war ohnehin illusorisch).[28] Aber die infolge geänderter Unterrichtsinhalte schwindende Fähigkeit, Stilelemente wahrzunehmen und in ihrer Zusammengehörigkeit verbal zu beschreiben, sehe ich als einen bedauerlichen Verlust an, der die gesteigerte formale Raffinesse in der theoretischen Systemanalyse begleitet. Von vielen Ökonomen wird eine geisteswissenschaftliche Ausdrucksweise nicht mehr als »wissenschaftlich« empfunden. Dabei ist der Stilgedanke im Grunde seit der Antike geläufig. Nichts anderes meinten ein Thukydides oder Xenophon, wenn sie Unterschiede zwischen den griechischen Stadtstaaten, etwa zwischen Athen und Sparta, beschrieben: In beiden Fällen handelte es sich als Systeme ja um Marktwirtschaften, in denen wesentliche Teile der Produktion auf Sklaverei beruhten. Aber vielfältigen Unterschieden in der politischen und der Gesellschaftsverfassung entsprachen auch solche der Wirtschaft und der Kultur. Größeren Freiheitsspielraum, begleitet von Kreativität, gewährten die einen, die ihre Macht auf Geldwirtschaft und eine teure Flotte setzten; Disziplin und Einordnung in die Gemeinschaft forderten die anderen, die mit dem Landheer schließlich einen wenig dauerhaften Sieg errangen. In jedem Fall gehört ein ausgeprägtes Identitätsgefühl zum Stil: Man bekannte sich, gern oder ungern, ein gewandter und kluger Athener oder ein tapferer und treuer Spartaner zu sein, wie denn seit je Nationen und Unternehmen im Wirtschaftsbereich sich mit einem »Wir machen das so!« in ihrer Besonderheit – redegewandt oder nur durch das Vorbild wirkend – auszuzeichnen versuchen.

Nun spricht der gesteigerte Individualismus der Moderne, der sich zu freiwilliger Konformität auch dann nicht gern bekennt, wo sie durchaus spontan geleistet wird, gegen die Interpretation von Handlungen gemäß einem einer einheitlichen Haltung entsprechenden Stil. Ist es heute schließlich nicht der Stolz jedes Malers, sich weniger einem überpersönlichen Stil zu fügen, als an einem je eigenen Stil oder einer »Handschrift« kenntlich zu sein? Sind »Unübersichtlichkeit« und Betonung der Eigenart nicht schließlich das einzig Übergreifende, so daß z. B. bestimmte Konsummuster sich allenfalls in der Zusammengehörigkeit selbstgewählter Gruppen wiederholen, aber sich nicht wirtschaftlich definierten Rollen zuordnen lassen? Ließen sich Stile also nur früher erkennen, als sich der Prinz bei Hofe, der Bettelknabe in der Gasse bewegten, nicht aber heute, wenn der leitende Angestellte und der Azubi sich ins selbe Rockkonzert begeben, obwohl sie morgen verschiedene Ferienreisen unternehmen?

Ich meine, daß der Stil und sein Wandel auch in der Gegenwart sichtbar gemacht werden können und daß sich, wie es die Protagonisten des Wirtschaftsstilbegriffs betonten, Zusammenhänge zwischen seinen im engeren Sinn wirtschaftlichen und den weiteren gesellschaftlichen und kulturellen Manifestationen – oft in der Einheit der Gegensätze – finden lassen (siehe dazu die Aufsätze im zweiten Teil des zweiten Bandes dieser Sammlung). Wissenschaftlich vertieft, nicht bloß essayistisch angedeutet, setzt die Stilanalyse allerdings das Zusammenwirken verschiedener Fächer voraus. In der interdisziplinären Forschung können die Einzelwissenschaften, wie schon bei Schmoller, durch eine gemeinsame Fragestellung zusammengeführt werden, die sie vorübergehend bei der Wanderung auf ihren sonst getrennten Wegen zusammenspannt, so wie dies in der Historischen Schule für Wirtschaftslehre, Soziologie, Geschichte und Politikverständnis in der Auseinandersetzung um die Verhältnisse im zu einenden, dann geeinten Deutschland geschah. Daraus folgt zwar nicht eine übergreifende Wissenschaft, so wie einst Theologie und Philosophie über den Fakultäten standen, aber immerhin eine im Gegenstandsbezug gemeinsame Erkenntnis.

Die Vielzahl der heute am Wissenschaftsprozeß Beteiligten vermag sich in eigenständiger Form nur hervorzutun, wenn die Ausdifferenzierung der Fachwissenschaften in separate Disziplinen immer weiter fortgetrieben wird. Aus dem Universalgelehrten wird der Vertreter einer Fakultät, diese teilt sich in Fächer, und während die Fächer weiter zergliedert werden, entstehen aus Fakultäten nach neuer verwaltungstechnischer Regelung Fachbereiche, in denen z. B. die ökonomische Theorie wieder in eine Anzahl Einzelgebiete zerfällt, von denen ein tüchtiger Wissenschaftler meist nur eines einigermaßen überblickt und in der Forschung so weit verfolgt, daß er wenigstens darin die weltweit gewichtigen Publikationen – nebst denen seiner Freunde – zur Kenntnis nimmt. Der bedauerlichen Vereinzelung steht jedoch eine andere Tendenz gegenüber. Da die geteilten Gebiete oft nur unterschiedliche Herangehensweisen an denselben Gegenstand bedeuten oder Teilinstitutionen eines größeren institutionellen Zusammenhangs betreffen, kann eine problembezogene interdisziplinäre Forschung entstehen, die in Projekten den Erkenntnisfortschritt auf verschiedenen Gebieten zusammenzuführen sucht.

Es wird ohne Zweifel immer schwieriger, Synthesen zu erbringen, ohne wissenschaftliche Standards preiszugeben. Aber erst in fächerübergreifenden Verbindungen und anschaulichen Darstellungen wird die Wissenschaft für unser Weltbild und unsere Lebensführung wirksam. Wissenschaft als Bildung und Bestandteil einer gehobenen Verständigung, zwischen den Mitgliedern der Gesellschaft und über die Welt, war das Ideal der Antike, des Humanismus und der deutschen Klassik. Wir haben gesehen, wie Schmoller versuchte, dieses Erbe für seine Zeit umzusetzen und fruchtbar zu machen. Vor seinem Problem stehen wir im Grunde heute wieder. Ich hoffe, durch die Andeutung eines Beispiels gezeigt zu haben, daß dieses Denken auch in ganz anderem politischen Gelände eine Orientierung verspricht.

Anmerkungen

1 Ich neige mehr den Anhängern der These zu, daß Smith' *Reichtum der Nationen* auf der *Theorie der sittlichen Gefühle* aufbaut, als jenen, die die Unabhängigkeit, ja einen Widerspruch zwischen diesen Werken behaupten.

2 Ein innovatives, mehrfach aufgelegtes Werk ist P. Bernholz/F. Breyer, *Grundlagen der politischen Ökonomie*, Tübingen 1984. Im Vorwort heißt es: »Als wesentlichen Vorzug unserer Betrachtungsweise sehen wir die Integration der Analyse politischer und wirtschaftlicher Systeme, der Ordnungspolitik und der Neuen Politischen Ökonomie mit den Grundlagen der Mikroökonomischen Theorie« (S. III).

3 G. Schmoller, *Umrisse und Untersuchungen zur Verfassungs-, Verwaltungs- und Wirtschaftsgeschichte besonders des preußischen Staates im 17. und 18. Jahrhundert*, Leipzig 1898, S. VIII; zit. n. R. vom Bruch, in: N. Hammerstein (Hrsg.), *Deutsche Geschichtswissenschaft um 1900*, Stuttgart 1988, S. 220.

4 In: Hammerstein, a. a. O., S. 234.

5 G. Schmoller, *Grundriß der allgemeinen Volkswirtschaftslehre*, Bd. 1, Leipzig 1908, S. 81.

6 W. Dilthey, *Die Philosophie des Lebens. Eine Auswahl aus seinen Schriften*, Stuttgart 1961, S. 11.

7 Abgedruckt in: G. Schmoller, *Zur Litteraturgeschichte der Staats- und Sozialwissenschaften*, Leipzig 1888.

8 Ebd., S. 26.

9 Vgl. ebd., S. 27.

10 Vgl. ebd., S. 10.

11 Ebd., S. VIII.

12 In der Betrachtung der Historischen Schule würde ihre Verbindung mit dem imperialen Charakter des Hohenzollernreichs selbst dann beunruhigend bleiben, wenn sich nicht manche späte Vertreter zum Nationalsozialismus hingewendet hätten, wobei sich in Sombarts Person und Lebenswerk die Vorzüge und Ambivalenz dieser Wissenschaftstradition am deutlichsten spiegeln. Dennoch ist die Historische Schule nicht für die deutsche *Road to Serfdom* verantwortlich zu machen. Liberale Vertreter der Schule wie Bücher und Brentano zogen mit denselben Methoden andere politische Schlußfolgerungen. Und sachlich beruht die Überwindung der totalitären Entwicklungen in Europa in diesem Jahrhundert offenbar auf der Entwicklung einer Sozialen Marktwirtschaft, aus der die Staatsintervention zur Bewältigung sozialer Diskrepanzen und der Ursachen und Folgen der Arbeitslosigkeit nicht hinwegzudenken ist. Es ist aber gerade ein Vorzug der Historischen Schule gewesen, das Verständnis so gemischter Wirtschaftsformen zu fördern.

13 Schmoller, *Grundriß*, a. a. O., Bd. 1, S. 74.

14 Ebd., S. 72.

15 Ebd.

16 B. Schefold, ›Schmoller als Theoretiker‹, in: *Vademecum zu einem Klassiker der historischen Methode in der ökonomischen Wissenschaft*. Kommentar zur Faksimile-Ausgabe von G. Schmoller, *Grundriß* (Klassiker der Nationalökonomie, hrsg. v. H. C. Recktenwald), Düsseldorf 1989, S. 77–115.

17 Vgl. ebd., S. 87.

18 K. Bücher, *Arbeit und Rhythmus*, 6. Aufl., Leipzig 1924; H. Bechtel, *Wissenschaftsstil des deutschen Spätmittelalters*, München 1930.

19 E. Gothein, *Die Renaissance in Süditalien*, 2. Aufl., München/Leipzig 1924.

20 J. Burckhardt, *Die Kultur der Renaissance in Italien. Ein Versuch.* Nachdruck der Textfassung der Erstausgabe, Frankfurt/M. 1961.

21 Vgl. Edgar Salins Biographie in: E. Salin, *Lynkeus. Gestalten und Probleme aus Wirtschaft und Politik*, Tübingen 1963.

22 Schmoller, *Grundriß*, Bd. 1, a. a. O., S. 189–231.

23 Die Vorstellung von der »Ewigkeit« der sittlichen Ideale, die hier zur Sprache kommt, ist freilich Ausdruck einer gewissen Verlegenheit bei ihm, der die historische Bedingtheit der konkreten Inhalte des Sittlichen sonst so betont hat. Die Phrase rutscht wohl auch nur deshalb in den Text, weil er sich im Lehrbuch nicht allzuweit darauf einlassen will, wie radikal der Arbeitsschutz gestaltet werden soll. Im Führen seines Gespanns ist Schmoller recht tapfer, aber er bleibt ein gewöhnlicher Sterblicher, denn er vermag das Dilemma von produktivitätserhöhender freier Konkurrenz und Arbeitsfreisetzung durch eine Zauberformel nicht zu lösen.

24 Schmoller, *Grundriß*, Bd. 1, a. a. O., S. 228.

25 Ich habe dies selbst versucht und nenne die Dissertationen von Brigitte Preißl über das *regno di Napoli* im 18. Jahrhundert und jene von Alexander Ludwig über den spanischen Wirtschaftsstil als Belege, daß das Konzept auch in dieser Generation forschungsleitend wirken kann: B. Preißl, *Wirtschaftsstil und Wirtschaftsentwicklung. Eine Studie zur Geschichte und Agrarstruktur des Königreichs Neapel 1815–1860*, Frankfurt/Bern/New York 1985; A. Ludwig, *Der spanische Wirtschaftsstil*, Frankfurt/Bern/New York/Paris 1988.

26 Vgl. A. Müller-Armack, *Genealogie der Sozialen Marktwirtschaft*, Bern/Stuttgart 1974.

27 Vgl. z. B. H. Leipold, *Wirtschafts- und Gesellschaftssysteme im Vergleich*, 4. Aufl., Stuttgart 1985.

28 Vgl. R. Eucken, *Grundlagen der Nationalökonomie*, 8. Aufl., Berlin/Heidelberg/New York 1965, S. 46–64.

Nationalökonomie und Kulturwissenschaften: Das Konzept des Wirtschaftsstils

I. Geist und Ökonomie

Wer sich der zwanziger Jahre als einer Glanzzeit der deutschen Geisteswissenschaften erinnert, wird nicht zuerst an die Nationalökonomie denken, da diese damals mehrere, ihr zunächst wenig Ehre eintragende Übergänge durchlitt: Nach gängigem Urteil wurde die Vorherrschaft der Historischen Schule durch die Übernahme der neoklassischen Theorie gebrochen. Die Konjunkturtheorie antizipierte keynesianisches Gedankengut, doch ohne es so zu formulieren, daß sich die Bedeutung dieser deutschen Vorläufer im internationalen Bewußtsein wirklich befestigt hätte.[1] Das Erbe der Historischen Schule ging an die Soziologie über, doch so, daß die Quelle dieses Denkens nicht mehr im Bewußtsein ist.[2] Klassische nationalökonomische Ansätze in Deutschland, die als die relevanten Vorläufer der Input-Output-Analyse angesehen werden können, blieben weitgehend unbekannt.[3] Wenn der Ruf der deutschen Nationalökonomie in der Zeit nach dem II. Weltkrieg der internationalen Bedeutung deutscher Wissenschaft sonst nicht entsprach, lag dies nicht nur an der vom Nationalsozialismus verursachten Zäsur, sondern auch am Erbe der unmittelbar vorangehenden Epoche.[4]

Durch den Krieg und die deutsche Niederlage wurden die Ökonomen vor eine Reihe schwerer und für sie neuartiger wirtschaftlicher Probleme gestellt, vor denen die schwach ausgeprägten Theorien, die den Erben der Historischen Schule zur Verfügung standen, sich als unzureichend erwiesen.[5] Die freilich weniger deutlich ausgesprochene und in der Dogmengeschichte weniger reflektierte Desorientierung durch die Veränderungen im politischen und gesellschaftlichen Bereich enttäuschte die Älteren und zwang die Jüngeren zur Suche nach neuen Leitbildern. Einige Beispiele:

Die begeisterte Zustimmung, auf die Keynes' Kritik am Frieden von Versailles[6] in Deutschland stieß, die lang anhaltende Popularität, die sie ihrem Autor hier verschaffte, beruhten nicht nur auf der Genugtuung, in den eigenen Nöten von einem Feind verstanden zu werden, sondern – bei jungen Ökonomen wie Edgar Salin – auf der Wirkung von Keynes' ökonomischer und politischer Analyse. Hier wurden nicht nur die wirtschaftlichen Bedingungen erfolgreicher Reparationszahlungen offen benannt, sondern es wurden auch die Außenhandelstheorie um eine Diskussion der Transferleistungen erweitert und – jetzt wieder aktuell – die Bedingungen einer wirtschaftlichen Erholung Mittel- und Osteuropas durch eine Integration beider Wirtschaftsräume diskutiert.[7] Auch bei einem anderen ökonomischen Einschnitt, den großen Inflationen besonders in Deutschland und Rußland, war wieder Keynes' Beitrag zur Währungsreform besonders bedeutungsvoll, weil er »Die Entthronung des Goldes« als eines Stützpfeilers der internationalen liberalen Wirtschaftsordnung vor dem Ersten Weltkrieg ankündigte.[8]

Andere neue Herausforderungen ergaben sich aus dem Konjunkturproblem, besonders der Prognose ihres Verlaufs, und aus neuen sozialpolitischen Aufgaben.[9] Die russische Revolution drohte eine Zeitlang, auch Deutschland zu ergreifen; zahlreich wurden die Versuche, das Funktionieren der Planwirtschaft theoretisch zu erfassen, gemeinwirtschaftliche Experimente im kapitalistischen Rahmen zu konzipieren, und selbst in der Wirtschaftsgeschichte wurden wohl nicht zufällig in den zwanziger Jahren Produktionsweisen orientalischer Theokratien planwirtschaftlich gedeutet.[10] Die geistige Krise ist eine Ursache für den raschen Übergang von den Methoden der Historischen Schule zu denen der theoretischen Nationalökonomie. Und so wie nun die Theorie sich von der Geschichte schied, die angewandte Nationalökonomie und die Statistik – besonders in der monetären Wirtschaftsforschung[11] – ausgebaut wurden, so wurde nun auch die Soziologie[12] abgeschieden. Infolgedessen traten die Wissenschaften, die berufen schienen, die Bedeutung der wirtschaftlichen und gesellschaftlichen Transformation gemeinsam zu analysieren, gerade in dem Augenblick auseinander, als die Zeitenwende ihnen die Frage nach der Zukunftsperspektive dringlicher als früher stellte.[13]

Natürlich entstanden unzählige Versuche, im Lichte der eingetretenen Veränderungen Zukunftsbilder[14] zu entwerfen, so wie man unter dem Eindruck der sich politisch und technisch neu gestaltenden

Lebensbedingungen die Vergangenheit anders zu interpretieren begann. Aber die Methode der Historischen Schule, die für diese doppelte Aufgabenstellung konzipiert war, wurde aufgegeben oder modifiziert. Entweder wollte man eine aktuell als gültig angesehene Theorie zur Prognose und, im Rahmen des damals Möglichen, zu Interventionszwecken verwenden; dahin zielte die Konjunkturforschung. Oder es mußte ein umfassender Begründungszusammenhang gesucht werden, um die Bestrebung der Historischen Schule fortzusetzen, die geschichtliche Transformation der Wirtschaftsweise zu beschreiben. Während für die erstere Tendenz sich die Ökonomie als Disziplin verengte, spezialisierte und vertiefte, verbreiterte sie sich umgekehrt bei der zweiten, da man die mit einer wirtschaftlichen Transformation einhergehenden Veränderungen der Technik und der Mentalität mit einbeziehen wollte.

Nachfolger der Historischen Schule, namentlich Max Weber und Sombart, hatten sich schon um die Jahrhundertwende in diese Richtung zu orientieren begonnen. Neu war, daß damit Kultur und Wirtschaft in einer Wechselwirkung betrachtet wurden. Man konnte, wie Max Weber, die mit der Herausbildung des Kapitalismus sichtbar werdende Tendenz ernüchtert als Rationalisierung deuten – dem diente seine verzweigte Typenbildung – oder, wie Sombart, sich der Faszination dieses großen historischen Prozesses in einer auch die weitere Öffentlichkeit packenden Schilderung hingeben. Man konnte schließlich, wie dies inbesondere in Salins Schriften unter dem Einfluß Georges sichtbar wird, in den zwanziger Jahren eine geistige Erneuerung der Zeit zu fördern hoffen, indem man in kulturkritischer Absicht der Autonomisierung des wirtschaftlichen Subsystems den Einsatz für neue Bindungen an verpflichtende Lebensideale entgegensetzte, in der Vergegenwärtigung historischer Parallelen oder durch das anschauliche Vorbild.[15]

Auf das Bedenkliche dieser Form der Kulturkritik scheint Hugo von Hofmannsthal aufmerksam zu machen, der 1926 in einer Rede über den Geist der Antike zur Feier eines humanistischen Gymnasiums die folgenden Sätze einflocht – sie betreffen keineswegs, wie man vielleicht meinen könnte, nur die politische Linke –:

»Wir leben in einem kritischen Weltmoment ... Aus Kriegen der Völker und Konflikten der Klassen sind neuartige Religionskriege geworden, Geisteskriege, umso mörderischer, als sie in der Halbnacht wechselseitigen Nichterkennens geführt werden; Sekte ringt mit Sekte, und niemand will es wahrhaben, in welch unheimlicher Weise über Nacht von unsichtbaren Händen die furchtbaren Gewichte des leiblichen und geistigen Behauptungswillens der Massen lautlos vertauscht werden: Bald verkleidet sich Ökonomie als Geist, bald Geist als Ökonomie.«[16]

II. »Die von dieser Generation geforderte Leistung«

Es war nur eine kleine Schar, die den heute kaum mehr begangenen, ja kaum mehr kenntlichen eigenen Pfad beschritt und die Nationalökonomie mit der Kulturgeschichte zu verbinden suchte.[17] Schon die Fragestellung schloß die Vorstellung einer vom Wirtschaftsablauf ganz unabhängigen Entwicklung des menschlichen Geistes und seiner Manifestationen aus. Wenn diese Richtung sich daher vom historischen Materialismus absetzen wollte, mußte sie anstelle der einseitigen Abhängigkeit der Ideologien von den wirtschaftlichen Interessen die Wechselwirkung zwischen »Basis« und »Überbau« betonen oder sogar ein Primat des »Wirtschaftsgeists« behaupten. Dieser Generation war der Gedanke der historischen Wandelbarkeit der wirtschaftlichen Erscheinungen, vielfach selbst wirtschaftlicher Grundgesetze, selbstverständlich. Nicht wenige lehnten daher auch die sozusagen bürgerliche Variante des Materialismus ab, wonach sich an der Interessenbestimmtheit des Menschen wenig ändert und die Geschichte als die Herausbildung der dieser Bedingtheit adäquaten Verkehrsform, der Vermittlung der Interessen über den Markt, gedeutet wird.

Die Kluft, welche die Erben der Historischen Schule von dieser selbst trennt, ist durch den Zweifel am Fortschrittsgedanken aufgerissen worden. Eucken hat 1940 daran erinnert, daß sich im geistigen Leben Deutschlands etwa 100 Jahre früher ein Umschwung von großer Bedeutung vollzogen habe, der noch nachwirke. »Es war eine der radikalen Peripetien, an denen die deutsche Geistesgeschichte reich ist. Damals vollzog sich die Abwendung von der idealistischen, literarisch-philosophischen Kultur. Ein neues, realistisches Lebensgefühl breitete sich aus.«[18] Schmoller selbst hat dargestellt, wie er sich in seiner Jugend noch vom Idealismus und Humanismus der Goethe-Zeit geprägt fühlte, dann aber sich von der Zeitströmung ergreifen ließ, schließlich die neue Welt mitgestaltend, in der die Institutionen des sich formierenden und industrialisierenden deutschen Reiches geschaffen wurden.[19] Dieser Fortschrittsglaube war schon durch die radikale Philosophie Nietzsches, durch die Kulturkritik Burckhardts, schließlich durch den Neoidealismus und Neokantianismus in verschiedenem Grade angezweifelt worden. Die Relativierung der Entwicklung, die mit der Verknüpfung von Wirtschaftsstufen und ihren kulturellen Ausprägungen verbunden sein kann, hat Schmoller aus Skepsis gegenüber der prägenden Kraft der Kultur und aus der Überzeugung kritisiert, es könnten die kulturellen Erscheinungen die ökonomischen ja doch nicht erklären. Sehr wohl aber glaubte er, mit der technischen fände eine ethische Höherentwicklung statt, die für ihn in wirtschaftlichen und politischen Erscheinungen zum Ausdruck kam.[20] So vermeinte er beispielsweise, die Kartellbildung als Ausfluß eines nicht rein egoistischen, sondern auch kooperativen Verhaltens deuten zu dürfen.

Eucken hielt diesem tradierten Blick einen unter den Umständen (1940) nur angedeuteten Vergleich zwischen den Schrecken des peloponnesischen Kriegs, in Erinnerung gerufen durch den Melier-Dialog bei Thukydides[21], mit der eigenen Zeit entgegen. Für Eucken ist es ebenso irreführend, »einer antizipierten Bejahung des Fortschritts eine ebenfalls antizipierte Leugnung entgegenzustellen. ... Die antizipierte Leitidee zu wechseln und an der Stelle der Fortschrittsidee etwa die Idee des Rückschritts zu setzen, ist unfruchtbar.«[22]

In Salins Rezension von Sombarts großem Werk über den Kapitalismus ist die Tendenz der Zeitkritik Schmoller sogar genau entgegengesetzt. Er beginnt mit Goethes Wort vom überhandnehmenden Maschinenwesen, er läßt Hölderlin von der Unentrinnbarkeit eines nahenden Schicksals sprechen. Nach Nietzsche offenbart sich ihm der Fortschritt als gewaltigster Selbstbetrug. Daher die Last, die auf jener Generation ruhte, die, »im siebten Jahrzehnt des vergangenen Jahrhunderts geboren, ihre Jugendeindrücke von dem Preußen-Deutschland der Bismarckschen Zeit empfing, – die, sei es positiv, sei es negativ, von dem Geist zunächst der Epigonenzeit, dann des Naturalismus, des Sozialismus oder des Sozialliberalismus bestimmt wurde. Die ganze Schwere dieses Schicksals haben nur die Größten an sich erfahren. ...« Salin interpretierte Webers Position als den »Rückzug in eine objektivierte und wertfreie Wissenschaft«. »Werner

Sombart – nicht gehemmt noch beschwingt durch Webers selbstvernichtenden, asketischen Willen – blieb verkannt und befeindet, ohne Weggenossen gleichen Alters und ohne Schüler, der einsame Verfechter der einzigen, von dieser Generation geforderten, und ihr ganz gemäßen wirtschaftswissenschaftlichen Leistung: einer deutschen Volkswirtschaftslehre, deren Aufgabe in der Verbindung von Geschichte und Theorie, Historismus und Sozialismus bestand.«[23]

Aber auch wenn Weber und Sombart, »um Haupteslänge die Generation ihrer Lehrer überragend«[24], wie Salin zuvor schon bemerkt hatte, wenig Gehör fanden, blieben sie in ihrer Bemühung, die mit der Industrialisierung und ihren Nachwirkungen verbundenen Transformationen ganz zu verstehen, doch nicht allein. Salin selbst führte in seiner Sombart-Rezension den Begriffsgegensatz von »rationaler« und »anschaulicher« Theorie ein, der bis in die sechziger Jahre dieses Jahrhunderts nachwirken sollte.[25] Mit der rationalen Theorie meinte Salin einfach das, was wir heute als »reine« Theorie bezeichnen – zu seiner Zeit noch im Grunde beschränkt auf die statische Theorie des allgemeinen Gleichgewichts, heute jedoch noch vieles andere, insbesondere eine in den zwanziger Jahren geforderte, aber noch nicht erreichte dynamische Theorie mit einschließend. Salins Anschauliche Theorie sollte, Edith Landmanns *Transcendenz des Erkennens* folgend[26], eine »Gesamterkenntnis« sein, die mit den Mitteln des Verstehens und phänomenologischen Beschreibens den Wandlungsprozeß erfassen will, unter denen die Bedingungen des Wirtschaftslebens – Denkweisen, gesellschaftliche und politische Strukturen, Institutionen – sich allmählich verändern und in einem wirtschaftspolitischen Gestaltungsprozeß neuen Anforderungen angepaßt werden.[27]

Mit dem bis in die jüngste Auflage beibehaltenen Verweis auf Edith Landmann gab Edgar Salin für jeden zu erkennen, der bereit war, das Buch[28] in die Hand zu nehmen, daß nach seiner Vorstellung die Anschauliche Theorie nicht auf jedermann nachvollziehbare Wahrheiten einzuschränken sei; die Fähigkeit zur Gesamterkenntnis ist vielmehr nur der großen Persönlichkeit nach dem Maß ihrer Begabung und ihres Einblicks zugänglich, während sich die Standards der von der Anschaulichen Theorie eingeschlossenen Rationalen Theorie nach den üblichen Maßstäben der Wissenschaft bemessen.[29] Wenn die Forderung einer Anschaulichen Theorie nur bedeuten soll, daß die Wirtschaftswissenschaft die Bezüge zu den Inhalten und Verfahren der

Geisteswissenschaften nicht preisgeben soll, ist es leicht, Salin zuzustimmen, während die wissenschaftliche Haltung, die einer weitergehenden Deutung entspricht, mit ihrer offenen Flanke zum Irrationalismus an die Bedenken erinnert, die Weber wenige Jahre zuvor in einer Kontroverse mit George und seinem Kreis geäußert hatte.[30] Der George-Kreis antwortete weniger mit philosophischen oder politischen Argumenten als mit dem Versuch, durch die Ausstrahlung der eigenen Verbindung von Leben, Kunst und Wissenschaft zu wirken.[31]

III. Annäherungen an den Stilbegriff

Die Vielfalt der Brechungen des in den zwanziger Jahren von den Kulturwissenschaften in die Nationalökonomie herüberscheinenden Lichts erzeugt ein verwirrendes Farbenspiel. An Spenglers Vision[32] ist zu erinnern, die ein Kapitel über das Wirtschaftsleben enthält und, um den europäischen Rahmen anzudeuten, an Toynbee und Marc Bloch. Eine Konfrontation zwischen Nationalökonomie und Kulturwissenschaften ergab sich nicht nur in Deutschland. Eine Rivalität zwischen theoretischer und historischer Herangehensweise bestand auch in der englischen Volkswirtschaftslehre. Der Antiindustrialismus eines Carlyle, Ruskin und Morris wirkte in diesem Jahrhundert nach.

Seit einigen Jahren gewinnt eine Keynes-Interpretation Raum, die dessen in seinen Hauptschriften eher versteckten antiutilitaristischen Ausfälle mit der Lektüre der vielfältigen Zeugnisse seiner verzweigten künstlerischen, philosophischen und politischen Äußerungen verbindet, um ein neues Bild des Menschen Keynes zu gewinnen. Die geistigen Anregungen, die von Bloomsbury ausgingen, haben England verändert. In diesem Licht gelesen, ist der Einfluß kulturell bedingter irrationaler Momente auf das Wirtschaftsleben (vermittelt durch Investitionsbereitschaft, Spekulation, Sparverhalten, Festsetzung der Geldlöhne u. a.) ein zentrales Thema der »General Theory«.[33] Charakteristisch ist allerdings auch, daß Keynes nirgends die Methoden der Geisteswissenschaften systematisch aufgreift, um über Wirtschaftsstile sprechen zu können.

Unser Thema ist freilich die Verbindung von Nationalökonomie und Kulturwissenschaften in Deutschland. Ich will hier nicht so sehr den methodischen Überlegungen oder den politischen Stoßrichtungen nachgehen als vielmehr mich um Orientierung bemühen, indem ich die Versuche nachzeichne, die Begriffe des »Wirtschaftssystems« und des »Wirtschaftsstils« historisch zu illustrieren und zu für die Wirtschaftspolitik programmatisch nützlichen Konzepten auszubilden. Denn mit diesem Begriff wollte man die Historische Schule weiterführen und ihr doch eine neue Perspektive und einen neuen theoretischen Hintergrund geben. Man wollte Ökonomie treiben und zugleich soziologisches Denken einbeziehen. Man wagte eine neue Form der Abstraktion und wollte anschaulich bleiben.

Die späteste Ausprägung des Stilbegriffs in der ökonomischen Wissenschaft ist die uns heute geläufige. Müller-Armack war in seiner *Genealogie der Wirtschaftsstile* vom Stil als einer »Einheit des Ausdrucks und der Haltung« einer Epoche ausgegangen[34], aber die »soziale Marktwirtschaft« definierte er als einen Wirtschaftsstil des »Kompromisses« zwischen dem auf dem Markt zur Geltung kommenden Prinzip der Leistung und dem der Umverteilung nach sozialen Gesichtspunkten für die zum Leistungswettbewerb nicht Fähigen.[35] Diese Dualität der Strukturprinzipien scheint im Widerspruch zur Einheitsvorstellung des Stils zu stehen. Man kann aber anhand einer Reihe von historischen und aktuellen Beispielen zu zeigen versuchen, daß die Überlagerung mehrerer Strukturprinzipien eine charakteristische Einheit oder, besser, eine Individualität ergeben kann.

Ein historisches Beispiel wäre etwa der Wirtschaftsstil des klassisch-perikleischen Athen, dessen Einheit sowohl dem Zeitgenossen wie dem historischen Betrachter durch die Abgrenzung der griechischen Polis von den orientalischen Großreichen, aber auch durch die innere Differenzierung der griechischen Stadtstaaten, etwa im Kontrast zwischen Athen und Sparta[36], deutlich wird. Die Einheit wird dabei nicht durch Homogenität, sondern durch einen bestimmten Umgang mit inneren Gegensätzen vermittelt, der auf einer Sonderform der Demokratie unter direkter Bürgerbeteiligung bei extremem Mißtrauen gegen die Institutionalisierung von Macht beruht (Verlosung von Staatsämtern, um das mit Wahlen verbundene Klientelsystem zu bekämpfen; Verpachtung der Steuereinnahmen, um Bürokratie zu vermeiden). Gleichwohl bestanden zahlreiche Gegensätze: Zwischen Freien und Sklaven, Bürgern und Nichtbürgern, altem Adel und neuem Reichtum, Landbesitz und Handel, auch zwischen der Wertschätzung des geistig-politischen Lebens und der des praktisch-gestaltenden Handwerks bis hin zu den philosophischen Auseinandersetzungen zwischen religiös gebundener traditioneller Ordnung und sophistischer Aufklärung.

Die kahlen Begriffe von »Ordnung« und »System« lassen demgegenüber weniger gehaltvolle Aussagen über die Entwicklung zu. Sie wollen das an sich Gleichbleibende einer Grundstruktur erfassen. Die Marktwirtschaft der Antike, mit dem Nebeneinander der Produktion durch Sklaven und Freie als »System« begriffen, hätte unter dem Bevölkerungsdruck des 5. Jahrhunderts auch zu einer Proletarisierung bei Besitzeskonzentration nach dem Muster der spätantiken römischen Entwicklung führen können. Drohender Verelendung und Zuspitzung der Gegensätze wich man aus, indem man zur Gründung neuer Kolonien schritt, wodurch die Lebensform (der »Wirtschaftsstil«) des Stadtstaats sozusagen durch Zellteilung an fernen Küsten unter Aufrechterhaltung der wirtschaftlichen und kulturellen Kommunikation mit dem Mutterland aufrechterhalten werden konnte. Die griechische Philosophie beweist, wie sorgfältig man die Organisation dieser Form des »guten Lebens« bedachte.[37]

Daß der Wirtschaftsstilbegriff heute ein Schattendasein führt und vom Systembegriff fast völlig verdrängt wurde (obwohl sich in meinen Augen beide ergänzen)[38], liegt wohl in erster Linie an der programmatischen Gegenüberstellung der Systeme im Ost-West-Gegensatz der Nachkriegszeit. Euckens kraftvolle Kritik am Stilbegriff hat in Deutschland den Grund für dieses moderne Paradigma bereitet. Ich meine freilich, daß man seine *Grundlagen der Nationalökonomie*[39] auch so lesen kann, daß man die Kritik aufnimmt und der Stilbegriff umgedeutet und ergänzt wird. Daß solche Begriffe wie der von Büchers »Stadtwirtschaft« viel zu weit gefaßt sind, um eine Charakterisierung von Stilen zu erlauben, daß die Eigentumsordnung als Grundlage eines dem Stil vorgelagerten Systembegriffs einbezogen werden muß, daß Realtypen als Überlagerung idealer definiert werden müssen, daß erst die Verbindung einer Vielzahl von Strukturelementen die Einheit der Ordnung konstituiert, daß diese schließlich in eine »natürlich-geistig-politisch-soziale Umwelt« noch »eingefügt« werden muß, wie Eucken sich ausdrückt, sei unbestritten.[40] Aber ich meine, daß die Stilanalyse noch etwas zusätzlich leistet, wenn sie die »Haltung« zur Wirtschaftstätigkeit nicht nur mit der nachträglichen

Einfügung der »Ordnung« in die soziale »Umwelt« berücksichtigt. Dann wird allerdings das subjektive Moment in seinen anschaulichen, objektiven Manifestationen, etwa in philosophischen Schriften oder Kunstgegenständen, eine bedeutendere Rolle spielen. So wurde die Frage des Bezugs zu den Kulturwissenschaften aufgeworfen, der Eucken noch ein Anliegen war, obwohl sein Schema der Systeme ihm wenig Raum ließ, ihn nachzuweisen.

Wir haben schon einleitend darauf hingewiesen, daß Schmoller sich in der Auseinandersetzung mit Menger auf Dilthey berufen hat, der die Vorstellung von der inneren Einheit der Kulturen maßgeblich begründet hatte: Man nähert sich ihr nur, indem man sich die je eigene Sprache und die Ausdrucksformen einer Kultur allmählich zueigen macht, deren Sinn sich in Wechselwirkung mit der Entdeckung des Gesamtzusammenhangs erschließt. Aber Schmoller selbst verharrte bei seiner Stufentheorie mit ihrer innerökonomischen Entwicklungslogik und ihrer linearen Fortschrittsvorstellung. Gegen eine von Lamprecht aufgestellte Typologie wandte er ein, daß sie auf Benennungen beruhte, die »überwiegend dem Kunst- und Gemütsleben abgelauscht« waren; solche »Schlagworte« erklärten jedenfalls »Recht, Verfassung, Klassenverhältnisse, Betriebsformen« nicht.[41]

Nun ist es aber nicht erforderlich, etwa mit Begriffen der Kunstgeschichte betriebswirtschaftliche Probleme zu »erklären«, sondern es würde genügen, ihre Korrespondenz oder gegensätzliche Bedingtheit in einem allgemeineren Rahmen zu begründen.[42] Dem modernen Ökonomen sind solche Überlegungen aufgrund seiner Verwurzelung im methodologischen Individualismus fremd. Da mag es nützlich sein, darauf zu verweisen, daß der Begründer dieser Methode, Schumpeter, selbst vor einem noch beladeneren Begriff nicht zurückschreckte: »An der Tatsächlichkeit der Erscheinung, die wir im oben definierten Sinn unter ›Volksgeist‹ verstehen, ist nicht zu zweifeln.« Zuvor hatte er definiert: »Was immer der Sozialphilosoph oder der Künstler oder, soweit er Künstler ist, der Historiker als das Wesen und den Träger des ›Geists‹ oder ›Charakters‹ eines Volks oder einer Epoche erkennen ... mag – für die Sozialwissenschaft können jene Worte nichts anderes bedeuten als ... ein Verhalten, das wir im Sinne bestimmter Denk- und Gefühlsgewohnheiten interpretieren und von dem im Zusammenhang der Worte ›Volksgeist‹ und ›Zeitgeist‹ behauptet wird, daß es sich vom Verhalten, Denken, Wollen, Fühlen anderer Völker oder Zeiten erheblich unterscheidet. Nichts anderes deckt auch das Wort ›Kultur‹, nur daß man dabei nicht an soziales Verhalten, sondern ... vorwiegend an die Objektivation dieses Verhaltens denkt, wie Kunstdenkmäler, Organisationsformen, Glaubensinhalte usw.« Dies schrieb Schumpeter in seinem Aufsatz ›Das soziale Antlitz des Deutschen Reiches‹[43], in dem er zum Schlusse kam, daß eine bedeutende politische Verschiebung in naher Zukunft nicht möglich sei. Mit diesem politischen Urteil ging er fehl. Interessant ist hier für uns, daß er sich den Kategorien der Historischen Schule nicht ganz verschließen mochte. Seine Position als Mittler bleibt zu untersuchen.[44]

IV. Wirtschaft und Kulturgeschichte

Wir haben festgestellt, daß man sich nach Nationalsozialismus und Zweitem Weltkrieg von der Verbindung zwischen Wirtschafts- und Kulturwissenschaft tendenziell fortbewegte, während man davor diese vorbereitete. Nun ist zu prüfen, inwieweit die Basis für eine solche Verbindung in den zwanziger Jahren tatsächlich geschaffen wurde. Während ich ursprünglich von der Hypothese ausging, es handele sich hier um eine breit verankerte Bemühung, zeigte die Literaturdurchsicht, daß die Zahl der Arbeiten, die direkt das Konzept des Wirtschaftsstils nutzten, klein war.[45]

Sombart hat sein Hauptwerk mit einer systematischen Einleitung zu den Grundbegriffen des Wirtschaftslebens versehen, die den Systembegriff knapp zu begründen versucht.[46] Er geht von der materiellen Definition des Wirtschaftens aus. Die »Unterhaltsfürsorge« ist durch die Anwendung einer instrumentalen Technik, die Arbeitsmittel – Werkzeuge und Maschinen – einsetzt, von der rein tierischen Unterhaltsfürsorge unterschieden; diese Begriffsbildung geht auf Marx zurück. »Die Maschine, wovon die industrielle Revolution ausgeht, ersetzt den Arbeiter, der ein einzelnes Werkzeug handhabt, durch einen Mechanismus, der mit einer Masse derselben oder gleichartiger Werkzeuge auf einmal operiert und von einer einzigen Triebkraft, welches immer ihre Form, bewegt wird.«[47] Bei Sombart heißt es: »Ein Werkzeug ist ein Arbeitsmittel, das zur Unterstützung der menschlichen Arbeit dient..., eine Maschine ist ein Arbeitsmittel, das menschliche Arbeit ersetzen soll.«[48] Auch bei der Behandlung der Arbeitsorganisation knüpft Sombart an Marx an, indem er Kooperation und Arbeitsteilung in seinen Definitionen an ihn anlehnt und bei den Betrieben gewerbliche Produktion, Manufaktur und Fabrik unterscheidet.

Die Sombarts besonderes Vorgehen bestimmende Hypothese besteht in der Voraussetzung, daß in aller Wirtschaft eine bestimmte »Wirtschaftsgesinnung« angetroffen wird, womit Sombart »alle Wertvorstellungen, Zwecksetzungen, Maximen, die in den die Wirtschaft gestaltenden Personen ... lebendig werden«, bezeichnet.[49] Die Wirtschaftsprinzipien werden nach einfachen Dichotomien gegliedert; er spricht einerseits von einem Gegensatz zwischen »Bedarfsdeckungsprinzip« und »Erwerbsprinzip«, andererseits von »traditionalistischer« oder »rationalistischer Wirtschaftsführung«. Analog wird bei der Technik zwischen empirischen und rationellen, weiter zwischen rationellen und wissenschaftlichen Verfahren unterschieden. Die Organisation wird nach dem Charakter des Lenkungsvorgangs, der Verteilung und dem Arbeitsprozeß gegliedert.

Dem Stilbegriff nähert sich nun Sombart durch die Betrachtung, »daß sich ein besonderes Wirtschaftsleben auf einer Anzahl geistiger und materieller, natürlicher und künstlicher Gegebenheiten aufbaut«[50]. Hierzu gehören insbesondere die »Kulturbedingungen«, sowohl in ihren Objektivierungen, wie in der »persönlichen Kultur«, die er die »Eigenkultur« nennt. Sie ist die »Bildung« des Menschen.[51] Für den Inbegriff der Kulturerscheinungen spricht er auch von einem »Kulturstil«.[52] Es heißt dann aber, der »tragende Begriff« der Nationalökonomie sei der Begriff des Wirtschaftssystems. Darunter versteht Sombart »eine bestimmt geartete Wirtschaftsweise, d. h. eine bestimmte Organisation des Wirtschaftslebens, innerhalb deren eine bestimmte Wirtschaftsgesinnung herrscht und eine bestimmte Technik zur Anwendung gelangt. In dem Begriff des Wirtschaftssystems wird die historisch bedingte Eigenart des Wirtschaftslebens zu einer begrifflichen Einheit zusammengefaßt.«[53]

Die Aufgabe seines Werkes ist dann, das Wirtschaftsleben der europäischen Völker der Neuzeit in einem »ersten Versuch einer gesamteuropäischen Wirtschaftsgeschichte« zu beschreiben, und zwar in einer »genetisch-systematischen« Darstellung. »Jede Einzelerscheinung des Wirtschaftslebens wird ausgerichtet auf das jeweils herrschende Wirtschaftssystem. Der Begriff des Wirtschaftssystems und demnach der der Wirtschaftsepoche dienen zur Ordnung des gesamten ungeheuerlich großen Stoffes«, der sich den für ihn in der Zeit zwischen 800 und 1900 in drei Systeme (Eigenwirtschaft, Handwerk, Kapitalismus) teilt.[54] »Es ist ein Grundgedanke dieses Werkes, daß je zu verschiedenen Zeiten eine verschiedene Wirtschaftsgesinnung geherrscht habe, und daß es der Geist ist, der sich eine ihm angemessene Form gibt und dadurch die wirtschaftliche Organisation schafft.«[55] Im weiteren wird noch zwischen »Frühepoche, Spätepoche und Hochepoche« eines Wirtschaftssystems unterschieden, und damit ist der begriffliche Rahmen für das monumentale Opus abgesteckt. Die vielfältige und häufig berechtigte Einzelkritik, die gegen das Werk vorgebracht worden ist, widerlegt doch nicht, daß Sombart seinen Plan im wesentlichen hat durchführen können. Gerade indem er selbst überall Ausnahmen hervorhebt, etwa mittelalterliche Sonderformen der Produktion, die vom Ideal des zukünftigen Handwerks abweichen, vermittelt er ein anschauliches Gesamtbild, das die in seinem »System« gedachte Korrespondenz der kulturellen Erscheinungsformen und der wirtschaftlichen Organisation in den Grundzügen belegt.

Von Spiethoff stammt (aus der Festschrift für Sombart, 1932)[56] ein Katalog von Merkmalen für den Begriff des Wirtschaftsstils:

Er nennt erstens den Wirtschaftsgeist und gibt dazu beispielhaft die von ihm gesehene Veränderung der »sittlichen Zweckeinstellung« seit dem Mittelalter an: »Das Reich Gottes wird erstrebt; wirtschaftliche Erfolge werden erstrebt als Zeichen göttlicher Erwählung; die Belange der Allgemeinheit werden als Richtschnur genommen; das höchstirdische Glück des einzelnen wird erstrebt.«[57] Ferner geht er auf die seelischen Antriebe zum wirtschaftlichen Handeln und die geistige Einstellung insbesondere zur Technik ein. Demgegenüber hat Eucken provozierend ausgerechnet ein Kloster des 9. Jahrhunderts als Beispiel für planerisches Verhalten in einem Betrieb dargestellt.[58] Die Verschränkung von wirtschaftlicher Verhaltensweise und den hier angesprochenen geistigen Einstellungen bedarf also näherer Klärung.

Wo Sombart von »Bedarfsdeckung« und »Erwerbswirtschaft« gesprochen hatte, nennt Spiethoff ein »Nahrungs- oder Erwerbsziel«. Diese aristotelische Gegenüberstellung verwarf Eucken, der meinte, daß sie dem wirtschaftlichen Prinzip keineswegs widerspräche, da man ja erwarten müsse, daß das gegebene Ziel der Deckung eines bestimmten Bedarfs unter Minimierung des Aufwands (symmetrisch zur Maximierung des Ertrags) erreicht werden solle.[59] Der Einwand Euckens widerlegt freilich nicht, daß die Zielsetzung der Bedarfsdeckungswirtschaft von der Erwerbswirtschaft durch die Orientierung an einem traditionellen Lebensstandard unterschieden ist. Man kann dieses Verhalten durch eine andere Risikowahrnehmung in agrarischen Gesellschaften deuten, wo Überlieferung, Erfahrung und das Angewiesensein auf die lokale Versorgung Versuche zur Ertragssteigerung unter Abgehen von bewährten Prinzipien bedenklich erscheinen lassen. Eucken selbst sprach von der Alternative »Beweglichkeit und gleichbleibendes Niveau menschlicher Bedürfnisse«, ferner stellte er »höchstmögliche Reineinnahme« und »bestmögliche Versorgung« einander gegenüber.

Als zweites behandelt Spiethoff die natürlichen und technischen Grundlagen, insbesondere den Charakter der Bevölkerungsbewegung und der Arbeitsteilung. Hier geht er offenkundig von den von der jüngeren Historischen Schule zusammengetragenen Übersichten über die Formen der Arbeitsteilung aus.

Im dritten Punkt »Gesellschaftsverfassung« behandelt er die soziale, im vierten »Wirtschaftsverfassung« die ökonomisch-rechtlichen Charakteristika der Wirtschaftsordnung. Insbesondere gehört die ganze Eigentumsordnung hierher.[60]

Der letzte, fünfte Punkt betrifft den »Wirtschaftslauf«, also die Dynamik: Stagnation, Wachstum oder das Auf und Ab der Konjunkturen. Damit ist angedeutet, daß Stile ihre je eigene, durch besondere Modelle abzubildende Wirtschaftsdynamik haben können. Angedeutet ist allerdings die auch schon für Eucken überholte Vorstellung einer stationären Wirtschaft im Mittelalter. Spiethoffs bedeutendster Eigenbeitrag ist mit der Betrachtung der Konjunkturen im Kapitalismus verbunden.[61]

Insgesamt stellt Spiethoffs Merkmalkatalog nur erste Andeutungen für eine Theorie der Wirtschaftsstile bereit. In seinem Nachlaß in Basel habe ich Briefe und Vorlesungsnotizen gefunden, die darauf hindeuten, daß auch er seine Stilanalyse mit der Beschreibung des Übergangs von mittelalterlichen zu neuzeitlichen Wirtschaftsformen zu illustrieren pflegte, während keine Belege für eine Anwendung aus anderen Epochen anzutreffen waren.

Nun gab es neben Spiethoff eine ganze Reihe verwandter Bemühungen, die daraufhin untersucht werden können, inwieweit sie Parallelen zum Wirtschaftsstilgedanken aufwiesen oder sich von ihnen nur durch die Wortwahl unterscheiden. Ein solches Ansinnen läßt sich bei Salin etwa in Aufsätzen zur griechischen Wirtschaftsgeschichte zweifelsfrei feststellen. Er glaubt beispielsweise, in der griechischen Antike eine Unterscheidung zwischen sichtbarem und unsichtbarem Reichtum feststellen zu können, die sich darauf gründe, daß sichtbarer Reichtum Gegenstand von Schätzungen für die mehr oder weniger freiwilligen Leistungen von Liturgien sein könne, während unsichtbarer Reichtum sich solcher Schätzung entzöge. Der Grad der Freiwilligkeit der Leistung, die Tendenz, Reichtum als unsichtbaren anzulegen, stehen für ihn dann im Zusammenhang mit der politischen und schließlich auch der kulturellen Entfaltung der Polis.[62] Salin hat auch in anderer Weise die Eigenständigkeit des griechischen Wirtschaftsgeistes betont, so in seiner Polemik gegen die Vorstellung eines griechischen oder antiken »Sozialismus«, den er deshalb für abwegig hielt, weil er meinte, es habe sich bei den Griechen noch keine Vorstellung einer von der politischen Ordnung abgelösten Wirtschaftsordnung ergeben, so daß man der bestehenden Wirtschaftsweise auch nicht das Gedankenbild einer nach anderen Prinzipien funktionierenden – nämlich geplanten – entgegensetzen konnte.[63] Er hat diesen Gedanken jedoch später so nicht wieder aufgegriffen – vielleicht, weil die Griechen eben doch Alternativen zu ihrer eigenen, selbst schon differenzierten Wirtschaftsweise im Orient oder bei Jäger- und Nomadenvölkern beobachten konnten, wie das Anschauungsmaterial bereits bei Herodot beweist.

Überhaupt ist jene Zeit reich an spekulativen Versuchen, die Eigenart bestimmter Wirtschaftsstile zu erfassen[64], wobei die Grenzen des aus den Quellen Belegbaren durch anschauliche Synthesen überschritten wurden, die ihrerseits ihre Inspiration aus zeitgenössischen Erfahrungen bezogen. So hat der geistesgeschichtlich hier vielleicht noch einzuordnende Rostovtzeff es gewagt, das ptolemäische Ägypten als eine theokratische Planwirtschaft, gesteuert von altem Brauchtum, aber überlagert von hellenistischer Rationalität darzustellen, in einzigartiger Kombination mit der »kapitalistischen« Handelsstadt Alexandria als vorgelagertem Hafen.[65] Für Eucken war dies – in der Sache unwidersprochen – ein wichtiges Beispiel eines Mischsystems, in dem sich der Idealtyp der Zentralverwaltungswirtschaft und der freien Verkehrswirtschaft in charakteristischen Ordnungsstrukturen verbanden.[66] Aber ich meine, daß sich (im Sinne von Salin) anschauliche Aspekte von Rostovtzeffs Beschreibung einer Systemanalyse im strikten Sinn entziehen (insbesondere die Vorstellung eines Konflikts zwischen griechischer Rationalität und altägyptischer Religiosität), die uns doch wichtig sind, wenn wir uns ein Bild jener merkwürdigen Welt zu entwerfen versuchen.

Wir wenden uns nun Bechtels *Wirtschaftsstil des Spätmittelalters* als einem Hauptbeispiel der Stilanalyse in den zwanziger Jahren zu.[67] Das Werk sucht nachzuweisen, daß die Periode vom letzten Drittel des 14. bis zum Beginn des 16. Jahrhunderts im deutschen Sprachbereich eine auch geographisch abgegrenzte Wirtschaftsepoche eigenen Charakters darstellt, wobei allerdings bei näherem Zusehen nicht das Ganze dieser Wirtschaft, sondern ein bestimmter dynamischer Teil derselben sich wirklich besprochen findet: die Stadtwirtschaft, und zwar nicht undifferenziert als solche, wie dies Bechtel seinen Vorgängern, insbesondere Bücher, vorwirft, sondern speziell im Gegensatz zwischen den Kleinstädten von wenigen hundert und den größeren Städten von einigen tausend Einwohnern; die letzteren stellen das eigentlich dynamische Element dar. Man weiß, daß diese Epoche schon durch wirtschaftshistorisch bedeutsame äußere Ereignisse wie den Schwarzen Tod vor dem Beginn, die Entdeckung der Neuen Welt mit den daraus folgenden Verlagerungen der Wirtschaftswege an ihrem Ende herausgehoben ist und sich die Stadtwirtschaft dieser Zeit durch die Befestigung des Zunftwesens einerseits, die Herausbildung des Großhandels andererseits auszeichnet.

Das Ungewöhnliche von Bechtels Werk besteht darin, Werke der Kunst hier nicht nur illustrativ, sondern sogar erklärend heranzuziehen. Während man bei Büchers um die Jahrhundertwende wiederholt gedrucktem *Arbeit und Rhythmus* überrascht ist, Notenbeispiele mitten in einem ökonomischen Text zur Erläuterung der Gliederung von Arbeitsrhythmen durch Arbeitsgesänge zu finden[68], treffen wir hier Abbildungen der Architektur, der Tafelmalerei und der Graphik, die nach kunsthistorischer Formanalyse die Herausbildung eines neuen Gruppenbewußtseins und einer neuen Auffassung von Individualität spiegeln sollen. Die Hallenkirche, charakteristisch für die »deutsche Sondergotik«, ist bei Bechtel nicht nur Ausdruck, sondern auch Mittel der Herausbildung einer gegenüber Adel und Klerus selbständig auftretenden Gemeinde. Wer täglich zur Kirche geht, wird danach nicht nur das Bedürfnis empfinden, die Ansprüche der Gemeinde architektonisch angemessen ausgedrückt zu finden, sondern sein Bewußtsein wird durch solche Architektur auch geprägt, ähnlich wie die in der Tafelmalerei zunächst für die Reicheren, in der Graphik später für eine breitere Allgemeinheit dargestellte neue Auffassung vom Individuum allmählich das Selbstverständnis beeinflußt.

Die neue Individualität entspricht nicht nur der aktiveren Rolle der Persönlichkeit im unternehmerischen Handeln der Großkaufleute, der Krämer usf., sondern die Künstler helfen – und Bechtel bemüht sich, die Reihenfolge historisch zu belegen – als Vorreiter dieses Bewußtsein zu befestigen, ja zu schaffen. Bechtel nutzt hier auch die Programmatik der Auftraggeber aus, wenn etwa der Rat einer Stadt mit bestimmten Gründen erwägt und schließlich darüber abstimmt, ob Riemenschneider seinen Adam als reifen oder jungen Mann darstellen soll. Aber er geht primär von der unmittelbaren Formensprache der Kunst aus, wenn er Kunstgeschichte nutzt.

Dem geistigen Prozeß entspricht die wirtschaftliche und gesellschaftliche Entwicklung der Zunftverfassung, das räumliche Ausgreifen der kaufmännischen Unternehmung, eine sich verändernde Relation zwischen Auftraggeber und Kunden usf., worauf hier im einzelnen nicht eingegangen werden kann. Schließlich kommt es so in gewissem Sinne trotz Schmoller doch dazu, daß die dem »Kunst- und Gefühlsleben abgelauschten Begriffe« »Betriebsverfassungen« erklären sollen. Mit »anschaulichem Nachdenken« soll eine folgenreiche Wandlung dargestellt werden: der Übergang vom Gemeinschaftsempfinden des Hochmittelalters, das diesem – vielleicht recht hypothetisch – zugeordnet wird, zum deutlicher faßbaren Individualismus der Renaissance. Der Weg führt über die sich dazwischen entwikkelnde Form eines »Gruppenbewußtseins«, Bechtel denkt vor allem an die Herausbildung der Zunftrechte, illustriert an ihrer Tarifpolitik, Sozialpolitik und Wettbewerbspolitik.

Das Niveau des Werks scheint mir seiner Originalität nicht überall zu entsprechen, und sein korporatistischer Zug beunruhigt.[69] Der Versuch jedoch, den Wirtschaftswissenschaft, Soziologie und Kulturwissenschaft gemeinsamen Erkenntnisgegenstand unter einheitlichem Gesichtspunkt interdisziplinär zu behandeln, ist an sich politisch neutral und wurde von Autoren verschiedener Richtungen verfolgt, die der eigenen Zeit mit ganz verschiedenen Intentionen zu ihrer Orientierung Bilder anderer Wirtschaftsformen entgegenstellten.

V. Von der Entzauberung der Wirtschaftsgeschichte zur Enthistorisierung der Ökonomie

Der Konflikt zwischen der sich zurückbildenden Historischen Schule und dem wachsenden Einfluß des neoklassischen Denkens vor allem österreichischer Prägung in der Nationalökonomie bezog sich nicht nur auf die wirtschaftliche Methodik, sondern auch auf die wirtschaftspolitische Aufgabenstellung des Faches. In seinem Buch *Wirtschaftswissenschaft als Kulturwissenschaft* hat Erich Carell[70] den Erkenntnisgegenstand und die Aussagemöglichkeiten einer verstehenden Nationalökonomie abzugrenzen versucht. Wenige zusammenfassende Stichworte mögen genügen, um zu zeigen, wie die Hinwendung zu einem instrumentalen Verständnis von Wirtschaftspolitik die Bedeutung der verstehenden Nationalökonomie reduzierte.

Nach Carell haben die Kulturwissenschaften die Aufgabe, psychophysische Gegenstände zu erforschen. Das Wirtschaftsleben ist ein gesellschaftlicher Teilbereich, der die Aufgabe der Erzeugung und Verwendung von Gütern zum Zwecke der Bedürfnisbefriedigung hat und der nicht unmittelbar der Verwirklichung von echten oder vermeintlichen ethischen oder ästhetischen Werten dient.[71] Die Wirtschaftswissenschaft als Teilbereich der Kulturwissenschaft ist nun nicht ausschließlich eine verstehende, weil man der Wirtschaft auch in der Form des Physischen, etwa beim Konjunkturphänomen, begegnet. Dadurch werden Methoden der Naturwissenschaften zu Hilfsmitteln der Nationalökonomie. Der Gegenstand der verstehenden Nationalökonomie ist nur ein Teilbereich; er befaßt sich mit dem Sinn der im Kulturbereich Wirtschaftsleben sich findenden Gebilde. Insofern sind eine verstehende und eine theoretische Nationalökonomie grundsätzlich nebeneinander möglich. Die verstehende Nationalökonomie hat die Aufgabe, das in den Gebilden des Wirtschaftslebens realisierte Denken zu erfassen.[72] Diese verstehende Nationalökonomie kann aber das Wirtschaftsleben nicht fördern, denn um die Wirkung von Maßnahmen zu bestimmen, bedarf man der theoretischen

Kausalanalyse, deren Methode sich an naturwissenschaftliche Vorbilder anlehnt. Die verstehende Nationalökonomie dagegen hat Bedeutung nur für die nach Erkenntnis strebenden Menschen; für andere ist sie eine »Enttäuschung«.[73]

Das Buch Carells hat keine tieferen Spuren hinterlassen, und man wird leicht Einwände formulieren können. Gerade beim Konjunkturphänomen kann eine verstehende Nationalökonomie ja insofern von Bedeutung sein, als der Investitionsprozeß nicht auf mechanische Abläufe reduziert werden kann, sondern von politischen Faktoren und Stimmungslagen beeinflußt wird. Aber Carell hat insofern den Punkt getroffen, als eine verstehende Nationalökonomie im Sinne Sombarts, indem sie die mit wirtschaftlichen Veränderungen einhergehenden kulturellen Veränderungen zu erkennen trachtet, nur einen sehr vermittelten Einfluß auf das Wirtschaftsleben über die Beeinflussung des politischen und kulturellen Wollens haben kann. Während die Historische Schule, solange sie vom Optimismus Schmollers getragen war, an der ethischen Höherentwicklung der Gesellschaft direkt und durch Schaffung der institutionellen Grundlagen beteiligt sein zu können hoffte, während auch die anschauliche Theorie eines Salin an der geistigen Erneuerung der Zeit teilzunehmen beanspruchte, sprach Carell die Gegenthese aus: Weder ist die verstehende Nationalökonomie eine Erweiterung der reinen Theorie, die diese umfaßt – sie ist selbst nur Teilerkenntnis –, noch hat sie jenseits des Selbstzwecks der Erkenntnis eine Bedeutung.

Die Abwendung von der verstehenden Nationalökonomie war somit wesentlich durch deren mangelnde theoretische Kraft bedingt, obwohl Weber und Sombart Schmoller im theoretischen Wollen übertrafen. Die Hoffnungen auf eine Verbindung von Theorie und Geschichte aufgrund der ricardianischen Tradition waren als Alternative zur neoklassischen Hypothese von in jeder Epoche anwendbaren ökonomischen Gesetzen in den zwanziger Jahren noch lebendig: »Ich glaube, daß im Anschluß an die Klassiker, nicht an die Grenznutzentheorie, die künftige Weiterentwicklung der Theorie der Nationalökonomie vor sich gehen wird... Aber... die bei dem Klassiker hervortretende Eigenart, bei den ökonomischen Untersuchungen von der einfachen Tauschwirtschaft und von individualwirtschaftlichen Gesichtspunkten auszugehen, muß ersetzt werden durch eine gesellschaftliche und soziale Betrachtung des Wirtschaftslebens... Dann wird man auch die Idee aufgeben, allgemeine Gesetze der Volkswirtschaftstheorie für alle Zeiten und Völker aufzustellen... Die Zeiten wirtschaftlicher Gebundenheit und Ungebundenheit müssen unterschieden werden.«[74] Aber zur Durchführung dieses Programms kam es nicht – einer der Gründe war die theoretische Stagnation der ricardianischen Theorie, die erst 1960 durch Sraffa einen weltweit wirksamen neuen Anstoß[75] erhielt; die Vertreter der verstehenden Nationalökonomie gingen in theoretischer Hinsicht eklektisch vor und fanden sich entsprechend isoliert.

Sombart hat in seinem Buch über die *Drei Nationalökonomien*[76] die Aufgabenstellungen seiner Wissenschaft in historischer Perspektive selbst untersucht und kam zum Schluß, daß die Nationalökonomie als Wissenschaft sich in eine »richtende«, »ordnende« und eine »verstehende« teile. Die richtende sei in Gefahr, ihren Gegenstand wie schon im Mittelalter an Philosophie oder Theologie zu verraten, während die ordnende die Tendenz habe, zu einer Kunstlehre zu degradieren. Nur einmal habe die Nationalökonomie ihre große Zeit gehabt, in der sie auf die Praxis unmittelbaren Einfluß ausübte: als mit der industriellen Revolution das Wirtschaftsleben von den Fesseln des Absolutismus zu befreien war und die Wissenschaft das Laissez-faire begründete. Aber, »als es sich später um positive Verwaltungsmaßnahmen handelte, hat die Wissenschaft versagt: Sie sind ohne oder sogar gegen deren Urteil durchgeführt worden: von der Arbeiterschutzgesetzgebung bis zur Stabilisierung der Mark. Wenn Nationalökonomen einen persönlichen Einfluß auf die Politik ausgeübt haben, wie etwa die deutschen Kathedersozialisten auf die Finanzpolitik oder Handelspolitik oder Sozialpolitik, so haben sie das gewiß nicht ihren wirtschaftlichen Einsichten, sondern dem Gewicht ihrer ethischen Forderungen zu danken gehabt.«[77]

Der Provokation durch dieses Urteil soll hier nicht nachgegangen werden. Da Sombart die Kunstlehre nicht als Wissenschaft anerkennen wollte, ihr auch wenig zutraute, blieb ihm die Frage, wie die Geisteswissenschaft »dem Leben dienen« könne; er kam zum Schluß, daß die Kulturwissenschaften, zu denen die verstehende Nationalökonomie zu rechnen sei, als Luxus im wahrsten Sinne des Wortes zu gelten habe. Die »Kulturwissenschaften... sind nicht gemeinschaftsbildend und kultisch verwertbar wie die reine Kunst: Sie sind individualistisch und protestantisch. Sie sind, soziologisch gesprochen, der Ausdruck des einzigen Aristokratismus, dessen die bürgerliche Kultur fähig gewesen ist, und sie werden deshalb vielleicht mit dieser Kultur verschwinden...« Daher hielt Sombart das Dasein der Nationalökonomie »zwischen den beiden robusteren Schwestern: der Heilslehre und Kunstlehre« für gefährdet.[78] Wenige Jahre später sollte Sombart mit seinem *Deutschen Sozialismus*[79] einen höchst unglücklichen Versuch machen, aus dem selbstgezimmerten Gefängnis der verstehenden Nationalökonomie mit einer programmatischen Schrift auszubrechen, in welcher der nationalen Bewegung der Weg gewiesen werden sollte, ein ihr gemäßes Wirtschaftssystem zu schaffen. Sombart griff dazu auf alte Vorstellungen eines national geprägten Sozialismus zurück, die im geänderten politischen Rahmen einen fatalen neuen Sinn erhielten.[80]

Sombarts Scheitern an der Realität des Nationalsozialismus bedeutete keinesweges, daß die auf dem Programm einer verstehenden Nationalökonomie aufgebauten Vorstellungen der Analyse von Wirtschaftssystemen und -stilen mit der Konstitution einer auf liberale Grundsätze gebauten Bundesrepublik verschwunden wären. Vielmehr ist das Konzept der Sozialen Marktwirtschaft von Müller-Armack, wie wir gesehen haben, als ein Wirtschaftsstil eingeführt worden. Allerdings beruhte dieser, soweit er handlungsleitend war und blieb, nicht mehr auf einer Verbindung zwischen Wirtschaft und allgemeiner Kultur. Vielmehr ist die Soziale Marktwirtschaft primär definiert als Kompromiß zwischen Leistungs- und Sozialprinzip, der gemäß den Traditionen einer politischen Kultur und den ihr dienenden Institutionen immer neu gefunden und reproduziert werden muß. Die Unbestimmtheit dieses Kompromisses hat herausragende Vertreter des Ordoliberalismus gerade in der noch nicht gefestigten Anfangsphase der Bundesrepublik beunruhigt – eine Beunruhigung, die sich bei jeder Verschiebung des Kompromisses wiederholte und im Ruf nach schärfer strukturierten Ordnungsprinzipien wiederholte.

Vor diesem Hintergrund läßt sich nachvollziehen, weshalb das wohl wichtigste programmatische Werk des Ordoliberalismus, Walter Euckens *Grundlagen der Nationalökonomie*[81], eingeführt als ein Schlüssel zur nüchternen Einordnung historisch vorgefundener Wirtschaftsgebilde, nach dem Zweiten Weltkrieg zur Basis eines nicht mehr historisch, sondern aktuell konfrontierenden Systemvergleichs und als Quelle für die begriffliche Umschreibung von Wirtschaftsordnungen aufgefaßt wurde. Wo die verstehende Nationalökonomie mit der Leitidee eines dem Wirtschaftssystem oder -stil immanenten Wirtschaftsgeistes eine Brücke zu den traditionellen Kulturwissenschaften zu schlagen bemüht war, brach Eucken die Hilfskonstruktionen wieder ab, postulierte die Universalität des Wirtschaftlichkeitsprinzips, stellte zur Gliederung der historischen Mannigfaltigkeit der Wirtschaftsformen die Forderung auf, im konkreten Fall stets zunächst die Ordnungstypen zu bestimmen, die nach der Zuweisung der Lenkungsfunktionen in zentralen und dezentralen Formen in bestimmten Kombinationen auftauchen konnten, und suchte im übrigen die Systeme durch die möglichen Kombinationen von Marktformen und Geldordnungen zu charakterisieren. Da die ökonomische Theorie in der Folge die Modelle, mit denen Marktformen, Wirtschaftsstrukturen, wirtschaftliche Dynamik und Entscheidungsprozesse in zunehmender Differenzierung beschrieben werden können, vervielfachte, da kombinatorisch die möglichen Verbindungen zwischen so beschriebenen Systemelementen sich potenzieren, ergab sich als Resultat eine wenig strukturierte, unübersehbar zu nennende Vielheit von denkmöglichen Systemausprägungen, die mit der Simplizität der Grundtypen in der Gegenüberstellung von Markt und Plan einen schwer zu überbrückenden Kontrast bildete.

Bis auf Ausnahmen stellt sich mir daher das Resultat so dar: Die historisch orientierte deutsche Nationalökonomie hat zu Beginn dieses Jahrhunderts die doppelte Herausforderung, einerseits die neuen theoretischen Entwicklungen in sich aufzunehmen, andererseits die historische Gegebenheit des Wirtschaftsdenkens zu respektieren und die Nationalökonomie als Kulturwissenschaft aufzufassen, mit einer Spaltung beantwortet: Während sich eine – in diesem Referat nicht näher zu betrachtende – Mehrheit von Nationalökonomen unmittelbar der Theorie zuwandte, ging eine Minderheit den Umweg über die Konstruktion einer verstehenden Nationalökonomie. Es war ein Umweg, insofern die Klärung des Verhältnisses zur Politik und die Berücksichtigung des wachsenden Reichtums an theoretischen Konzepten aus einer ernüchterten Betrachtung der Wirtschaftssysteme in historischer Perspektive zu einem des historischen Gehalts zunehmend beraubten, aber theoretisch angereicherten Vergleich der Wirtschaftssysteme führte, welcher der heute vorherrschenden Denktradition und Forschungspraxis entspricht. Es wird sich zeigen müssen, ob diese auch dem erneuerten Bedürfnis genügt, wirtschaftliche Evolution zu verstehen, nachdem die Transformation an die Stelle der Konfrontation der Wirtschaftssysteme getreten ist.

VI. Max Weber und Josef Schumpeter: Eine verlorene Synthese?

Die Fragestellungen der verstehenden Nationalökonomie wurden seit Eucken verlagert; sie sind jedoch nicht für falsch erklärt worden. Max Weber und Josef Schumpeter, die je bedeutendsten deutschsprachigen Vertreter der für unser Problem hauptsächlich zuständigen Disziplinen, nahmen sie vollständig ernst – mit seinem Begriff des »Verstehens« ist Weber einer ihrer Väter. Wie immer man Weber mit seiner Interdisziplinarität schließlich fachlich zuordnet: Seine *Protestantische Ethik* und die frühen methodologischen Schriften waren für die verstehende Nationalökonomie grundlegend.[82] Scharf grenzte Weber sich dabei von organizistischen Vorstellungen ab, indem er darauf bestand, vom individuellen Handeln und dessen historisch wandelbarer Rationalität auszugehen. Die empirische Geltung einer in einer idealtypischen Konstruktion vorausgesetzten Handlungsorientierung mit den sich aus ihr ergebenden Folgen erkannte er als hypothetisch; er wandte sich damit gegen die der historischen Schule vorgeworfene Verwechslung von zwei ganz verschiedenen Arten von »Gesetzen«: einerseits empirischen Regelmäßigkeiten, die beobachtet werden, aber deren kausale Deutung problematisch ist, und andererseits gedachten Verbindungen von rationalem Handeln mit seinen Wirkungen (die Rationalität als Sinndeutung des Handelns oder die Wirkung als deren Folge). Bei den letzteren wird die Kausalität voraussetzungsgemäß bedacht, aber deren empirische Geltung steht in Frage.[83] Webers Strenge in der Werturteilsdebatte, seine Mahnung, die Konsequenz aus dem Entzauberungsprozeß und der Rationalisierung auch in der Nüchternheit des wissenschaftlichen Berufs zu ziehen, sollte wohl ganz besonders der verstehenden Nationalökonomie Schranken setzen – jedenfalls ist diese, zumal bei schlechter Quellenlage, besonderen ideologischen Versuchungen ausgesetzt.

»Rationalität« wurde zum Schlüsselbegriff der Diskussion: historisch, um die Besonderheiten von Wirtschaftsformen zu erklären, oder, wie Weber sich vorsichtiger ausdrückte, um Entsprechungen zwischen Lebens- und Wirtschaftsformen aufzudecken; in methodischer Hinsicht, um vom Handeln des einzelnen auszugehen (jedoch ohne die doppelte Einschränkung, welche die Neoklassik auszeichnet, nämlich des Motivs auf Zweckrationalität bei Maximierung von Nutzen und Gewinn, des Objekts auf die wirtschaftlichen Güter und Faktoren bei der Wahl für Konsum und Produktion).

Schumpeter, der von historischen Fragestellungen bewegt war und sich mit Geschichte nicht nur deshalb auseinandersetzte, weil er als Theoretiker in eine von der historischen Schule bestimmte Umwelt geraten war, mußte Webers Werk als Anregung und Herausforderung empfinden.

In einem bemerkenswerten Aufsatz hat Shionoya kürzlich Schumpeters Auseinandersetzung mit Schmoller und Weber aufgegriffen, um zu zeigen, wie Schumpeter, obwohl eine Leitfigur in der Hinlenkung der Ökonomie zur Allgemeinen Gleichgewichtstheorie, selbst die Aufgabe in einer Verbindung von Theorie und Geschichte sah, während die Auflösung der »Antinomie« von Theorie und Geschichte bei und in der Nachfolge von Eucken – nach Salins Zeugnis entgegen Euckens eigenem Wunsch – zur einseitigen Dominanz der Theorie geführt hat.[84]

Während Schumpeter in »Wesen und Hauptinhalt« mit einer instrumentalen Auffassung von Theorie, die sich in seinem methodologischen Individualismus äußerte, Geschichte und Theorie noch strikt trennte, führten ihn seine Theorie der kapitalistischen Entwicklung und noch mehr seine Untersuchungen der Konjunkturzyklen über eine beschreibende historische Forschung zu einer Verschränkung von Geschichte und Theorie und zu einer »Reasoned History« oder einer »Conceptually Clarified History«, die Shionoya als Ausdruck einer »Economic Sociology« deutet. Diese ökonomische Soziologie (oder Sozialökonomik?) konzentriere sich auf eine Analyse der Institutionen mit je eigener Funktionsweise; Institutionen schließen nicht nur staatliche oder gesetzliche, sondern auch soziale Einrichtungen, Sitten, Moral und Wertvorstellungen, ein. Die Pluralität der Motivationen wird auf diese Weise Bestandteil auch des Schumpeterschen Forschungsansatzes.[85] Schumpeter sprach von einem neuen »Lehrgebäude«, das auch den »Wirtschaftsstil« zu erfassen gestatte.[86] Schumpeter wandte sich dabei gegen die organizistischen und holistischen

Vorstellungen, die er der Historischen Schule zuordnete, aber er anerkannte die Wechselwirkung zwischen den Wirtschaftssubjekten im soziologischen Sinn, die ihnen aus solcher Wechselwirkung zu verstehende Verhaltensweisen aufprägt.[87]

Die bekannteste Figur der ökonomischen Soziologie bei Schumpeter ist natürlich der Unternehmer, dessen wesentliches Verhalten im Wirtschaftsprozeß auf Nutzen- und Gewinnmaximierung nicht reduziert werden kann: »Denn alles Verständnis sozialen Geschehens, besonders alles die gedanklichen Mittel des 18. Jahrhunderts übersteigende Verständnis beginnt bei der Erkenntnis (aus welcher der soziale Prozeß der Rationalisierung des Lebens selbst erst seine richtige Problematik gewinnt), daß der Mensch essentiell nicht rational handelt und die sozialen Dinge von jeweils irrational zusammentreffenden Einflüssen geformt werden, so daß zunächst das Rationale nicht im Objekt, sondern nur in der Mentalität des wirtschaftlichen Beschauers liegt und jede anders geartete Rationalität ein jeweils besonders aufzuklärendes Problem bildet.«[88]

So wie Shionoya hinter dem Kontrast zwischen Schmoller und Schumpeter einen Kern wesentlicher Übereinstimmung entdeckt, indem Schumpeter den Allgemeinheitsanspruch ökonomisch-theoretischer Erklärung zugunsten einer theoretisch strukturierten Geschichtsschreibung zurücknimmt, findet er auch in der Behandlung des Rationalitätsbegriffs bei Weber und Schumpeter durch Rückgriff auf einen posthumen Aufsatz des letzteren eine Übereinstimmung. Schumpeter unterscheidet dort zwischen der Rationalität des Beobachters und der Rationalität im Objekt (der subjektiven Rationalität eines wirtschaftlich Handelnden).[89] »Schumpeter's argument of objective rationality and subjective rationality is nothing but a specific version of Weber's cultural meaning and subjective meaning.«[90] Die kulturelle Bedeutung einer Handlung entspreche der ihr vom Beobachter zugeschriebenen Rationalität.

Shionoyas Interpretation von Weber und Schumpeter kann als Versuch gelesen werden, den ersteren der modernen Hauptströmung der Nationalökonomie anzugliedern, weil er dem letzteren nahe steht, der sie repräsentiert. Indessen wird auch die umgekehrte Schlußfolgerung möglich: Indem Schumpeter dem Vorbild Webers folgte, enthüllte er ein Forschungsinteresse, das der modernen Ökonomie fern steht und gegen welches sich ihre Begriffe sperren: Die durch Weber vorgenommene Differenzierung des Rationalitätsbegriffs kann m. E. selbst heute, nach der Entwicklung der Spieltheorie und bei Eingrenzung auf die wirtschaftlichen Güter, nur partiell mit den Mitteln einer formalisierten Wirtschaftstheorie wiedergegeben werden.

Andererseits hat noch in der von uns betrachteten Zeitperiode Ludwig Mises den folgenreichen, aber umstrittenen Versuch unternommen, in direkter Kritik an Weber alles rationale Verhalten als zweckrational zu deuten. Wenn nur der Zweck recht definiert wird, ist sogar magisches Handeln zweckrational, denn der Zauber soll beispielsweise Krankheit heilen. Alles zweckrationale Handeln aber impliziert ein Wählen und ist damit wirtschaftlich. In konsequenter Fortführung der österreichischen Fundierung der klassischen Werttheorie sah Mises so in fast jeder Lebensäußerung eine wirtschaftliche Erwägung, doch betonte er zugleich den hypothetischen Charakter der Ökonomie: *Wenn* die Menschen (rational) handeln, gelten in der Folge die abzuleitenden Gesetze (des allgemeinen Gleichgewichts).

Eine so weitgefaßte Definition scheint jedoch einerseits wenig hilfreich, da die Güterwelt ins nicht Quantifizierbare ausgedehnt wird und Wahlhandlungen in Bereichen erfolgen, wo Inkonsistenzen eines Individuums sogar mit einer gewissen Notwendigkeit auftauchen (etwa bei Rollenkonflikten). Keynes hat in derselben Epoche die Handlungsblockierung des Unternehmers bei Unsicherheit als eine mögliche Ursache makroökonomischer Investitionsschwäche erkannt. Wenn andererseits jedes spekulative Verhalten als rational gelten soll, muß hingenommen werden, daß aus dem so verallgemeinerten Rationalitätspostulat keine spezifischen Schlüsse für den Wirtschaftslauf gezogen werden können: Die Theorie wird inhaltsleer; sie verliert nicht nur die Fähigkeit, historische Lagen zu charakterisieren, sondern ist sogar im Rahmen des Wirtschaftlichen im engeren Sinn, der monetären Wirtschaft, zu spezifischen Schlußfolgerungen nicht fähig, solange sie die »Rationalität« nicht wieder differenziert. Und zu einigen Differenzierungen des Rationalverhaltens ist die nationalökonomische Theorie seit Mises immerhin gelangt wie bei der Berücksichtigung externer Effekte und der Risikoaversion – Begriffe, die es zwar schon gab, die bei Mises aber nicht auftauchen.[91] Mises scheint sich auch nicht klar zu sein, wie mögliche Differenzierungen, die er selbst andeutet, die Schlußfolgerungen der Theorie berühren würden. Wenn er z. B. davon spricht, daß ein Traditionsbewußtsein als ein Ziel gedeutet werden kann, nach Väterart zu leben, und davon die Investitionsbereitschaft berührt wird, vermengen sich die in der Theorie üblicherweise getrennten Ziele von Maximierung des Nutzens durch Güterkonsum und Maximierung des Gewinns bei unternehmerischer Tätigkeit in unklarer Weise.

Ich will nun abschließend an einem Beispiel zeigen, daß die Konzedierung einer historisch-spezifischen »objektiven« Rationalität, wie sie bei Schumpeter auftaucht, die Begriffswelt der neoklassischen Theorie bereits so weit überschreitet, daß die mit dem Wirtschaftsstil gemeinte zusammenhängende Charakterisierung der Besonderheit der Wirtschaftsweise in einer bestimmten Epoche und einem bestimmten Raum ermöglicht wird. Ich wähle hierzu Webers Begriff vom politischen Kapitalismus im römischen Altertum, wie er durch ein neues Buch von J. R. Love[92], die disparaten Schriften von Weber zu diesem Gegenstand zusammenfassend, analysiert worden ist.[93] Es geht mir dabei nicht um eine Reproduktion der Vielzahl der Einzelillustrationen, sondern um die möglichst knappe Charakterisierung des Gesamtzusammenhangs:

Die Schriften über die Verwaltung großer landwirtschaftlicher Güter in Rom, die uns vor allem aus dem ersten Jahrhundert erhalten sind, belegen klar das Bedürfnis, den ökonomischen Erfolg des Landbaus zu messen, aber die Buchhaltungsbemühungen stießen auf die Schwierigkeit, daß Sklaven während des ganzen Jahres beschäftigt werden müssen, was die Spezialisierung behinderte und zur Produktion einer erstaunlich großen Zahl verschiedener Feldfrüchte aus demselben Gut führte, wobei die Sklavenarbeit während der Ernteperiode durch Lohnarbeit ergänzt wurde. So war es so gut wie unmöglich, etwa den Beitrag des Kornanbaus zur Weinproduktion durch die Ernährung der betreffenden Arbeitskräfte mit guteigenem Korn zu bestimmen. Die Summe der Erlöse aus den verkauften Waren ließ sich feststellen, aber zur konsequenten Planung der internen Allokation der landwirtschaftlichen Unternehmung und ihrer buchhalterischen Erfassung fehlte die monetäre Bewertung der wichtigsten Kostenelemente. Immerhin bestand ein Bewußtsein der Opportunitätskosten der Investitionen; Columella berücksichtigt auch die Zinskosten derselben.[94] Dies ist ein erster Hinweis auf eine Einschränkung wirtschaftlicher Rationalität, die im gegebenen Rahmen jedoch ihren Sinn hat: Sie läßt das Wirtschaften auch auf großen Gütern als Aufgabe einer praktischen Erfahrungswissenschaft erscheinen, die einer ländlich-patriarchalischen Denkweise verhaftet bleibt und das abstrakt Unternehmerische davon abzulösen nicht gestattet.

Seit der industriellen Produktion ist unser Wissen gegenüber dem Stand der Zeit Webers – damals in seiner Spannweite repräsentiert durch die Kontroverse zwischen der primitivistischen Interpretation der antiken Wirtschaft durch Bücher und der modernistischen durch Meyer – durch die archäologische Forschung gehoben worden. So konnte nachgewiesen werden, daß es für einzelne spezialisierte Waren wie Öllämpchen einen das ganze Mittelmeer umspannenden Handel gab, durch den die Küstenbereiche des Römischen Reiches von einem Zentrum aus versorgt wurden. In den meisten Fällen scheint jedoch die Produktion auf einen engeren lokalen Rahmen beschränkt geblieben zu sein.

Die Schwierigkeit besteht in der Bestimmung der betrieblichen Organisationsformen. Die moderne Möglichkeit, Verträge durch Bevollmächtigte abschließen zu lassen, wodurch ein Unternehmen durch Delegation von Kompetenzen wachsen kann, bestand nicht.[95] Weber hob hier die Rolle der freigelassenen Sklaven hervor, mit einer vom früheren Herrn bereitgestellten Kapitalausstattung (peculium), und die Rolle unabhängig in kleinen Handwerksbetrieben arbeitender Sklaven, die ebenso mit einem peculium gerüstet waren und gegebenenfalls selbst über einige Sklaven verfügten. Hier verhält der Herr sich zum Sklavenbetrieb auf den ersten Blick ähnlich wie die Aktieninhaber zur Unternehmung. Weber betonte die Haftungsbegrenzung; der Herr scheint für die von den Sklaven und Freigelassenen eingegangenen Schulden nur bis zum Wert des peculium gehaftet zu haben. Aber es gab kein modernes Gesellschaftsrecht, sondern einerseits die persönlich bestimmten Beziehungen zwischen Herren und unabhängigen Sklaven oder Herren und ihren Freigelassenen; andererseits haftete ein Beauftragter (mandatarius) selbst, nicht sein Auftraggeber.

Einer modernen Gesellschaftsform kamen societates publicanorum, die mit Aufträgen des Staates im Bauwesen und der militärischen Versorgung arbeiteten, am nächsten. Aber auch in diesem Bereich ergab sich, gemessen an der Vertragsfreiheit, Handlungsunabhängigkeit und der Erfol nabhängigkeit und der Erfolgsrechnung unter modernen Bedingungen, eine Beschränkung der Rationalität durch

Abhängigkeitsverhältnisse zwischen Personen, die einen politischen Ausdruck im Klientelwesen fanden, und zwischen wirtschaftlichen Organisationen und dem Staat. Sie gaben Weber Anlaß, von einer politischen Grundlage des antiken Kapitalismus zu sprechen. Die römische Verfassung und die Bindungen innerhalb der römischen Gesellschaft schufen eine Verknüpfung zwischen dem politischen und dem ökonomischen Prozeß, mit der Ämterpatronage als einem wichtigen Beispiel. Ämter waren zwar schlecht bezahlt, wurden aber dennoch gekauft, weil sie erlaubten, Einfluß und Einkommen zu gewinnen.

Weshalb also gelangte der rationale Kapitalismus in der Antike nicht zur Herrschaft? Dies ist die charakteristisch negative Formulierung der Frage, die – positiv gewendet – den politischen Kapitalismus des antiken Rom als eigenständigen Wirtschaftsstil erweisen müßte. Von heute her gesehen erscheinen Institutionen als die Entwicklung hemmende Faktoren: Die Rationalität, die sich nicht entfaltet, weil Haushalt und Betrieb nicht getrennt werden, weil patriarchale Herrschaft über den Haushalt besteht, weil technische Bedingungen und die Institution der Sklaverei eine rationale Durchgestaltung der betriebsinternen Allokation erschweren. Die Abhängigkeitsverhältnisse pflanzen sich fort in den Verkehr der wirtschaftlichen Einheiten untereinander und werden im übrigen über ein römisches Recht geregelt, das den für ein kalkulierbares Wirtschaften erforderlichen Ordnungsrahmen nicht schafft.[96] Schließlich stehen die Interessen der staatlichen Ordnung der Verselbständigung des Wirtschaftsprozesses entgegen. Unter dem Gesichtspunkt des modernen Denkens erscheint die Rationalität als beschränkte; will man aber die Wertung unter dem Gesichtspunkt des Fortschritts vermeiden, muß man die kulturelle und politische Bedeutung der zeitbedingten Rationalität positiv herausarbeiten. Um nichts anderes handelt es sich, wenn man heute den Ausgleich zwischen Sozialstaats- und Leistungsprinzip als Ausdruck einer der Gegenwart gemäßen Rationalität deutet.

Webers Werk steht so für eine bleibende Leistung in der Wissenschaft: Wo die Historische Schule die Aufgabenstellungen der Ökonomie als positiver Wissenschaft und als Trägerin eines wirtschaftspolitischen Auftrags nur unscharf abgesteckt hatte, zog er die Grenzen im Werturteilsstreit und trat mit seiner verstehenden Soziologie das von den Theoretikern vernachlässigte Erbteil an, indem er die Einbettung des Wirtschaftslebens in Gesellschaft und Politik beobachtend und in historischer Perspektive untersuchte. Die theoretische Nationalökonomie aber löste sich zunehmend aus diesem Denkzusammenhang. Das Denken in Wirtschaftsordnungen gestattete, den evolutorischen Aspekt zurücktreten zu lassen und die Wirtschaftspolitik in einen Rahmen einzubinden, der vor allem den Spielraum der Prozeßpolitik einschränken sollte. Daraus ergab sich eine Verengung der als nationalökonomisch angesehenen Fragestellungen, gegen die man sich in den zwanziger Jahren – für geisteswissenschaftliche Fragestellungen offener – stemmte[97], die jedoch heute kaum mehr als Verlust empfunden zu werden scheint.

Anmerkungen

1 *Der Keynesianismus*, Bd. I, hrsg. v. G. Bombach u. a., Teil A; Bd. II, hrsg. v. G. Bombach u. a.; Bd. III, hrsg. v. G. Bombach u. a., Berlin/Heidelberg/New York 1976–1983.

2 W. Hennis, *Max Webers Fragestellung*, Tübingen 1987.

3 H. Kurz, ›Die deutsche theoretische Nationalökonomie zu Beginn des 20. Jahrhunderts zwischen Klassik und Neoklassik‹, in: *Studien zur Entwicklung der ökonomischen Theorie* VIII, von G. Hardach u. a., hrsg. v. B. Schefold, Schriften des Vereins für Socialpolitik, Band 115/VIII, Berlin 1989.

4 In dieser Perspektive pflegt man Schumpeter ganz der österreichischen Theorie, abgesetzt von der deutschen nationalökonomischen Tradition, zuzuordnen, obwohl er – wie wir noch sehen werden – in mehr als einer Weise bemüht war, mit der ihm eigenen Methodik an der historischen Schule anzuknüpfen.

5 Vgl. die Perzeption der Lage in der Erinnerung von Fritz Neumark, ›Deutsche Ökonomen des frühen 20. Jahrhunderts‹, in: *Studien zur Entwicklung der ökonomischen Theorie* VII, hrsg. v. B. Schefold, Berlin 1989, S. 127–140.

6 J. M. Keynes, ›The Economic Consequences of the Peace‹ (1919), in: *The Collected Writings of J. M. Keynes*, London 1971.

7 E. Salin, *Die deutschen Tribute. Zwölf Reden*, Berlin 1930, insb. S. 25 f. Ich las Keynes' Buch selbst 1971 unter dem Eindruck von Salins packender mündlicher Vergegenwärtigung. Zu Osteuropa vgl. Keynes, a. a. O., Kapitel 6.

8 So die Interpretation der gleichnamigen Rezension von Edgar Salin, 1924, abgedr. in: E. Salin, *Lynkeus*, Tübingen 1963, S. 251–266.

9 Vgl. *Studien zur Entwicklung der ökonomischen Theorie* VII, a. a. O.

10 Otto Neurath, *Antike Wirtschaftsgeschichte*, 3. Aufl., Leipzig/Berlin 1926.

11 In diesem Bereich ist der Vergleich mit der amerikanischen Entwicklung aufschlußreich, zu verfolgen etwa am Wachsen des Einflusses von I. Fisher (vgl. P. A. Samuelson/J. Tobin/B. Schefold, *Irving Fishers »The Nature of Capital and*

Income«. Vademecum zu einem Klassiker der amerikanischen Nationalökonomie, Düsseldorf 1991).

12 Vgl. *Gustav Schmoller heute: die Entwicklung der Sozialwissenschaften in Deutschland und Italien*, hrsg. v. M. Bock, H. Homann, P. Schiera, Bologna/Berlin 1989; darin H. Homann, ›Schmoller und Weber als Sozialwissenschaftler‹, S. 373–382. Ferner *Geisteswissenschaften zwischen Kaiserreich und Republik. Zur Entwicklung von Nationalökonomie, Rechtswissenschaft und Soziologie im 20. Jahrhundert*, hrsg. v. K. W. Nörr, B. Schefold u. F. Tenbruck, Stuttgart 1994.

13 Die politische Bedeutung, die man der Kulturforschung besonders für die Völkerverständigung zumaß, und die Beunruhigung, daß diese auch eine in der tradierten Kulturauffassung nicht enthaltene Auseinandersetzung mit Wirtschaftsfragen voraussetzt, bringt ein Doppelwerk zum Ausdruck: E. R. Curtius/A. Bergsträsser, *Frankreich* (Bd. I: *Die französische Kultur*, von E. R. C., Bd. II: *Staat und Wirtschaft Frankreichs*, v. A. B.), Berlin/Leipzig 1930.

14 Vgl. z. B. die gesammelten Aufsätze zur Gemeinwirtschaft bei K. Kühne, *Neomarxismus und Gemeinwirtschaft*, Köln/Frankfurt 1978, Kap. III u. IV.

15 E. Salin, *Platon und die griechische Utopie*, München/Leipzig 1921. E. Salin, *Wirtschaft und Staat*, Berlin 1932.

16 Hugo von Hofmannsthal, ›Vermächtnis der Antike‹, in: *Gesammelte Werke in Einzelausgaben*. Prosa IV, Frankfurt/M. 1955, S. 315.

17 Vgl. für das Folgende die kompakte Darstellung in E. v. Beckerath, ›Lo storicismo e gli sviluppi più recenti dell'economia politica in Germania‹, in: ders., *Lynkeus* (paralleles Werk zu Salins *Lynkeus*, a. a. O.), Tübingen 1962, S. 221–233.

18 W. Eucken, ›Wissenschaft im Stile Schmollers‹, in: *Weltwirtschaftliches Archiv*, Nov. 1940, S. 468–506, hier S. 469f.

19 B. Schefold, »Normative Integration der Einzeldisziplinen in gesellschaftswissenschaftlichen Fragestellungen‹, in: *Gustav Schmoller heute*, a. a. O., S. 251–269.

20 Vgl. B. Schefold, ›Schmoller als Theoretiker‹, in: *Vademecum zu einem Klassiker der Nationalökonomie*, hrsg. v. J. Backhaus, Y. Shionoya u. B. Schefold, Düsseldorf 1989, S. 77–113.

21 Thukydides, *Geschichte des peloponnesischen Krieges*, übers. v. G. P. Landmann, 2. Aufl., Zürich/München 1976, VI, S. 85–113.

22 Eucken, a. a. O., S. 481. Eucken selbst hat freilich die Herausbildung marktgemäßer Wirtschaftsordnungen als säkularen historischen Fortschritt interpretiert. Diesen Gesichtspunkt hielt E. Heuss in der Diskussion für untergeordnet; zentral bei Eucken sei nicht die Effizienz der liberalen Wirtschaftsordnung, sondern die von ihr gewählte Freiheit.

23 E. Salin, ›Hochkapitalismus. Eine Studie über W. Sombart, die deutsche Volkswirtschaftslehre und das Wirtschaftssystem der Gegenwart‹ (1927), in: ders., *Lynkeus*, a. a. O., S. 182–212.

24 E. Salin, *Geschichte der Volkswirtschaftslehre*, Berlin 1923, S. 40, sagt auch: »Kein größerer Mensch ist in den Annalen der Ökonomik eingezeichnet als Max We-

ber«, und es »wagt Sombart zuerst, was die Schmollerschule versäumt hatte, die Zusammenfassung des historischen Stoffes«.

25 Vgl. Verhandlung des Vereins für Socialpolitik: H. Giersch/K. Borchardt (Hrsg.), *Diagnose und Prognose als wirtschaftswissenschaftliche Methodenprobleme*, Schriften des Vereins für Socialpolitik, N. F. Bd. 25, Berlin 1962; E. Salin, *Hochkapitalismus*, a. a. O.; ders., *Geschichte der Volkswirtschaftslehre*, 3. erw. Aufl., Berlin 1944, S. 202 ff. u. spätere Auflagen; H. Ritschl, ›Wandlungen im Objekt und in den Methoden der Volkswirtschaftslehre‹, in: *Schmollers Jahrbuch* 67.2, 1943, S. 387–415.

26 Edith Landmann, *Die Transcendenz des Erkennens*, Berlin 1923.

27 Vgl. E. Salin, *Politische Ökonomie. Geschichte der wirtschaftspolitischen Ideen von Platon bis zur Gegenwart* (5. Aufl. der *Geschichte der Volkswirtschaftslehre*), Tübingen 1967.

28 Landmanns so gut wie die ganze moderne Erkenntnistheorie und Wissenschaftsmethodologie herausfordernde Schrift erschien in der Reihe »Werke der Wissenschaft aus dem Kreise der Blätter für die Kunst«.

29 Vgl. hierzu auch N. Kloten, ›Der Methodenpluralismus und das Verstehen‹, in: *Systeme und Methoden der Volkswirtschaftslehre*, hrsg. v. N. Kloten u. a., Tübingen 1964, S. 207–236.

30 Vgl. F. Wolters, *Stefan George und die Blätter für die Kunst*, Berlin 1930, S. 471 ff.; E. Salin, *Um Stefan George*, München/Düsseldorf 1948, 1954, S. 111, S. 252 u. passim; B. Schefold, ›Nationalökonomie als Geisteswissenschaft. Edgar Salins Konzept einer anschaulichen Theorie‹, in: *List Archiv* 1992, H. 4, S. 303–324; E. v. Kahler, *Der Beruf der Wissenschaft*, Berlin 1920.

31 Vgl. *Die Wirkung Stefan Georges auf die Wissenschaft*, hrsg. v. H. J. Zimmermann, Heidelberg 1985.

32 Spenglers *Untergang des Abendlandes*, enthält kühne, aber für den Ökonomen fragwürdige Ideen über Wirtschaftsstile und ihre Ausprägungen etwa in einem angeblich jeder Kultur je eigenen Geldwesen. Vgl. Erwin von Beckerath, ›Spengler als Staats- und Wirtschaftsphilosoph‹, in: ders., *Lynkeus*, a. a. O., S. 267–279. In der Diskussion wies K. Acham auf den Einfluß Spenglers auf Wittgenstein hin (Übergang von der Kausalerklärung zur Mustererklärung und von da auf Hayeks Theorie der komplexen Phänomene).

33 Vgl. Piero V. Mini, *Keynes, Bloomsbury and ›The General Theory‹* (London 1991) und die dort angeführte Literatur. Unter den vielen Freunden von Keynes ist der ihm zeitweilig besonders nahe stehende Lytton Strachey hier hervorzuheben, weil er das Moment der Irrationalität und Individualität in der Geschichte durch seine historischen Biographien hervorhob. Ein Beispiel seiner Charakterisierung der Menschen eines Zeitalters (des 16. Jahrhunderts): »With very few exceptions – possibly with the single exception of Shakespeare – the creatures in it meet us without intimacy; they are exterior visions, which we know, but do not truly understand. It is, above all, the contradictions of the age that battle our imagination and perplex our intelligence. Human beings, no doubt, would cease to be human beings unless they were inconsistent; but the inconsistency of

the Elisabethans exceeds the limits permitted to man.« (Lytton Strachey, *Elisabeth and Essex, a Tragic History*, London 1928, S. 8)

34 A. Müller-Armack, *Geneaologie der Wirtschaftsstile*, 3. Aufl., Stuttgart 1944 (EA 1940).

35 A. Müller-Armack, *Wirtschaftsordnung und Wirtschaftspolitik*, 2. Aufl., Bern/Stuttgart 1976, S. 231–315.

36 Ein berühmter Ausdruck dieses Bewußtseins sind die Kriegs- und die Leichenrede des Perikles, Thukydides, a. a. O., I 140–144 u. II 35–46.

37 Vgl. B. Schefold, ›Spiegelungen des antiken Wirtschaftsdenkens in der griechischen Dichtung‹ (1990), in: *Studien zur Entwicklung der ökonomischen Theorie* XI, hrsg. v. B. Schefold, Berlin 1992, S. 13–89, nachgedruckt in diesem Band.

38 Oft wird man Stile als besondere Systemausprägungen auffassen können, doch daß dies nicht immer richtig ist, ergab sich in einer Diskussion mit K. Leube. Zur programmatischen Präzisierung der Begriffe vgl. B. Schefold/H. Peukert, ›Wirtschaftssysteme im historischen Vergleich: ein Projekt‹, in: *Jahrbuch für Wirtschaftsgeschichte* 1992/1, S. 243–254.

39 W. Eucken, *Die Grundlagen der Nationalökonomie*, Jena 1940.

40 Vgl. ebd., S. 156, S. 253.

41 Vgl. B. Schefold, ›Schmoller als Theoretiker‹, a. a. O., S. 81–89, und voriges Kapitel, Abschnitt II.

42 Friedrich Tenbruck hat davor gewarnt, den Stilbegriff nur punktuell-deskriptiv aufzufassen, so wie ein Unternehmen sich das durchsichtige Fähnchen einer »corporate identity« überstreift. Weber sprach in seiner Religionssoziologie vorsichtig von Entsprechungen zwischen Denk- und Wirtschaftsformen, aber die Brisanz des Stilbegriffs liegt in der wiederkehrend vorgetragenen Hypothese, es seien die Denkformen (historisch: die Religion) bestimmend. Was bedeutet, würde man dann zum Beispiel fragen, amerikanische Kultur in dieser Generation für den deutschen Wirtschaftsstil? Die übliche (materialistische) These lautet natürlich umgekehrt, daß die früher entwickelten amerikanischen Wirtschaftskräfte durch ökonomischen Einfluß die neueren Umformungen der deutschen Kultur bestimmt hätten. Auf dieses Feld wage ich mich hier nicht, verweise aber darauf, daß gerade Müller-Armack das Primat des Geistigen behauptete (vgl. A. Müller-Armack, ›Zur Metaphysik der Kulturstile‹, in: *Zeitschrift für das gesamte Staatswesen* 105, 1949, S. 29–48). Jedenfalls ist bei jeder aktuellen Anwendung des Stilbegriffs zu bedenken, daß seit der industriellen Revolution das beschleunigte Wachstum der Arbeitsproduktivität – zumal bei angenäherter Vollbeschäftigung – den Spielraum für die materielle Objektivierung des kulturellen Wollens rasch erweitert. Eine Gestaltung nach einheitlichen Prinzipien kann höchstens erfolgen, wenn diese ganz allgemein bleiben. Es liegt im Wesen des technischen Wandels, neue Produkte zu schaffen, die neuen Bedürfnissen entsprechen und über den jeweils gegebenen kulturellen Rahmen hinausweisen. Was wäre aus der klassischen Formensprache der Athener Bildhauer im 5. Jahrhundert geworden, wenn ihnen innerhalb weniger Jahrzehnte neue Materialien wie Aluminium, Beton, Kunststoffe zur Verfü-

gung gestellt worden wären? Bei starkem Wachstum des Prokopfprodukts scheint der Kontrast zwischen dem extremen Individualismus in den Freiräumen der Gesellschaft, insbesondere in der modernen Kunst, einerseits und dem Konformismus in der ständig neu zu organisierenden Arbeitswelt andererseits unvermeidlich, mit dem Konsumenten in unbestimmter Spannung zwischen beiden. Auch hier ein Wirtschaftsstil, der durch den besonderen Umgang mit Gegensätzen umschrieben werden muß.

43 J. A. Schumpeter, ›Das soziale Antlitz des Deutschen Reiches‹ (1929), in: ders., *Aufsätze zur Soziologie*, Tübingen 1953, S. 214–225, hier S. 214.

44 Vgl. Abschnitt VI.

45 Vgl. zur frühen Begründung des Konzepts H. Bechtel, ›Kunstgeschichte als Erkenntnisquelle für den Wirtschaftsgeist des Spätmittelalters‹, in: *Schmollers Jahrbuch* 51/2, 1927, S. 45–68; ders., *Wirtschaftsstil des deutschen Spätmittelalters*, München/Leipzig 1930; A. Spiethoff, ›Die allgemeine Volkswirtschaftslehre als geschichtliche Theorie. Die Wirtschaftsstile‹, in: *Schmollers Jahrbuch* 56, 1932, S. 51–84; ders., *Boden und Wohnung in der Marktwirtschaft*, Jena 1934 (insb. »Boden- und Wohnungswirtschaft in verschiedenen Wirtschaftsstilen«).

46 W. Sombart, *Der moderne Kapitalismus* (2. Aufl. 1916–1927), Repr. München 1987, Bd. I–III, hier Einleitg., Bd. I, S. 3–26.

47 K. Marx, *Das Kapital*, Bd. I, Berlin 1969, S. 396.

48 W. Sombart, *Der moderne Kapitalismus*, a. a. O., Bd. I. 1, S. 6.

49 Ebd., S. 13.

50 Ebd., S. 16.

51 Ebd., S. 17, S. 18.

52 Ebd., S. 19.

53 Ebd., S. 21 f.

54 Ebd., S. 23.

55 Ebd., S. 25.

56 Spiethoff, ›Die allgemeine Volkswirtschaftslehre‹, a. a. O., S. 75 ff.

57 Ebd., S. 76.

58 Eucken, *Grundlagen*, a. a. O., S. 87–89.

59 Ebd., S. 235–243. Schon Stackelberg zeigte, daß Euckens Werk Sombart und Spiethoff weiterführte und vertiefte, aber keinen völligen Neubeginn darstellte (vgl. H. v. Stackelberg, ›Die Grundlagen der Nationalökonomie. Bemerkungen zu dem gleichnamigen Buch von Walter Eucken‹ (1940), in: ders., *Gesammelte wirtschaftswissenschaftliche Abhandlungen*, Regensburg 1992, Bd. 2, S. 851–892, hier S. 859).

60 Spiethoff, a. a. O., S. 77.

61 Vgl. A. Spiethoff, *Die wirtschaftlichen Wechsellagen*, 2 Bde., Tübingen/Zürich 1955.

62 E. Salin, ›Kapitalbegriff und Kapitallehre von der Antike zu den Physiokraten‹ (1930), in: ders., *Lynkeus*, a. a. O., S. 153–181.

63 E. Salin, *Der ›Sozialismus‹ in Hellas, in Bildern und Studien aus drei Jahrtausenden.*

Eberhard Gothein zum 70. Geburtstag dargebracht von G. Karo, E. Salin u. a., München/Leipzig 1925, S. 15–59.

64 J. Rückert hat mich auf das parallele Aufgreifen des Stilbegriffs durch die Jurisprudenz aufmerksam gemacht (vgl. J. Rückert, *Autonomie des Rechts in rechtshistorischer Perspektive*, Hannover 1988, S. 17).

65 M. Rostovtzeff, *The Social and Economic History of the Hellenistic World*, Bd. 1, 5. Aufl., Oxford 1972. Zur Planwirtschaft, speziell zur Politisierung des Marktprozesses in einer nur partiell zentral gelenkten, aber politisch kontrollierten Wirtschaft vgl. den Beitrag von K. Acham in Nörr, Schefold, Tenbruck, a. a. O., S. 317 ff.

66 Eucken, *Grundlagen*, a. a. O., S. 57.

67 München/Leipzig 1930.

68 K. Bücher, *Arbeit und Rhythmus*, 3. Aufl., Leipzig 1902. Mit dem Rhythmus der Arbeit meint Bücher den rhythmisch bewegten Takt der Arbeitsvorgänge. E. Gothein schrieb in seiner Rezension über Büchers aufsehenerregende Errungenschaft (bis in die zwanziger Jahre erschienen zahlreiche Neuauflagen): »Die Richtung unserer deutschen Volkswirtschaftslehre war stets, statt der isolierenden Abstrahierung des Wirtschaftslebens zu huldigen, vielmehr die Bindeglieder mit allen anderen Gebieten des geistigen Lebens aufzusuchen; sie hat sich in diesem Werke ein neues Gebiet erobert...« (*Jahrb. f. Nationalökonomie u. Statistik*, 23. Bd., S. 819). Zu Bücher auch B. Schefold, ›Karl Bücher und der Historismus in der Deutschen Nationalökonomie‹, in: *Deutsche Geschichtswissenschaft um 1900*, hrsg. v. N. Hammerstein, Stuttgart 1988, S. 239–67.

69 Gerade beim »Stil« ist vor einem naiven Begriffsrealismus zu warnen, weil er nicht nur von objektiv Gegebenem, sondern auch vom Betrachter bedingt ist: Das Bild, das ein Individuum sich von der Vergangenheit entwirft, ist auch vom Gegenwartsgefühl beeinflußt. (Zur Problematik des Stilbegriffs in der Kunstgeschichte vgl. L. Dittmann (Hrsg.), *Kategorien und Methoden der deutschen Kunstgeschichte 1900–1930*, Stuttgart 1985, besonders die Aufsätze von Prochat und Böhm.)

70 E. Carell, *Wirtschaftswissenschaft als Kulturwissenschaft. Untersuchungen zur verstehenden Nationalökonomie insbesondere*, Tübingen 1931.

71 Ebd., S. 24.

72 Ebd., S. 121.

73 Ebd., S. 131. Zur öffentlichen Bewertung der Umorientierung der Ökonomen, wie Carell sie repräsentiert, vgl. M. Bock in: Nörr, Schefold, Tenbruck, a. a. O., S. 159. Eine ähnliche Gegenüberstellung wie bei Carell, jedoch mit anderer Wertung, findet sich bei G. Weippert, ›Instrumentale und kulturtheoretische Betrachtung der Wirtschaft‹ (1950), in: ders., *Wirtschaftslehre als Kulturtheorie*, Göttingen 1967, S. 110–143.

74 Karl Diehl, in: *Die Volkswirtschaftslehre der Gegenwart in Selbstdarstellungen*, hrsg. v. Felix Meiner, Leipzig 1924, S. 69 f.

75 Die Wirkung mag anhand einer Konferenz ermessen werden, die 25 Jahre nach der Publikation des Buchs abgehalten wurde und die dokumentiert ist in

K. Bharadwaj/B. Schefold (Hrsg.), *Essays on Piero Sraffa. Critical perspectives on the Revival of Classical Theory*, London 1990.

76 W. Sombart, *Die drei Nationalökonomien. Geschichte und System der Lehre von der Wirtschaft* (1929), München/Leipzig 1950.

77 Ebd., S. 332.

78 Ebd., S. 341.

79 W. Sombart, *Deutscher Sozialismus*, Berlin 1934.

80 Der Begriff des »Deutschen Sozialismus« findet sich schon bei Adolph Wagner, doch mit wichtigen Bedeutungsunterschieden gegenüber Sombart, der seinerseits von den Nationalsozialisten abgelehnt wurde. Vgl. hierzu auch B. Schefold, ›Einleitung zu Adolph Wagners »Grundlegung«‹, in: *Vademecum zu einem Klassiker der Finanzwissenschaft*, von B. Schefold, K. Häuser, K. D. Grüske u. R. K. v. Weizsäcker, Düsseldorf 1991, S. 17–38.

81 Eucken, *Grundlagen*, a. a. O. Vgl. auch den Kommentarband (Vademecum) zum Facsimile der Erstausgabe in der Reihe »Klassiker der Nationalökonomie«, von G. Bombach, H. O. Lehnel, O. Schlecht, Düsseldorf 1990.

82 Max Weber, ›Die protestantische Ethik und der Geist des Kapitalismus‹ (1904–1905), mit Nachträgen abgedruckt in: ders., *Gesammelte Aufsätze zur Religionssoziologie* I, 9. Aufl., Tübingen 1988, S. 166ff. Ferner insb. Max Weber, ›Roscher und Knies und die logischen Probleme der historischen Nationalökonomie‹ (1903–1906), in: ders., *Gesammelte Aufsätze zur Wissenschaftslehre*, hrsg. v. J. Winckelmann, 7. Aufl., Tübingen 1988, S. 1ff.

83 Max Weber, ›Roscher und Knies‹, a. a. O., S. 131.

84 Vgl. Y. Shionoya, ›Schumpeter and Schmoller and Weber: A methodology of economic sociology‹, in: *History of Political Economy* 23.2, 1991, S. 193–219. Shionoya hofft: »The current issues in institutional economics, including the methodological disparities between the old institutional economists (such as Veblen and Commons) and the new institutional economists (based on neoclassical economics), can be more effectively examined in the light of the Schmoller-Schumpeter-Weber nexus.« (S. 195).

85 Ebd., S. 198–200.

86 J. A. Schumpeter, ›Gustav von Schmoller und die Probleme von heute‹ (1926), in: *Schmollers Jahrbuch der Gesetzgebung, Verwaltung und Volkswirtschaft* 50, S. 337–388. Wiederabgedruckt in: J. A. Schumpeter. *Dogmenhistorische und biographische Aufsätze*, hrsg. v. E. Schneider u. A. Spiethoff, Tübingen 1954.

87 Vgl. J. A. Schumpeter, ›Epochen der Dogmen- und Methodengeschichte‹, in: *Grundriß der Sozialökonomik*, Erste Abteilung: Historische und theoretische Grundlagen, 1. Teil: Wirtschaft und Wirtschaftswissenschaft, 2. Aufl., Tübingen 1924, S. 111, S. 113.

88 J. A. Schumpeter, ›Sombarts Dritter Band‹, in: ders., *Dogmenhistorische und biographische Aufsätze*, Tübingen 1954, S. 220–240, hier S. 235. Schumpeter notiert zustimmend, daß Sombart nicht von der »Mystik des Verwertungsstrebens« (S. 233), sondern vom einzelnen Unternehmer ausgehe. Wenig später (S. 237) fügt er jedoch »das Moment der Entpersönlichung des modernen Wirt-

schaftslebens« hinzu, »jener merkwürdigen Objektivierung, die u. a. zu der so interesssanten Konsequenz führt, daß die ›Unternehmung‹ eine eigene Logik und ein Interesse... gewinnt, das mit dem Interesse keines der mit ihr in irgendeinem Zusammenhang stehenden Menschen zusammenfällt«.

89 J. A. Schumpeter, ›The Meaning of Rationality in the Social Science‹, in: *Zeitschrift für die gesamte Staatswissenschaft*, 140, 1984, S. 577–593.

90 Shionoya, a. a. O., S. 216.

91 Ludwig Mises, *Grundprobleme der Nationalökonomie*, Jena 1933.

92 J. R. Love, *Antiquity and Capitalism. Max Weber and the sociological foundations of Roman civilisation*, London/New York 1991.

93 Webers Beitrag zur Wirtschaftsgeschichte des Altertums wurde gewürdigt durch A. Heuss, ›Max Webers Bedeutung für die Geschichte des griechisch-römischen Alterstums‹, in: *Historische Zeitschrift*, Bd. 201.3, 1965, S. 529–556.

94 Love, a.a.O., S. 287, kritisiert Finleys diesbezügliche Zweifel. Vgl. Columella, *De re rustica. Zwölf Bücher über Landwirtschaft*, lateinisch u. deutsch hrsg. u. übers. v. W. Richter, 3 Bde., München 1981. Bd. I, S. 176ff. (II. 12. 1–6) über die Arbeitskräfte (vgl. Tab. S. 655), Bd. I, S. 246ff. (III. 3. 1–3) über Zins.

95 Vgl. den Eintrag »principal and agent (I)‹ in *The New Palgrave Dictionary of Economics*, hrsg. v. J. Eatwell et al., London 1987.

96 Hierzu zahlreiche Einzelverweise zu Weber bei Love, a. a. O., Kap. 7, mit dem Versuch einer systematischen Ordnung.

97 Auch Schumpeter scheint eine Fortsetzung der verstehenden Nationalökonomie erwartet zu haben. »Ich wiederhole es, daß der Methodenstreit trotz... gelegentlicher Rückzugsgefechte... eine erledigte Angelegenheit ist... die Wissenschaft ist über ihn hinausgekommen... [dadurch] daß die praktische Arbeit unbekümmert ihren Weg ging«, schrieb er in seinem Aufsatz ›Sombarts Dritter Band‹ (a. a. O., S. 220). Den Methodenstreit wieder zu entfachen, haben wir heute keinen Anlaß, aber die »unbekümmerte« Wissenschaft ließ ein Hauptproblem ungelöst: für die Charakterisierung unterschiedlicher Wirtschaftsformen in der Geschichte den modernen theoretischen Rahmen zu schaffen. Schumpeter selbst rief schließlich aus: »Ja – wenn man Sombart und Edgeworth mischen könnte! Aber das wird die Zukunft von selbst besorgen.« (A. a. O., S. 236). Es ist bisher nicht geschehen.

Ausgewählte Literatur

Bechtel, Heinrich: *Wirtschaftsstil des deutschen Spätmittelalters. Der Ausdruck der Lebensform in Wirtschaft, Gesellschaftsaufbau und Kunst von 1350 bis um 1500*, München/Leipzig 1930.

M. J. Bonn/M. Palyi (Hrsg.): *Die Wirtschaftswissenschaft nach dem Kriege. 29 Beiträge über den Stand der deutschen und ausländischen sozialökonomischen Forschung nach dem Kriege.* Festgabe für Lujo Brentano zum 80. Geburtstag, München/Leipzig 1925.

Cassel, Gustav: *Theoretische Sozialökonomie*, Leipzig 1918 (im Manuskript 1914).

Eucken, Walter: *Die Grundlagen der Nationalökonomie*, Jena 1940, 8. Aufl., Berlin/Heidelberg/New York 1965.

Hayek, Friedrich A.: *Preise und Produktion*, Wien/New York 1976.

Mises, Ludwig von: *Grundprobleme der Nationalökonomie. Untersuchungen über Verfahren, Aufgaben und Inhalt der Wirtschafts- und Gesellschaftslehre*, Jena 1933.

Salin, Edgar: *Geschichte der Volkswirtschaftslehre*, Berlin 1923, 4. erw. Aufl., Tübingen 1951. Aufl. betitelt *Politische Ökonomie. Geschichte der wirtschaftspolitischen Ideen von Platon bis zur Gegenwart*, Tübingen 1967.

Schmoller, Gustav von: *Grundriss der allgemeinen Volkswirtschaftslehre*, München/Leipzig, Bd. I 1900, Bd. II 1904; Reprint Düsseldorf 1989.

Schumpeter, Joseph Alois: *Das Wesen und der Hauptinhalt der theoretischen Nationalökonomie*, 1. Aufl. 1908, 2. Aufl. Berlin 1990; Reprint Düsseldorf 1990.

Sombart, Werner: *Der moderne Kapitalismus. Historisch-systematische Darstellung des gesamteuropäischen Wirtschaftslebens von seinen Anfängen bis zur Gegenwart*, 2 Bde., Leipzig 1902; 2. Aufl., 3 Bde., München/Leipzig 1916–27.

Spiethoff, Arthur August Kaspar: *Die wirtschaftlichen Wechsellagen: Aufschwung, Stockung, Krise*, 2 Bde., Zürich 1955. Vorher als Aufsatz ›Krisen‹, in: *Handwörterbuch der Staatswissenschaften*, Bd. 4, 1925.

Weber, Alfred: *Kulturgeschichte als Kultursoziologie*, 1. Aufl. 1938, 2. Aufl. München 1950.

Weber, Max: *Wirtschaft und Gesellschaft*, Tübingen 1922, 5. Aufl. 1976.

II.
Die griechische Antike: eine andere wirtschaftliche Mentalität

Platon und Aristoteles

I. Griechische Wirtschaft und griechisches Denken

Wir schreiben den Griechen den Ursprung abendländischer Wissenschaft und vieler Einzelwissenschaften zu. Nicht die Technik des Rechnens, aber die Idee des Beweisens, also das Wesen des mathematischen Denkens, wird von den Griechen entdeckt. Bei ihnen finden wir den Anfang wissenschaftlicher Geschichtsschreibung, Ethnographie, Geographie, Grammatik, auch Medizin und Naturwissenschaften wie Astronomie, Beschreibungen physikalischer Phänomene, der Tiere und Pflanzen, systematisches Recht und, in die umfassende Philosophie eingebettet, auch psychologische und soziologische Erwägungen. Obwohl es nun aber eine Anzahl griechischer Texte aus klassischer Zeit zu verschiedenen Aspekten des Wirtschaftslebens gibt, bleibt es auch nach einem Jahrhundert der Diskussion zu diesen Schriften umstritten, ob es eine griechische ökonomische Wissenschaft gegeben hat. Denn es handelt sich bei den Texten entweder um Vorschläge zu praktischer Wirtschaftsführung wie bei Xenophons Traktat zur Mehrung der Staatseinkünfte durch Beschaffung von Staatssklaven *(Über die Staatseinkünfte)*, ferner um Gerichtsreden, Inschriften und andere Zeugnisse wirtschaftlicher Transaktionen, denen auch nach griechischem Verständnis der wissenschaftliche Charakter fehlt. Oder wir finden die Schriften von Philosophen, die wirtschaftliche Eigengesetzlichkeit, soweit sie diese anerkennen, nicht wie die moderne Theorie zum System entwickeln und analysieren, sondern die überlegen, wie solche Eigengesetzlichkeit sittlichen und politischen Zielsetzungen unterworfen werden könnte. Es ist daher eine Frage, in welchem Sinne die ökonomische als eine von den Griechen entdeckte Wissenschaft angesehen werden soll.

Der Ambivalenz unserer Deutung des griechischen Wirtschaftsverständnisses entspricht eine alte und fortdauernde Kontroverse über den Charakter des griechischen Wirtschaftslebens selbst. Schon in der ältesten Quelle, in Hesiods Lehrgedicht *Werke und Tage* aus homerischer Zeit, tritt uns die Mühsal des ungesicherten Lebens des freien Einzelbauern entgegen. Diese Existenzform hebt sich ab von der Produktion unter Einbindung in eine Stammesgemeinschaft, wie sie historisch vorausgegangen sein muß, aber auch von der Unterwerfung unter eine Despotie, wie sie nach griechischem Verständnis im Osten bestand. Fleißig sollte der Bauer sein und gebefreudig und durch Gastlichkeit die Gunst der Nachbarn gewinnen. Der Vers des ältesten uns bekannten abendländischen Dichters (Hesiod, Vers 404): »οἶκον μὲν πρώτιστα γυναῖκά τε βοῦν τ' ἀροτῆρα« (Erst ein Haus und dann eine Frau, zum Ackern den Pflugstier), wird noch in der Spätklassik von Aristoteles zitiert, und bis in seine Zeit gilt auch, daß Gastfreundschaft und Geschenk die Gemeinschaft nicht weniger zusammenhalten als Verwandtschaftsbande:

> »Doch wer nahe dir wohnt, den lade am meisten zum Mahle.
> Denn wenn unverhofft ein Unglück im Dorf dir begegnet,
> Gurtlos kommen die Nachbarn, die Vettern gürten sich erst noch«
> (Hesiod, 342–344).

Bis in klassische Zeit betrachteten griechische Autoren den bäuerlichen Haushalt mit Acker, Vieh, vielleicht einigen Sklaven – an bescheidene Anwesen, nicht an den spätantiken Großgrundbesitz ist hier zu denken – als Keimzelle des Staates, der wiederum ein Stadtstaat ist, eine »Polis«, in der die Bürger vor allem politisch interagieren. Die Agora, der Marktplatz, dient zugleich der demokratischen Volksversammlung. Der ökonomische Austausch gilt als sekundär, denn der Haushalt strebt nach Selbstgenügsamkeit, nach »Autarkie«. Und wirklich nehmen die im Prinzip gleichen, ökonomisch unabhängigen Bürger, die draußen Land besitzen, am Markt aber zusammenkommen, eifrig am öffentlichen Leben teil, feiern ihre großen religiösen Feste, Spiele und Theateraufführungen und schmücken die Stadt mit ihrer einzigartigen Kunst. Sie leisten dazu – aber auch zum Krieg – bedeutende freiwillige Gaben, Steuern und Dienste, die Ehrenämtern entsprechen (Leiturgia) und erst in der Spätzeit Zwangscharakter erhalten. Sie teilen den Ertrag aus gemeinsam beschlossener Eroberungspolitik und aus der Besteuerung der Nicht-Bürger (Beisassen, Metöken). Sie organisieren die Nahrungsversorgung der Stadt, soweit diese eben nicht autark ist (insbesondere bei der Getreideeinfuhr), durch Tribute, durch Lieferungen aus Kolonialstädten und durch Handelspraktiken, welche beispielsweise verbieten, daß Schiffe mit Waren hinausfahren, ohne daß im Gegenzug ein Importgeschäft schon abgesprochen worden wäre. Ein Perikles konnte, wenn er die Akropolis durch Tempel zu schmücken vorschlug, auch den Nutzen für die Beschäftigung kennen und erwähnen. Aber den Gedanken der Beschäftigung um ihrer selbst willen, wie im Merkantilismus etwa bei Petty, kennen wir im klassischen Griechenland nicht.

Wenn wir dieses aus den historischen Nachrichten gewonnene Bild uneingeschränkt übernehmen wollten, müßten Marktbeziehungen eine sehr untergeordnete Rolle gespielt haben. Dies läßt sich jedoch kaum mit den seit dem 10. vorchristlichen Jahrhundert nachgewiesenen Austauschbeziehungen im ganzen östlichen Mittelmeerraum und der folgenden stürmischen wirtschaftlichen Entwicklung in Einklang bringen, die es beispielsweise Athen und einer Handvoll Bundesgenossen erlaubte, der persischen Großmacht entgegenzutreten. Autoren wie Rodbertus und Karl Bücher haben nichtsdestoweniger versucht, indem sie sich an griechische Selbstdarstellungen, namentlich die des Aristoteles hielten, die hellenische Wirtschaftsentwicklung als Oikoswirtschaft (Haushaltswirtschaft) zu interpretieren. Schon vor dem Ersten Weltkrieg traten Meyer und Beloch Büchers Konzept der Haushaltswirtschaft mit einer modernistischen Deutung entgegen (vgl. Finley 1979) und verglichen das klassische Athen mit der merkantilistischen Manufakturperiode (vgl. Schefold 1983). Auch der große Wirtschaftshistoriker des Altertums, Rostovtzeff, postulierte einen antiken Kapitalismus. Infolgedessen sind die verschiedensten Institutionen gegensätzlich interpretiert worden, beispielsweise die antiken Banken: Waren sie Vorläufer eines neuzeitlichen Kreditwesens, der Finanzierung von Industrie dienend, oder waren sie im wesentlichen nur Wechsler? Meyer benutzte Ausdrücke wie »Fabriken« und sprach von »Vasenexport«, weil wir z. B. in etruskischen Gräbern attische Vasen finden. Bücher war der Meinung, daß statt dessen der attische Handwerker wanderte, denn einen großen Schiffsfernverkehr in klassischer Zeit wollte er nicht annehmen. Heute wissen die Archäologen bei Funden im ganzen Mittelmeergebiet nach der Qualität zu unterscheiden, welche Vasen in griechischen Städten gefertigte Originale sind, welche von gewanderten Handwerkern stammen und welche etruskische Nachahmungen des attischen Stils darstellen.

Wenn aber, wie in diesem, so in anderen Beispielen, sowohl die Deutung Büchers wie die der modernistischen Historiker ihre Berechtigung hat, wird die positive Charakterisierung der griechischen Wirtschaftsform um so schwieriger. Die neuere wirtschaftshistorische Diskussion kann hier nicht zusammengefaßt werden; es mag genügen zu erwähnen, daß Forscher wie M. Finley heute wieder deutlichere Abgrenzungen von den modernen kapitalistischen Wirtschaftsformen suchen. De Martino warnt andererseits in seiner großen *Storia economica di Roma antica* vor einem entgegengesetzten Schematismus, der einer antiken Wirtschaft, die in Gesellschaft und Politik eingebettet wäre, eine moderne freie gegenüberstellt. Gewiß sei der Markt nicht dasselbe wie heute, aber er habe doch als autonome Kraft gewirkt, z. B. durch Preisschwankungen, ja durch Inflationen (vgl. De Martino 1980, II, 500f.).

Leider fallen die Bestimmungen eines griechischen »Wirtschaftsstils« meist negativ aus: kein modernes Fabrikwesen, keine moderne Rechenhaftigkeit usw. Die Heranziehung des Stilbegriffs empfiehlt sich (vgl. Schefold 1981), weil das Wirtschaftssystem zwar einfach charakterisiert werden kann (es handelt sich um eine auf Sklaverei gegründete Produktionsweise), aber noch andere Funktionsprinzipien eine die Wirtschaftsform gleichrangig mitbestimmende Rolle spielten: sich nur langsam wandelnde, in Traditionen verankerte Institutionen und insbesondere die politische Verfassung der Polis. Diese Bedingungen verliehen ihr trotz innerer Gegensätze im Zusammenwirken eine auffällige, individuelle Identität. Sicher war die Erscheinungswelt vielfältiger, als man nach einfachen Systemvorstellungen vermuten würde. So bedarf beispielsweise der Arbeitsbegriff einer eigentümlichen Differenzierung: Nebeneinander finden wir verschiedene Formen höherer und niedriger Sklavenarbeit, Lohnarbeit, Angehörige freier Berufe usw. Ein allgemeiner Arbeitsbegriff, allgemeiner Lohnarbeit entsprechend, existierte nicht (vgl. Kloft 1985). Das von uns besonders bewunderte, künstlerisch so reiche griechische Handwerk stand nicht in besonderem Ansehen. Es wurde weitgehend von Beisassen (Metöken) betrieben. »L'artisan est pourtant le héro de l'histoire grecque, mais c'est un héro secret« (Austin/Vidal-Naquet 1972, 23). Der »Künstler« als großes, schöpferisches Individuum tritt erst in der Klassik ins Licht.

Salin (1930) hat originell den Kapitalbegriff historisch behandelt.

Demnach sind φανερὰ χρήματα (sichtbarer Reichtum) solche Kapitalgüter, die der Stadt zu spenden der Besitzer aufgefordert werden kann, weil sie für die Mitbürger sichtbar sind (Haus, Gerätschaften, Olivenhaine, selbst Geld in der Truhe zu Hause usw.). Dagegen sind unsichtbare Reichtümer (ἀφανὴ χρήματα) solche, die der Besitzer hat verbergen können (besonders durch Verleihen und bestimmte Kreditformen), so daß sie in der Spätzeit der Polisentwicklung, da die Spendenbereitschaft überfordert wird, nicht mehr als – nur noch zum Schein freiwillige – Gaben von der Öffentlichkeit herausverlangt werden können. Salin vermutet, daß die Unsichtbarkeit des Kredits eine der Ursachen für die Verurteilung des Zinses durch Autoren wie Platon und Aristoteles gewesen ist. Jedenfalls erfolgte die Unterscheidung der Kapitalformen nach Kriterien, die uns zunächst fremd erscheinen.

Daß trotz der Fortschritte seit Weber (1976) und Polanyi (1977) zu einer theoretisch überzeugenden Charakterisierung der griechischen Wirtschaftsweise noch manches fehlt, kann unser Interesse an den philosophischen Texten über griechische Wirtschaft nur erhöhen. Andererseits wissen wir so viel, daß sich eine Interpretation griechischer Wirtschaftslehre nur aufgrund der Kenntnis moderner Wirtschaftsformen verbietet. Wir wollen im folgenden das Paradox eines Anfangs von Wirtschaftswissenschaft, die die Selbständigkeit der ökonomischen Sphäre ablehnte, aufzuklären suchen. Wir beschränken uns dabei auf Platon und Aristoteles, entsprechend ihrer herausragenden Bedeutung für die griechische Philosophie und die daran anknüpfenden abendländischen Denktraditionen.

II. Platon

1. Werdegang

Platon wurde 427 v. Chr. in Athen geboren. Die attische Polis stand in der Mitte des 5. Jahrhunderts v. Chr. im Zenit ihrer Macht und Größe. Es war eine »metropolitan, and indeed an imperial city« (Crombie 1962, 1), die führende Seemacht und Handelsstadt Griechenlands. Die Herrschaft des Perikles, der zwei Jahre vor Platons Geburt gestorben war, markiert den Höhepunkt der athenischen Demokratie. Am Ende des 5. Jahrhunderts setzte der Niedergang Athens ein. Im Peloponnesischen Krieg (431–421 u. 415–404 v. Chr.) siegte der Kriegerstaat Sparta. Zwar haben sich Athen und andere griechische Städte im 4. Jahrhundert noch einmal erholt, aber mit der Schwächung der bisherigen Hegemonialmächte neigte sich die Ära der griechischen Stadtstaaten bereits ihrem Ende zu.

Platons Familie entstammte der athenischen Aristokratie. Zu den Vorfahren seines Vaters zählten die alten Könige Athens und dadurch der Sage nach auch der Meeresgott Poseidon, zu den Ahnen der Mutter gehörte der athenische Staatsmann Solon. Nach dem Tode des Vaters heiratete Platons Mutter einen Freund des Perikles. Man kann daher davon ausgehen, daß hochgestellte Persönlichkeiten im Elternhause Platons verkehrten. Platon bekannte sich als Schüler des Sokrates, indem dieser in fast allen seinen Dialogen das Wort führt. Platon hatte ursprünglich ein politisches Amt angestrebt. Die Ereignisse in den Jahren der Anarchie nach der Kapitulation Athens im Peloponnesischen Krieg verhinderten dies jedoch. Er wurde von der schlechten Behandlung des Sokrates durch das aristokratische Regime der »30 Tyrannen« abgestoßen. Als nach dem Sturz der Oligarchen die athenischen Demokraten an die Macht kamen, besserten sich die Dinge keineswegs. Vielmehr wurde Sokrates hingerichtet (399 v. Chr.), der Mann, »der unserem Urteil nach von den damaligen, mit denen wir es versucht haben, der trefflichste war und auch sonst der vernünftigste und gerechteste« (*Phaidon* 118a). Angewidert von dem Verhalten der politischen Parteien, gab Platon den Gedanken an eine politische Karriere in Athen auf. Er flüchtete nach Megara. Dort blieb er einige Zeit und unternahm dann längere Reisen, die ihn nach Ägypten und in die griechischen Städte Süditaliens und Siziliens führten.

Um 387 v. Chr. gründete Platon in Athen die »Akademie«, ein Institut, das im Gegensatz zu anderen Schulen nicht darauf abzielte, junge Männer für das öffentliche Leben vorzubereiten, sondern das sich gänzlich dem Studium der Wissenschaft widmete. Reine Mathematik bildete die Grundlage des Curriculums. Die Gründung der Akademie, die ungefähr 900 Jahre bestehen sollte, kann daher als »the most memorable event in the history of Western European science« (Taylor 1926, 5) betrachtet werden.

Platons Arbeit an der Akademie wurde unterbrochen, als er Berater des Tyrannen von Syrakus, Dionysios' II., wurde, dessen Schwager

Dion er von seinen früheren Reisen her kannte und der sein Schüler war. Platon verbrachte daraufhin längere Zeit in Syrakus (367–366 u. 361–360 v. Chr.), aber das Experiment, den Philosophen, wo nicht zum König, so doch zum maßgebenden Ratgeber des Alleinherrschers zu machen, mißlang. Platon kehrte an die Akademie zurück. Er starb um 348/347 v. Chr.

2. Griechische Wirtschaft als Utopie

Die Platonische Wirtschaftsauffassung kann ihrem Sinne nach nicht als Wirtschaftslehre bezeichnet werden, sondern ist »Staats- und Menschenlehre« (Salin 1923, 3). In der eingangs erwähnten, schon in der griechischen Mythologie tief verwurzelten Tradition (Wagner 1968) wird deshalb die Haushaltungskunst zu einer Hauptaufgabe des Menschen erklärt, die der Staatskunst wesensverwandt sei. In Platons Dialog *Die Nebenbuhler* werden Staatsmann und Hausherr, der Besonnene und der Gerechte, samt den zugehörigen Künsten der Regierung und Lebensgestaltung, geradezu in eins gesetzt (*Erastai* 138c). Der Philosoph ist nicht so etwas wie ein Fünfkämpfer (der in einer Verbindung von Sportarten statt in einer einzelnen herausragt), sondern einer, der in diesen Künsten, soweit sie eigentlich eine einzige sind, vorangeht (ebd. 139a).

Wiederholt findet sich der Vergleich des Hausherrn oder Staatsmanns mit dem guten Hirten, der sich um die Schafe sorgt und sich nicht auf das Verschmausen oder Verkaufen des Tieres freut (*Politeia* 345c). Bei der Vorsorge für den Haushalt ist nicht nur das Anwesen, sondern auch Familie und Gesinde mitzuberücksichtigen (Nebenbedeutung von οἶος-Haus). Platon nimmt die traditionelle, von dem Dichter Anakreon und dem Staatsgründer Solon gesuchte Verbindung von Schönheit, Tugend, Geschick und dem im staatlichen Dienst erworbenen Ruhm zustimmend auf, wenn er im Dialog *Charmides* (157e–158c) ein ideales Elternhaus als Gabe für einen ihm entstammenden Jüngling beschreibt. Wir können darin den philosophischen Ausdruck einer aristokratischen Haltung sehen.

Platon fragt nach der Gerechtigkeit und, weil sie beim einzelnen schwer erkennbar bleibt, nach der gerechten Ordnung im Staat (*Politeia* 368d). Aussagen über ökonomische Bedingungen, die über das

Haus hinausreichen, finden wir daher vor allem in Platons Staatsentwürfen. Sie werden durchweg als Teile der Ordnung betrachtet, die ein gerechtes Leben ermöglicht oder behindert. Voraussetzung seiner Staatstheorie ist die Arbeitsteilung: Menschen leben in einer Gemeinschaft, weil sie verschiedene Bedürfnisse haben und unterschiedliche Dinge benötigen, die von einer Vielzahl von Handwerkern und Arbeitern hergestellt werden. »Es entsteht also... eine Stadt... weil jeder einzelne von uns sich selbst nicht genügt, sondern vieler bedarf.« (*Politeia* 369b, vgl. auch ebd., ff.) Die Arbeitsteilung, die hier beschrieben wird, dient aber einem ganz anderen Ziel als jene Teilung des Arbeitsprozesses, die in modernen Wirtschaftstheorien analysiert wird. Weniger der Produktivität und der produzierten Quantität als in erster Linie der Qualität ist die Aufmerksamkeit Platons in einer auch von anderen Autoren (namentlich Xenophon in der *Kyropaideia*) bezeugten griechischen Tradition zugewandt. Die Teilung der Arbeit ist eine natürliche Folge der verschiedenen Fähigkeiten der Menschen, »daß zuerst jeder einzelne dem anderen nicht sehr ähnlich geartet ist, sondern von Natur verschieden und jeder zu einem anderen Geschäft geeignet...« (*Politeia* 370a–b, vgl. auch McNulty 1975). Es wird dann »alles reichlicher zustande kommen und schöner und leichter, wenn einer eines seiner Natur gemäß und zur rechten Zeit, mit allem anderen unbefaßt, verrichtet« (*Politeia* 370c). Am Rande sei bemerkt, daß zumindest Xenophon den Zusammenhang zwischen Verfeinerung der Arbeitsteilung und Marktgröße kannte (»ἐν δὲ ταῖς μεγάλαις πόλεσι διὰ τὸ πολλοὺς ἑκάστου δεῖσθαι ἀρκεῖ καὶ μία ἑκάστῳ τέχνη εἰς τὸ τρφεσθαι...«, *Kyropaideia* VIII, 2, 5), aber nirgendwo finden sich Erörterungen der die Heutigen interessierenden Zusammenhänge von Arbeitsteilung als technischem Fortschritt, Preisen, Gewinnen und Beschäftigung.

Als Folge der Arbeitsteilung werden zwischen den Mitgliedern der Gemeinschaft Güter getauscht. Es entstehen »ein Markt und die Münze als bestimmtes Zeichen zum Behuf des Tausches« (*Politeia* 371b–c). Platon betrachtet das Geld als Zahlungsmittel im Zusammenhang mit dem Tausch, ohne daß daraus nun eine Geldtheorie entstünde (vgl. Salin 1923, 4–5). Auch eine Werttheorie werden wir bei Platon vergeblich suchen. Bevor sich ein Wertbegriff entwickeln kann, muß erst die Vorstellung, daß Waren einen einheitlichen Preis am Markt haben, entwickelt sein. Platon geht ganz einfach davon aus, daß man Güter möglichst ihrem Wert entsprechend verkaufen soll (vgl. *Nomoi* 921a–b). »Wer irgend etwas auf dem Markte verkauft, darf niemals zweierlei Preise für seine Waren angeben« (*Nomoi* 917b). Wir stehen noch am Anfang der langsamen Entwicklung, die, von der Forderung einheitlicher Marktpreise ausgehend, später zu der eines »gerechten« Preises führt, der dem zufälligen Marktpreis oder einem willkürlichen Tarif, wie ihn im Mittelalter z. B. Handwerkszünfte festlegten, entgegengesetzt werden kann. Erst neuzeitlich gelangen wir zu den Begriffen des natürlichen und des normalen Preises.

Die zu bekämpfende Unehrlichkeit des Handels, besonders des Kleinhandels, hat zwei Quellen: »Der Reichtum verdirbt die Seele des Menschen durch Genußsucht, die Armut wird durch ihren Jammer in das schamlose Gebaren selbst hineingetrieben« (*Nomoi* 919c). Die Stadt, deren Aufbau und Struktur Platon in der *Politeia* entwikkelt (vgl. Crombie 1962, 73–155; Taylor 1926, 263–298), entspricht dem Idealbild einer Gemeinschaft. Ihr Entwurf bildet die erste große soziale Utopie der Menschheitsgeschichte. Es ist eine Stadt moderater Größe. Sie ist nicht arm. Als Sokrates zunächst das Bild einer auf primitivem Lebensstandard existierenden Gemeinschaft zeichnen will, entgegnet ihm Glaukon, daß dies ebensogut eine »Stadt von Schweinen« sein könnte (vgl. *Politeia* 372d), woraufhin Sokrates seine ursprüngliche Vorstellung aufgibt und entgegnet, daß wir »nicht nur sehen (wollen), wie eine Stadt entsteht, sondern auch, wie eine üppige Stadt« (*Politeia* 372e) aussieht.

Nun müssen die feineren Handwerker, Händler und die »ihre Körperkraft verkaufenden« (ebd. 371e) Tagelöhner sehr vermehrt werden, um »Zukost«, »Schmuck«, »Malerei«, »Bildung« usw. zu ermöglichen, so daß der Staat wächst und eines größeren Territoriums und der Verteidigung bedarf. Damit ist die Ursache des Kriegs gefunden (ebd. 373e). Der Entwurf für den idealen Staat in feindlicher Umwelt beginnt deshalb und erst hier den eigentümlich totalen Charakter anzunehmen, der Anlaß für so viel Kritik gewesen ist. Platon läßt den Leser aber fühlen, daß er die Notwendigkeit der militärischen Einrichtung und ihrer Konsequenzen bedauert.

Er entwirft nun das Bild einer Gemeinschaft mit hierarchischen Regeln, denen sich der einzelne unterzuordnen hat. In ihr – darin gipfelt der Dialog – herrschen die Philosophen. Denn »wenn nicht... die Philosophen Könige werden in den Staaten oder die jetzt sogenannten Könige und Gewalthaber wahrhaft und gründlich philosophieren und also dieses beides zusammenfällt, die Staatsgewalt und die Philosophie..., eher gibt es keine Erholung von dem Übel für die Staaten... und... auch nicht für das menschliche Geschlecht« (*Politeia* 473c–d; vgl. auch ebd. 473d ff.).

Der Stand (γένος) der Wehrmänner bzw. Wächter lebt nach Prinzipien, die zur »Liberalität« Athens einen scharfen Gegensatz bilden. Sie haben kein Privateigentum, wohnen gemeinsam und nehmen wie die Bürger Spartas die Mahlzeiten gemeinsam ein (vgl. *Politeia* 416d–417b). Für diese Gruppe existiert weder Ehe noch Familie, sondern eine »Weiber- und Kindergemeinschaft« (vgl. ebd. 423e–424a; 449a ff.). Für Frauen und Kinder hat zu gelten, »daß Freunden alles gemein sein werde« (ebd. 449c). Dabei tritt Platon grundsätzlich für die Gleichberechtigung der Frauen ein. Sie sollen gleiche Stellungen wie Männer bekleiden, da ihre natürliche Ungleichheit mit den Männern sich nicht auf Staatsaufgaben bezieht (vgl. ebd. 451c ff.)

Platons Staat ist oft als »kommunistisch« bezeichnet worden. Dabei darf aber nicht vergessen werden, daß es Platon nicht um die Neugestaltung der Eigentumsverhältnisse der gesamten Gesellschaft geht. Der strenge Kollektivismus gilt nur für den Stand der Wächter. Die anderen, die produzierenden Stände sollen Privateigentum besitzen dürfen. Explizit tritt Platon auch für die Existenznotwendigkeit von Händlern und Handel ein (vgl. ebd. 370e ff.). Handel, Gewerbe und Produktion sind aber die Domäne allein der unteren Schichten. Es habe und tue nur jeder das Seinige: darin besteht die Gerechtigkeit (ebd.433e). Die Gesetze, die Regeln des Geschäftsverkehrs, des Finanz- und Polizeiwesens brauchen (was der moderne Historiker bedauert) nicht näher bestimmt zu werden, wenn man die Grundsätze kennt (ebd. 425d). Verderblich aber wäre der Übergriff, wenn etwa der von Natur zum Werktätigen oder zum Kaufmannsstand Neigende in den Kriegerstand überträte (ebd. 434a–b).

Der Stand der Wächter verkörpert gleichsam das Ideal eines antiken Vollbürgertums, welches völlig losgelöst ist von jenen niederen Bereichen. In den letzteren waren in den griechischen Stadtstaaten ohnehin überwiegend Metöken tätig. Vom Erwerbsstreben durchdrungene ökonomische Aktivitäten wurden von den griechischen Philosophen im allgemeinen verachtet und des griechischen Bürgers für unwürdig befunden. Die von Platon entworfene Lebensweise der Wächter muß daher verstanden werden als »Forderung eines Idealmenschentums, das nur den philosophisch nächsten menschlichen Aufgaben – der Idee des homo politicus im weitesten Sinne – lebt« (Hasebroek 1928, 189). Der Kollektivismus der Wächter dient allein dem Ziel, zu verhindern, daß diese Elite durch wirtschaftliche und persönliche Interessen von ihrer eigentlichen Aufgabe, dem Schutz und der Führung der Gemeinschaft, abgelenkt wird. Erwerbsstreben und Profitgier sollen aus der Regierung des idealen Staates herausgehalten werden. Platons kollektivistisches Ideal wird daher primär ethisch begründet.

Zum idealen Staat Platons gehört soziale Kohäsion. Zu große soziale Gegensätze sollen vermieden werden. Anders als Aristoteles geht es Platon weniger um Tauschgerechtigkeit als vielmehr um soziale Gerechtigkeit. Weder Armut noch Reichtum hat es daher in der Gemeinschaft zu geben (vgl. *Politeia* 421 c ff.). Reichtum kann Üppigkeit, Trägheit und Unzufriedenheit erzeugen; Armut außer dem letzteren noch niedrige Denkart und schlechtes Arbeiten (κακοεργία, ebd. 422 a). Was die Wächter betrifft: »Besäßen sie aber selbst eigenes Land und Wohnungen mit Gold, so würden sie dann Hauswirte und Landwirte sein anstatt Wächter, und rauhe Gebieter anstatt Bundesgenossen der anderen Bürger werden und würden so, hassend und gehaßt, belauernd und selbst belauert, ihr ganzes Leben hinbringen, weit mehr die Feinde drinnen fürchtend als die draußen, und ganz nahe an ihrem Verderben hinlaufend, sie selbst und die ganze Stadt« (ebd. 417 a).

Platon, den Goethe als »Weggenossen einer christlichen Offenbarung« bezeichnet, geht es im *Staat* um die Bestimmung der Bedingungen, unter denen die Menschen nach dem wahren Guten wirklich streben können. Da er Sinnbilder verwendet, manchmal in der Weise der Lustspiele, manchmal in der Weise der Tragödien (τὰ μὲν κωμικῶς πέπλακεν, τὰ δὲ τραγικῶς, wird von Platons Schüler Herakleides gesagt, zitiert nach Hoffmann 1961, 133), ist der *Staat* nicht als konkrete Vorfassung einer totalitären Staatsgründung mißzuverstehen. Im *Siebenten Brief*, der von Platons Erfahrung mit realer Macht in Sizilien handelt, heißt es (*Politeia* 334 c): »Bringet nicht Sizilien und auch nicht einen anderen Staat unter die Botmäßigkeit menschlicher Willkür, sondern unter die Botmäßigkeit eines auf herkömmliche Sitte gestützten und schriftlich aufgestellten Grundgesetzes; denn es gibt kein Glück für den Regenten noch für die Untertanen eines nach despotischer menschlicher Willkür regierten Staats, kein Glück für sie selbst, keines für Kindeskinder und Nachwelt, sondern ein solcher Versuch führt jedenfalls den Ruin herbei.«

Die im *Staat* selbst gegebene Schilderung vom möglichen Zerfall der Demokratie und ihrem Umschlag in Tyrannis kann durch die deutliche Analogie zu faschistischen Machtergreifungen den modernen Leser erschrecken (ebd. 563d–569b). Im *Staatsmann (Politikos)* spricht Platon davon, daß es zu einer guten, d. h. gesetzmäßig verfahrenden Monarchie, Aristokratie und Demokratie je eine zügellose Abart gebe (vgl. *Politikos* 320a ff.), und während er der Idealform nach die Monarchie vorzieht, zieht er unter den Abarten (Tyrannis, Oligarchie und Herrschaft der vielen) die letztere vor; die gesetzlose Tyrannis aber ist »die allerlästigste, darin zu leben«.

In den *Gesetzen (Nomoi)*, die Platon wahrscheinlich in höherem Alter geschrieben hat (vgl. Morrow 1960; Taylor 1926, 463–502), räumt er ein, daß der »Kommunismus« des Idealstaats – in dem »die Frauen gemeinsam sind, die Kinder gemeinsam und gemeinsam aller Geldbesitz« (*Nomoi* 739c), in dem außerdem »mit allen Mitteln das sogenannte Eigentum in jeder Beziehung aus dem Leben verbannt ist« (ebd. 739c) – eine Utopie sei, die sich zu seiner Zeit nicht verwirklichen lasse. Die *Gesetze* dienen dagegen dem Entwurf eines Staatsmodells, welches zu Lebzeiten noch eher realisierbar erscheint, d. h. einer Art »zweitbester Staat«, oder das der Realisierung in einem »drittbesten Staat« jedenfalls nahesteht. Neue Stadtstaaten wurden in den Kolonien ja auch wirklich immer wieder gegründet. Dennoch sind die entworfenen Vorschriften auch in den *Gesetzen* stilisiert. Sie erleuchten einen gedanklichen Zusammenhang, sind aber meist nicht unmittelbar praktikabel.

Im Staat der *Gesetze* wird auf die Abschaffung des Privateigentums explizit verzichtet, »da eine solche Forderung etwas Größeres ist, als es dem jetzigen Geschlechte, der jetzigen Erziehung und Ausbildung entspricht« (*Nomoi* 740a). Das Land soll verteilt und von seinem Besitzer genutzt werden, der es allerdings »als etwas dem Gesamtstaat Angehöriges anzusehen hat« (ebd. 740a), daher gibt es eine Vielzahl von Beschränkungen (vgl. Morrow 1960, 103–112). So soll es verboten sein, Land zu kaufen oder zu verkaufen (vgl. *Nomoi* 741b), und es gibt Vorschriften für die Verteilung der landwirtschaftlichen Erzeugnisse (vgl. ebd. 847e ff.). Diese Vorschläge laufen insgesamt keinesfalls auf eine radikale Änderung bestehender Eigentumsverhältnisse hinaus, sondern orientieren sich an den herrschenden Verhältnissen des alten Griechenland mit seinen Gesetzen und Sitten, die dem Bürger geboten oder ihm nahelegten, mit seiner Person und seinem Eigentum den Staat pflichtgemäß oder freiwillig zu unterstützen.

Dem Ziel, zu große soziale Gegensätze zu vermeiden, bleibt Platon auch in den *Gesetzen* treu. Es »darf sich weder bei einigen Bürgern drückende Armut noch dagegen auch Reichtum finden« (ebd. 744d). Platon versucht, diesem Prinzip mit der Forderung, daß niemand mehr als das Vierfache eines anderen besitzen soll, gerecht zu werden (vgl. ebd. 744e–745a). »Die Vermögensverhältnisse dürfen nicht den Keim zu gegenseitigen Händeln in sich tragen« (ebd. 737b). Der Bürger soll seinen Erwerb auf sinnvolle Feldarbeit beschränken: »Wir sagen denn, daß weder Gold und Silber im Staate sei noch auch viel Bereicherung (χρηματισμός) durch Handwerk und Wucher und auch nicht durch schimpfliches Viehhalten, sondern es sei so viel, wie der Landbau hergibt und erzeugt, und davon soviel, wie den Erwerbenden nicht nötigen wird, das zu vernachlässigen, (um) dessentwillen die Reichtumsgüter (χρήματα) von Natur da sind« (ebd. 743d).

Griechische Bürger nebst ihren Sklaven sollen sich weder im Handel noch im Handwerk betätigen dürfen (vgl. ebd. 846d; 919d). Diese Bereiche sollen vielmehr den Metöken und ihren Sklaven vorbehalten bleiben. Diese Forderung Platons geht, als Gesetz formuliert, bereits recht weit. Denn wenn man auch im alten Griechenland auf solche Tätigkeiten im allgemeinen herabschaute, waren sie doch kaum wirklich verboten (vgl. Morrow 1960, 138–148). Die Vorschriften sind aber interessant und bedenkenswert, will man sie als in der Form von Gesetzen formulierte Interpretationen der Sitten und des Wirtschaftsgeistes auffassen, die den griechischen Wirtschaftsstil in seiner individuellen, besonders in seiner attischen Prägung begründen und zusammenhalten. So ist es wohl auch zu verstehen, wenn Platon das Zinsnehmen verbieten will. Weder soll es gestattet sein, dem Kreditgeber das geliehene Kapital noch den Zins dafür zurückzuerstatten (vgl. *Nomoi* 742c). Eine Ausnahme läßt Platon lediglich im Fall von Zahlungsverzögerungen für Handwerker und andere Dienste zu. Die in Verzug geratenen Auftraggeber solcher Leistungen haben Zinsen zu zahlen (vgl. ebd. 921d). Offenbar handelt es sich hier aber mehr um eine pekuniäre Strafe für unsolidarisches Verhalten als um die Berechnung eines Zinses als äquivalentes Entgelt für einen bezifferbaren entstandenen Schaden oder einen entgangenen Gewinn wie später bei den mittelalterlichen Zinsgründen des Damnum emergens und Lucrum cessans.

Nicht jeder Beruf ziemt dem Bürger. Im Dialog *Der Sophist* (219b, 223c–e) finden wir eine regelrechte Systematik der Erwerbskünste, die erstaunlich genau derjenigen entspricht, die wir für Aristoteles noch zu diskutieren haben werden. Die Erwerbskunst (κτητική) steht im Gegensatz zur hervorbringenden Kunst (ποιητική) und teilt sich in die erbeutende (θηρευτική – gemeint sind Jagd, aber auch, übertragen, Lernen und Erkenntnis) und austauschende (ἀλλακτική), diese in schenkende (δωρητική) und die dem Markt zugehörige (ἀγοραστική). Die letztere trennt sich in den Eigenverkauf der Selbsterzeuger (αὐτουργῶν αὐτοπωλική) und den die Werke anderer umsetzenden Zwischenhandel (ἀλλότρια ἔργα μεταβαλλομένη μεταβλητική), wobei dann wieder innerstädtischer Kleinhandel (καπηλική) und zwischenstädtischer Großhandel (ἐμπορία) unterschieden werden, die Leib oder Seele (d. h., etwas frei übersetzt, Waren oder Dienstleistungen) betreffen. Im wesentlichen entspricht den von Platon in *Staat* und *Gesetze* für die Bürger vorgesehenen Aufgaben immer eine »positive« Seite der im »Sophist« vorgenommenen Disjunktionen: Der Bürger soll lieber hervorbringen als erwerben, er soll besser Erkenntnis üben und nicht handeln, schenken und nicht markten usw. Andererseits wird dem Sophisten jeweils die negativ besetzte Seite zugeordnet: er wird bestimmt als einer, der (falsche) Reden über Tugend als Dienstleistung verkauft. Diese Denunziation der Verkehrung wahrer Werte erscheint bei Platon in ironischer und philosophischer Polemik (»Sophist«) oder in der mit vorsichtigen Vorbehalten vorgetragenen Utopie im *Staat* als Gegenbild. Bei Aristoteles wird sie zum für zwei Jahrtausende wirksamen Programm.

Dem »zweitbesten« Staat und dem Idealstaat gemeinsam ist eine Ordnung, die sich am Ziel eines Gerechtigkeit und Stabilität verheißenden Zustands orientiert. Die Entwürfe müssen vor der zeitgenössischen Erfahrung des wiederholten Scheiterns der griechischen Demokratien und der Wiederkehr von Tyrannis und Oligarchie einerseits, des orientalischen Despotismus andererseits gewürdigt werden, wenn man sie nicht ganz unhistorisch modernen Totalitarismen gleichsetzen will. Auch Planwirtschaften existierten ja im Altertum. Ein erstaunendes Beispiel einer rationell geplanten, im wesentlichen nicht monetären Zentralverwaltungswirtschaft gibt uns Rostovtzeff (vgl. 1941, I, 255 ff.) mit seiner Darstellung des ptolemäischen Ägypten. Platon konnte dies noch nicht kennen, aber er kannte und verehrte das alte Ägypten. Er konnte also auf einen reichen Erfahrungsschatz staatlicher und wirtschaftlicher Organisationsformen zurückgreifen. So wie die Griechen in einer überall auf Sklaverei beruhenden Welt diese nicht abzuschaffen wußten, aber sie wenigstens, anders als ihre Nachbarn, problematisierten (z. B. Aristoteles, *Politik* 1254a 1), sucht Platon Wege zwischen der willkürlichen Herrschaft einzelner und der zur Selbstdisziplin unfähigen Masse durch die Vorgabe von Gesetzen, ohne das Ideal definitiv zu finden. Ebenso sucht er in ökonomischer Hinsicht Planelemente und Markt zu verbinden.

Die Vielzahl der einengenden Vorschriften im *Staat* und in den *Gesetzen* muß befremden. Sie wirken oft willkürlich. Der Gegensatz von νόμος (Gesetz) ist φύσις (Gewachsenes, Natur), auf die sich aber auch Sophisten berufen haben, um das Recht des Stärkeren zu begründen. Wir kennen sie leider beinahe nur durch Platons Kritik; wir haben gesehen, wie er ihnen im *Sophist* (223b) vorwirft, mit Scheinlehren Handel zu treiben. Im Dialog *Gorgias* verteidigt Sokrates die These, daß Unrecht leiden besser sei als Unrecht tun, und zwingt mit vielbewunderten Argumenten seine Opponenten, namentlich den Rhetor Gorgias, diesen Satz zu konzedieren. Der wahre Widersacher, Kallikles, ein Machtmensch, wird jedoch nicht überzeugt, weil er sich auf die sokratische Dialektik nicht wirklich einläßt. Jede Leugnung des Rechts des Stärkeren hält er für albern und das Philosophieren beim Erwachsenen außerdem für unmännlich (*Gorgias* 482c). Kallikles sucht die politische, in der Volksversammlung durchzusetzende Macht, die er, sich auf die natürliche Ungleichheit der Kräfte berufend, gegen Konventionen trotzig behaupten möchte. Daher zieht er Unrecht tun dem Unrecht leiden vor. Dem stellt Platon sein Gesetzesdenken entgegen, das er dann freilich auch wieder in seiner eigenen Weise mit der Natur in Einklang wissen will (z. B. *Politeia* 456b); die Gesetze sollen der rechten und natürlichen Lebensweise der Gemeinschaft entsprechen.

Um die Arroganz von Macht und Reichtum geht es auch in den Staatsschriften. Bemerkenswert ist die Beharrlichkeit, mit der Platon in den *Gesetzen* immer wieder auf ökonomische Wurzeln des Unrechts verweist. Er geht so weit, besondere Gewinne bei Markttransaktionen zwar zuzulassen, aber die daraus folgende Änderung der Vermögensverhältnisse durch Aufseher kontrolliert zu denken. In den *Gesetzen* (850a) heißt es, Sondergewinne seien schriftlich festzuhalten (ἀναγραφήτω... τὸ πλέον). Vermögen sind, wenn allzu ungleich, umzuverteilen, damit das Machtstreben keine wirtschaftliche Grundlage erhalte.

So wie Platon im *Gorgias* das Sittliche gegen die Macht behaupten möchte, verteidigt er es im *Philebos* gegen das Lustprinzip, wenn Sokrates erklärt (11b): »Philebos also behauptet, ein Gut für alles, was da lebe, sei die Freude, die Lust, das Vergnügen, und was sonst mit dieser Gattung zusammenstimmt. Wir aber bestreiten das und sagen, nicht dieses sei es, sondern das Einsichthaben, das Denken, das Sich-Erinnern und was wieder mit diesem gleicher Gattung sei...«. Modern gesprochen: Materialistische Werte gelten wenig; Gewinn oder Konsum als Selbstzweck wären in dieser Philosophie denkmöglich, aber zu denunzieren. Eine Ordnung der Güter nach ihrem Nutzen für das über sie verfügende Subjekt kommt nicht in Frage. Entsprechend finden wir bei Platon immer wieder Beschreibungen von Handwerkskünsten, häufig nach Zwecken und Verdiensten geordnet, aber wo sich wirtschaftliches Tun verselbständigt, scheint meist nur Gier, wenn nicht Übervorteilung und Betrug herauszukommen.

Die ökonomischen Regelungen, die im *Staat* und in den *Gesetzen* vorgesehen werden, sind interessant als stilisierte Abbildungen und Fortentwicklugnen wirklicher Sitten und Regeln, die das griechische Wirtschaftsleben ordneten und die einer Verselbständigung des ökonomischen Prozesses Grenzen setzen sollten. In der Art und Weise, wie der Entwurf Ordnungsgrundsätze untereinander und zu einem politischen, gesellschaftlichen und wirtschaftlichen Ganzen kunstvoll in Beziehung setzt, liegt eine staunenswerte wissenschaftliche Leistung. Was herauskäme, sollten die Gesetze Zwangscharakter haben, wäre freilich keine »offene Gesellschaft«; soweit ist Poppers (vgl. 1945) Kritik zuzustimmen. Um es aber positiv zu wenden: Die Polis soll überschaubar bleiben, dadurch Vertrauen gewähren. Das Numinose verleiht inneren Halt. »Die Freiheit des Menschen ist von einer heiligen Ehrfurcht begleitet, von einer Art Ahnung, daß nicht alles erlaubt ist« (Strauss 1956, 134). So sind die utopischen Dialoge, bei allem sokratischem Witz und scharfer Logik, auch erfüllt von Mythen und Gesichten. Aristoteles allerdings wollte zur Bezeichnung der Kräfte, die in der realen griechischen Gesellschaft das Wirtschaftsleben in eigene Bahnen lenkten, ohne Umweg über Sage und Utopie an der Geschichte und am Begriff anknüpfen und einheitlich werten.

III. Aristoteles

1. Werdegang

Aristoteles wurde 384 v. Chr. in der griechischen Kolonie Stagiros im Grenzgebiet zwischen Thrakien und Makedonien geboren. Sein Vater Nikomachos war Hofarzt von Amyntas III., König von Makedonien, dem Vater von Philipp II. und Großvater Alexanders des Großen. Dessen Reich führte zum Ende der Ära der griechischen Stadtstaaten. Schon nach dem Peloponnesischen Krieg wurde Athens Einfluß eingeschränkt. Unter Philipp II. begann der Aufstieg Makedoniens, eines rückständigen Königreiches von Bauern und Hirten, zur führenden Macht Griechenlands. Im Jahre 334 v. Chr. unternahm der makedonische König Alexander seinen Eroberungszug nach Osten, der ihn bis an die Grenze Indiens führen sollte. Mit dem Sieg über den persischen Großkönig (333 v. Chr.) beherrschten die Hellenen ein Weltreich; es zerfiel jedoch bald nach Alexanders Tod (323 v. Chr.).

367 v. Chr. trat Aristoteles in die Akademie Platons ein. Er blieb dort 20 Jahre lang. Nach dem Tode Platons verließ Aristotels Athen. Es wird oft behauptet, daß dies aus Enttäuschung darüber geschah, daß er nicht Platons Nachfolger in der Leitung der Akademie wurde. Dies erscheint jedoch unbegründet, da er als Metöke diese Position ohnehin nicht hätte erreichen können. Nun begann die Periode des Reisens. Aristoteles kam nach Assos, nach Lesbos und um 343 v. Chr. nach Makedonien, wo er Erzieher des jungen Alexander wurde. Sein politischer Einfluß auf den Prinzen war allerdings begrenzt. Aristoteles war ein Anhänger des Stadtstaates und daher wohl ein Gegner von Alexanders späterer imperialer Politik. 339 v. Chr. ging Aristoteles nach Stagiros zurück. 335 v. Chr. kam er nach Athen und gründete eine eigene Schule, das Lykeion. Er befaßte sich nunmehr ausschließlich mit wissenschaftlicher Arbeit. Im Todesjahr Alexanders des Großen mußte Aristoteles Athen wegen heftiger antimakedonischer Un-

ruhen verlassen. Er wich, wie er sagte, damit die Athener nicht Gelegenheit hätten, ein zweites Mal – nämlich wie bei der Verurteilung des Sokrates – gegen die Philosophie zu sündigen. Er flüchtete nach Chalkis; dort starb er im folgenden Jahr (322 v. Chr.).

2. »Natürlicher« und »künstlicher« Erwerb

Im Mittelpunkt des ökonomischen Denkens des Aristoteles steht die Polis. Sie ist eine »sozusagen sich selbst genügende Gemeinschaft« und gehört zu den »naturgemäßen Gebilden« (*Politik* 1253a 3). Auch der Mensch ist von Natur aus ein politisches Lebewesen (ζῷον πολιτικόν, zu πολιτεύεσθαι, sich als Bürger betätigen). Er ist dazu bestimmt, in der Polis zu leben. Die Polis besteht nämlich aus den Haushalten und geht diesen voraus. Das Ganze ist vor dem Teil. Die Teile, die Menschen, verbinden sich zur Hausgemeinschaft, diese zum Dorf, schließlich zur Stadt als dem Ziel: dem Ganzen, das sich selbst genügt (Autarkie), das also seine Natur erfüllt.

Die Haushalte bilden die charakteristische Einheit griechischen Wirtschaftens im Zeitalter der Stadtstaaten. Das Haus (οἶκος) enthält eine geschlossene wirtschaftliche Organisation, die landwirtschaftliche Güter umfaßt und in der – dies ist jedenfalls die von Aristoteles nahegelegte Vorstellung – der Großteil der für die Bedürfnisbefriedigung der Mitglieder notwendigen Güter produziert wird. Die »Oekonomik« – οἰκονομική als Hausverwaltungskunst – umfaßt für Aristoteles alles, was Haus, Hof und Familie zusammenhält, insofern mehr als Ökonomik im modernen Sinne des »Wirtschaftens«. So will er die Verhältnisse zwischen den »ursprünglichen und kleinsten Teile(n) des Hauses: Herr und Sklave, Gatte und Gattin, Vater und Kinder« (ebd. 1253b 8) untersuchen. Es geht ihm dabei um die Erfüllung der Aufgaben, der materiellen Reproduktion im Rahmen der traditionellen Oikos-Organisation, in der jedes Mitglied die ihm gemäße Rolle ausübt. Aristoteles trennt aber, anders als Platon, grundsätzlich die Aufgaben der Hausverwaltung von denen des Staatsmanns; auf die letztere ist daher hier nicht einzugehen.

Die Haushaltungskunst ist wesentlicher mit Menschen und Lebewesen als mit Dingen befaßt (ebd. 1259b 18). Zum Haushalt gehören auch Sklaven als seine »lebendigen Organe«. Sie sind für Aristoteles eine ökonomische Notwendigkeit. Nur in jenem Zeitalter, in dem die Werkzeuge ihre Aufgaben von selbst erfüllten und in dem »das Weberschiffchen von selber webte und das Plektron die Kithara schlüge, bedürften weder die Baumeister der Gehilfen noch die Herren der Sklaven« (ebd. 1253 a 38). Da man zu seiner Zeit aber noch weit entfernt ist von den hier angedeuteten Möglichkeiten der Automatisierung, muß es eben Sklaverei geben. Trotzdem scheint Aristoteles gewisse Bedenken zu haben. Solange es sich bei den Sklaven um Barbaren handelt, die von Natur aus zur Dienerschaft und körperlichen Arbeit bestimmt sind, entspricht die Sklaverei der menschlichen Natur. Wie aber, wenn es sich bei den Sklaven um solche handelt, die ihren Herren eigentlich überlegen sind und allein durch Mißgeschick im Krieg (und Kriege wurden nicht nur gegen die Barbaren, sondern auch zwischen den griechischen Städten geführt) zu Sklaven wurden? Aristoteles nennt dieses Problem, vermag es aber nicht zu lösen (vgl. ebd. 1254 a–1255 b). Die pseudoaristotelische Schrift *Oekonomica* (Buch I, v) stellt fest, daß auch Sklaven Lohn (μισθός) erhalten, nämlich Nahrung (ebd. 1344 b 4). Sie unterscheidet Sklaven in Vertrauenspositionen (also z. B. Aufseher) von den mit niederer Arbeit betrauten (ἐργάτης) und empfiehlt gute Ernährung und Behandlung sowie für jeden Sklaven die Freilassung nach bestimmter Zeit (1344 b 15). So ordnete Aristoteles auch im eigenen Testament die Freilassung einiger seiner Sklaven an. Und obwohl das attische Landgut bescheiden war im Verhältnis zu römischem Großgrundbesitz, war er sich der bedenklichen Größe des »Unterbaus« von Nichtbürgern unterhalb der Gemeinschaft der freien Bürger bewußt (z. B. *Politik* 1269 b 8).

Eigentliches Ziel der Hauswirtschaft ist es, die materielle Basis des »guten Lebens« des griechischen Bürgers bereitzustellen. Dazu gehört – innerhalb eines bestimmten Rahmens – materieller Wohlstand, der eine großzügige Lebensführung ermöglicht. Aristoteles weist der materiellen Seite des Lebens »einen untergeordneten und sehr bescheidenen Platz auf der Stufenleiter der Lebensgüter an, einen Platz jedoch, der völlig normal und rechtmäßig sein soll« (Gelesnoff 1923, II).

Aristoteles ist ein Befürworter des Privateigentums und lehnt Platons kollektivistische Vorstellungen über die Lebensbedingungen der Elite ab (vgl. *Politik* Buch 2). Dabei betont er den vom Privateigentum ausgehenden materiellen Anreiz. »Wenn jeder für das Seinige sorgt, werden keine Anklagen gegeneinander erhoben werden, und man wird mehr vorankommen, da jeder am Eigenen arbeitet« (ebd. 1263a 27). Er plädiert allerdings für eine gewisse Gemeinschaft bei der Nutzung des Privateigentums und verweist auf das Beispiel Spartas, wo »sich jeder der Sklaven des anderen gewissermaßen wie seiner eigenen bedient, ebenso der Pferde und Hunde« (ebd. 1263a 36). »Es ist also offenbar besser, daß der Besitz privat bleibt, aber durch die Benutzung gemeinsam wird« (ebd. 1263a 38).

Aristoteles differenziert zunächst zwischen der Haushaltungskunst (οἰκονομική) und der Beschaffungskunst (κτητική). Erstere verwendet die Dinge im Hause, letztere dient ihrer Herbeischaffung. Er unterscheidet weiter zwischen verschiedenen Arten der Beschaffungskunst. Fünf Lebensformen kennt er, deren Werke aus sich selber entspringen und bei denen Nahrung einerseits nicht aus Tausch und Krämerei bezogen wird, deren Erwerbskunst andererseits tierischen Vorbildern analog und auch insofern natürlich ist: Hirten, Jäger, Fischer, Bauern und – erstaunlicherweise, aber es gibt Raubtiere – Räuber. Anzumerken wäre, daß Platon im *Sophist* (219a–b) den Landbau (γεωργία) der Hervorbringung (ποιητική) zuordnet, während der den Eigenbedarf deckende Bauer (ebd. 1256b 2–10) hier bei Aristoteles ein Beschaffender ist.

Eine naturgemäße (κατὰ φύσιν) Erwerbskunst ist auch ein Teil der Haushaltungskunst: jene nämlich, die die Beschaffung von Gütern zum Ziel hat, die zur Bedürfnisbefriedigung der Mitglieder des Hauses sowie zur Führung des »guten Lebens« des freien griechischen Bürgers gehören, auch wenn sie innerhalb des Hauses nicht hergestellt werden können. Der Erwerb solcher Güter durch Tauschhandel dient gleichsam der Erfüllung der »naturgemäßen Autarkie« des Hauses (vgl. *Politik* 1257a 30). Obwohl Sache und Begriff darüber hinausreichen, stellt man sich hier zweckmäßig ein Landgut vor, das sich weitgehend selbst versorgt, dessen Erzeugnisse teilweise am Markt verkauft werden und das sich für seinen Bedarf am Markte ergänzt. Es handelt sich hier also um den Tausch von Gebrauchswerten, deren Bedarf begrenzt ist. Ausdrücklich verwirft Aristoteles einen Spruch Solons, der die Grenzenlosigkeit des Reichtums behauptet (vgl. ebd. 1256b 34): »Das Umgrenzte gehört zur Natur des Guten« (*Ethik* 1170a 20).

Wir wissen, daß in griechischen Städten wiederholt Gesetze gegen den Luxus erlassen wurden. Die Stoa wollte die Bedürfnisse stärker einschränken als Aristoteles. Offenbar müssen andere Autoren dagegen die These vertreten haben, es sei eine Aufgabe der Haushaltungskunst, den Besitz unbegrenzt zu vermehren. Für Aristoteles ist dies ein Irrtum, der begründet sei »im Bestreben, zu leben, nicht gut zu leben« (εὖ ζῆν, *Politik* 1257b 42). Er betrachtet Reichtum als eine Masse von Gebrauchsgütern. »Der Reichtum ist nämlich eine Vielheit von Werkzeugen für die Haus- und Staatsverwaltung« (ebd. 1256b 37).

Der Erwerb materieller Güter wird von Aristoteles als ein Mittel betrachtet, dessen Zweck in der Existenz der Hauswirtschaft und des »guten Lebens« liegt. Das »gute Leben« ist auch bei Aristoteles in die staatliche Gemeinschaft eingebettet; eine höchste Form bildet sich in der Philosophie: das Leben in der Betrachtung der Wahrheit. Bei keiner Kunst sind die Mittel unbegrenzt, daher auch nicht die Hilfsmittel des guten Lebens in Haushalt und Staat. Indem die natürliche Erwerbskunst so einem höheren Ziel dient, fügt sie sich harmonisch in das System des Aristoteles ein. Denn für Aristoteles ist alles in der Natur zweckgemäß. Die Existenz von Pflanzen, Tieren und Sklaven dient dem freien Menschen, und seine Freiheit dient höherer Erkenntnis.

Neben der natürlichen Erwerbskunst oder Beschaffung gibt es noch eine andere Form der Erwerbskunst. Es ist die Bereicherungskunst, die Chrematistik, auf deren Verständnis sich die Sekundärliteratur konzentriert (Gelesnoff 1923, 30–31; Salin 1923, 6–7; Finley 1974, 40–44; Gordon 1975, 36–39). Aristoteles verwendet den Begriff (χρηματιστική) selbst nicht durchweg im negativen kritischen Sinn, sondern oft auch synonym mit Erwerbskunst oder Beschaffung (κτητική). Er spricht deshalb zur Unterscheidung z. B. von »haushaltsgemäßer Erwerbskunst« (οἰκονομική χρηματιστική), wenn der Erwerb den naturgemäßen Rahmen des Haushalts nicht sprengt (ebd. 1257b 31). Es gibt keinen Grund, diese dem gewöhnlichen griechischen Sprachgebrauch geschuldete Verwirrung im Deutschen nachzubilden. Chrematistik heiße bei uns die negativ besetzte, die »andere Idee von Erwerb« (ἕτερον εἶδος τῆς χρηματιστικῆς). In unserem Sinn wird Chrematistik (χρηματιστική, ebd. 1258a 7) als Grenzen sprengender Erwerb (ebd. 1256b 40) definiert. Ihr Ziel ist der Erwerb um des Erwerbes willen. Da es hier nicht mehr um die begrenzte Bedürfnisbefriedigung geht, läßt sich die Chrematistik durch allerhand Techniken wirkungsvoller machen; der Erwerb wird schrankenlos.

Die Grenze wird von Aristoteles so gezogen: Es gibt zweierlei Gebrauch beispielsweise eines Schuhs. Er kann zum Gebrauch getragen oder als Tauschmittel eingesetzt werden (*Politik* 1257a 10). Es ist keine Bereicherungskunst und nur natürlich, wenn sich ungleich ausgestattete Haushalte gegenseitig ergänzen und Schuhe etwa gegen Korn getauscht werden. Aber der Schuh ist nicht zum Zweck des Tauschs entstanden (οὐ γὰρ ἀλλαγῆς ἕνεκεν γέγονεν, ebd. 1257a 13). Also liegt ein Mißbrauch vor, wenn er zum Zwecke des Tauschs bearbeitet wird. Verlangt wird, müssen wir schließen, daß der Schuster sich den Gebrauch des Schuhs und nicht seinen Verkaufspreis vorstellt, wenn er ihn macht. Es verhält sich also gewissermaßen so wie bei dem erwähnten platonischen guten Hirten, der das Wohl der Schafe im Auge hat und nicht das Verspeisen derselben oder den Verkaufserlös. Daß wir uns heute kaum einen Arbeiter, wohl aber einen Künstler mit dieser Haltung denken können, unter völliger Hingabe an den »Eigenwert« des Gegenstands, der hier mehr ist als der standardisierte Gebrauchswert, entspricht der Tatsache, daß wir im Unterschied zu den Griechen die künstlerische von anderer Arbeit streng geschieden denken und erleben und daß das den Übergang bildende gestaltende Kunsthandwerk dahinschwindet. Für die Wilden freilich haben sogar Dinge eine Seele (R. Schefold 1980).

Aristoteles entwickelt die Entstehung der Bereicherungskunst historisch. Aus dem Tausch von Gebrauchswerten zwischen den Hauswirtschaften entstand der Handel, ein Handel, der auch über die Landesgrenzen hinausging. Da viele der Güter schwierig zu transportieren waren, »kam man überein, beim Tausch gegenseitig eine Sache zu nehmen und zu geben, die selbst nützlich und im täglichen Verkehr handlich war, wie Eisen, Silber usw.« (*Politik* 1257a 35). So entstand das Geld. Es war ein Mittel, um den Tausch zu erleichtern. Für viele Menschen aber wurde das Geld zum Selbstzweck. Sie begriffen Reichtum als »eine Menge von Geld« und trachteten, möglichst viel davon zu erwerben; daher die Definition »... alle, die sich mit chrematistischem Erwerb (χρηματιζόμενοι) befassen, vermehren ihr Geld ins Unbegrenzte« (ebd. 1258b 35). So »entstand die zweite Art der Erwerbskunst, die Bereicherungskunst, anfangs wohl nur ganz einfach, später kunstmäßig auf Grund der Erfahrung, woher und wie man Güter vertauschen müsse, um den größten Gewinn zu erzielen« (ebd. 1257b 3–8). Aristoteles lehnt diese Form der Erwerbskunst ab. »Die Tapferkeit soll nicht Geld verdienen, sondern Mut erzeugen, und auch die Feldherrnkunst und die Medizin sollen dies nicht, sondern Sieg und Gesundheit verschaffen« (ebd. 1258a 11).

Der Erwerb schlägt durch Austausch allein nicht notwendig in Chrematistik um, solange unter dem Gesichtspunkt der Haushaltungskunst, welche die Grenzen kennt (τῆς δ' οἰκονομικῆς χρηματιστικῆς ἔστι πέρας, ebd. 1257b 31), getauscht (d. h. erworben) wird. Ebenso ist die Tauschkunst (μεταβλητική) natürlich (ebd. 1257a 15). Sie bildet für Aristoteles einen »Störenfried der Ökonomik« (Salin). Er zeigt am Beispiel des Königs Midas, der alles, was er anfaßte, in Gold verwandelte, und der daraufhin vor Hunger starb, wie unsinnig es ist, eine Anhäufung von Geld als Reichtum zu betrachten; Bereicherungskunst (χρηματιστική) und natürlicher Reichtum (πλοῦτος κατὰ φύσιν) sind verschieden zu definieren. Natürlicher Reichtum gehört zur Haushaltskunst, die Bereicherungskunst gehört ursprünglich zum Kleinhandel (καπηλική, auch abschätzig: Schacher), der Reichtum durch Tausch erzeugt (vgl. *Politik* 1257b 3). Die Chrematistik erweitert sich dann, um auch Großhandel, Seehandel usw. einzuschließen.

Die Chrematistik kann sich auch andere Künste anverwandeln: Wenn beispielsweise die Heilkunst nicht betrieben wird, um zu heilen, sondern um sich zu bereichern, hat sie sich der Chrematistik angeglichen. Aristoteles hält diese Reichtumssucht für des Theoretikers unwürdig. Er schildert das Beispiel des Philosophen Thales von Milet, der, ob seiner Armut verhöhnt, mit Hilfe der Astronomie die erwartete Olivenernte richtig prognostizierte, dadurch geschickt spekulieren und viel Geld verdienen konnte und so zeigte, »daß es für den Philosophen leicht ist, reich zu werden, wenn er nur wolle, daß er aber darauf keinen Wert lege« (ebd. 1259a 17).

Die Chrematistik »hat es nicht mit der Natur zu tun, sondern mit den Menschen untereinander« (ebd. 1258b 1). Aristoteles scheint zu meinen, daß die Substanz des Reichtums aus der Natur stammt und von Menschen gestaltet wird. Auf der »Angebotsseite« sind Erwerbstätigkeiten solange natürlich, wie sie dem Gestaltungsziel untergeordnet bleiben; wenn nämlich der Schuster gute Schuhe zu produzieren im Sinne hat und der Arzt das Heilen, bringen sie mit Hilfe der Natur hervor, wie die Natur hervorbringt – nicht aber, wenn sie beide auf Bereicherung aus sind. Auf der »Nachfrageseite« hat der Gütererwerb dem guten Leben zu dienen. Diese Deutung entspräche der griechischen Auffassung von Arbeitsteilung und ist, wie wir noch sehen werden, konsistent mit der aristotelischen Definition des gerechten Tauschs. Gewinn (κέρδος) entspringt dann der Bereicherungskunst, es gibt jedoch ein naturgemäßes Einkommen aus anderen Erwerbstätigkeiten.

Es ist charakteristisch, daß der Gewinn überhaupt nur in Verbindung mit Zwischenhandel auftaucht. Daher kann Zins weder vom Gewinn in der Produktion abgeleitet werden, noch wird Zins auf die Frucht des Geldverleihs zu konsumtiven Zwecken reduziert. Eine zu Recht gehaßte chrematistische Erwerbskunst ist der »Wucher, ... der aus dem Geld selbst den Erwerb zieht« (ebd. 1258 b 5), d. h. der Geldverleih zur Erzielung des Zinses schlechthin (vgl. auch Gelesnoff 1923, 31–32). Hier gelten zum einen die gleichen Argumente wie im Falle der chrematistischen Erwerbskunst, da auch der Geldverleih Erwerb um des Erwerbs willen bedeutet. Hinzu kommt aber, daß gegen die natürliche Rolle des Geldes gefrevelt wird. Diese besteht in der Vermittlung des Tauschs (vgl. *Politik* 1257 a 32–41; *Ethik* 1133 a 20–32). »Denn das Geld ist um des Tausches willen erfunden worden, durch den Zins vermehrt es sich aber durch sich selbst. Daher hat es auch seinen Namen: das Geborene ist gleicher Art wie das Gebärende, und durch den Zins (τόκος) entsteht Geld aus Geld. Diese Art des Gelderwerbs ist also am meisten gegen die Natur« (*Politik* 1258 b5). Eine Auffassung vom Geld als Kapital, welches für produktive Zwecke verwendet werden kann, finden wir bei Aristoteles nirgends (vgl. Salin 1930, 153–159).

Koslowski meint, die Krise der griechischen Wirtschaft im ausgehenden 4. Jahrhundert sei für Aristoteles ein Motiv gewesen, die »neue Wirtschaftsweise« abzulehnen (vgl. Koslowski 1979). Aristoteles ist jedenfalls bemüht, eine philosophische Begründung für eine, so deutet er an, allgemein gehegte Werthaltung zu liefern. Auf der einen Seite ist es höchlichst zu billigen, wenn der Wucher gehaßt wird (εὐλογώτατα μισεῖται ἡ ὀβολοστατική), die Erwerbskunst ist dagegen, soweit sie dem Haushalt dient, wohl geschätzt (ἐπαινουμένη). Die Begründung beruht auf einer Begriffsbestimmung dessen, was zur guten, als natürlich empfundenen Ordnung der Dinge gehört, und »natürlich« ist bei Aristoteles zunächst recht wörtlich zu nehmen, indem die menschliche Welt als Erweiterung der animalischen gedacht ist: der Mensch ist definiert als das politische (d. h. das als Polisbürger tätige) Wesen.

Im fünften Jahrhundert bildeten φύσις (Natur, natürliche Schöpferkraft, Naturordnung) und νόμος (Brauch, Konvention, Gesetz) eine in vielen wissenschaftlichen Diskursen wiederkehrende Antithese (vgl. Heinimann 1945). Wie wir schon sahen, beansprucht der Opponent des Sokrates, Kallikles, in Platons *Gorgias* eine naturrechtliche Begründung für den Satz, daß Unrecht leiden schlimmer sei als Unrecht tun, und sucht die Schwächlichkeit des Gesetzgebers und des Sokrates, die ein Recht des Stärkeren verneinen, lächerlich zu machen. Aristoteles gibt nun gerade eine naturrechtliche Begründung für die Beschränkung des Erwerbsstrebens im Haushalt, während die Chrematistik sich zwar nicht gegen das formale Gesetz, aber gegen die gewachsene Ordnung und – zumindest beim Zins – auch gegen das sittliche Empfinden des Volkes entwickelt. Im weiteren Sinne tritt Aristoteles als der rechtsphilosophische Begründer des eigentlichen Naturrechts auf. Es beruht auf der ganzheitlichen Natur des Menschen und besteht inhaltlich in den Regeln der Gerechtigkeit (Trude 1955), die wir – soweit sie den Tausch betreffen – unten noch behandeln werden. In der Chrematistik dagegen und im Bestreben, zu leben, statt gut zu leben, erkennt Aristoteles einen neuen, eigengesetzlichen und unnatürlichen Zusammenhang, in dem für uns die Triebkräfte des wirtschaftlichen Handelns liegen: Gewinnmaximierung und unbegrenzter Konsum. Aristoteles entdeckt beide und verwirft sie.

Allerdings war Aristoteles sich der praktischen Notwendigkeit der chrematistischen Erwerbskunst im Wirtschaftsleben bewußt. In einem speziellen Abschnitt behandelt er die empirische Seite (*Politik* 1258b 9–1259a 39); sie ist besonders von wirtschaftshistorischem Interesse. Im Hinblick auf die Empirie geht der Grieche ganz pragmatisch vor. Während für uns Wissenschaft wertfrei sein sollte und Normen der Praxis entspringen, finden wir hier die strenge Wertung gerade in der Theorie. Die Praktiken der Erwerbskünste werden zwar nur kurz angedeutet, aber Aristoteles entschuldigt sich dafür damit, daß sie von anderen in Schriften schon beschrieben seien, von denen er einige erwähnt, die uns aber verloren sind. Wer sich der Bereicherungskunst bedienen möchte, möge jene Schriften studieren, wird für die Praxis kühl empfohlen.

Aristoteles beginnt mit der Aufzählung der der Hausverwaltung zuzuordnenden Teile der Erwerbskunst (Viehzucht, Ackerbau, Obstkultur usw.), die hier οἰκειοτάτη, also »hauszugehörige« oder »eigentliche« heißt; eine gute, den Doppelsinn bewahrende Übersetzung wäre vielleicht »Eigenerwerbskunst«. Sie befaßt sich z. B. mit der Frage, welche Tiere auf gegebenem Boden am besten gedeihen (ebd. 1258b 17). Dann folgt die mit dem Handel (μεταβλητική) befaßte Erwerbskunst, wovon der Großhandel (z. B. das Transportwesen) den Hauptteil ausmacht, den zweiten der Geldverleih und den dritten die Lohnarbeit, wie sie sowohl im Handwerksbereich wie bei ungelernter Arbeit vorkommt (denn es gibt ja auch freies Handwerk). Zwischen natürlicher und unnatürlicher Erwerbskunst existieren Übergänge, z. B. die Waldnutzung.

Aristoteles deutet immerhin noch einige systematische Gesichtspunkte an, darunter, daß die risikoreicheren Beschäftigungen gewinnträchtiger sind. Auch hier wieder eine Abstufung: Am unwürdigsten sind jene, die begleitender Tugend am wenigsten bedürfen. Zur praktischen Erwerbskunst gehört es ferner, sich durch den geschickten, spekulativen Aufkauf bestimmter Güter ein Monopol zu sichern. »Dies zu wissen ist auch für die Staatsmänner nützlich. Denn viele Staaten bedürfen des Gelderwerbs und derartiger Einnahmen...» (ebd. 1259a 35).

Das ganze zweite Buch der *Oekonomica* handelt von der Kunst, die Staatseinkünfte zu mehren. Da mischen sich freilich finanzwissenschaftliche Einsicht und allerhand Anekdoten über die betrügerische Aneignung von Schätzen durch Tyrannen so unreflektiert, daß das Buch, obwohl unter Aristoteles' Namen überliefert, nur seiner Schule zugeordnet wird.

Die Ergebnisse lassen sich mit den im Text genannten empirischen Beispielen verbinden und etwas schematisch in einer Tabelle (Abb. 1) für die Geltungsbereiche der Begriffe zusammenfassen, die freilich im Original fließend benutzt werden (gestrichelte Linien) und aus dem Zusammenhang verstanden werden müssen. Schuster und Arzt sind hinzugefügt, weil – wie wir für den Schuster gesehen haben und Aristoteles auch für den Arzt zeigt – ihre Tätigkeit sich in den begrenzten Bedarf einfügt und sie bei der Arbeit an die Sache, nicht an den Gewinn denken sollen. Daher werden sie auch gemäß dem gerechten Tausch entlohnt. Andererseits haben sich diese Berufe aus der Haushaltskunst heraus verselbständigt (vgl. die zweideutige Zuordnung durch Aristoteles selbst, *Politik* 1258a 34). Wir sehen, daß Austausch und Geld sich als notwendige, aber nicht hinreichende Bedingungen für den Umschlag von der natürlichen in die widernatürliche Erwerbskunst erweisen – ein Gegensatz, der später abgewandelt als produktiv-unproduktiv wieder auftaucht. »Es verdreht sich nämlich der Gebrauch beider Erwerbskünste, der vom selben ist; es ist nämlich der Gebrauch desselben Erwerbs, aber nicht in gleicher Hinsicht: der erste hat ein anderes, der zweite die Vermehrung zum Ziel« (*Politik* 1257b 36).

Der Vorwurf der Chrematistik zielt also nicht auf die Warenproduktion als solche oder auf die Berufsgruppe der Händler und Wucherer, sondern denunziert ein zielverkehrendes Verwenden. Es ist dies nicht mit zweckentfremdeter Arbeit zu verwechseln. Für Aristoteles ist Arbeit kein Wert: das Ideal des Philosophen und freien Bürgers bleibt, der Sorge um das Materielle enthoben zu sein. Zielverkehrendes Verwenden entspringt dem Tauschen, speziell dem Zwischenhandel; Geldgier ist ein Entstehungsgrund, Wucher das Hauptbeispiel für die Verfehlung des guten Lebens. Zwischen den Extremen bestehen Übergänge. Es geht Aristoteles weniger um eine umfassende Klassifizierung als um eine paradigmatische Bezeichnung der Aktivitäten, die nach griechischer Vorstellung gemeinschaftssprengenden oder die Polis integrierenden Charakter haben.

Die verbleibende wissenschaftliche Hauptfrage betrifft den gerechten Tausch im Rahmen der nicht-chrematistischen Erwerbskunst. Sie wird in der *Nikomachischen Ethik* behandelt (zitiert als *Ethik*).

3. Der »gerechte« Tausch und die Chariten

Aristoteles entwickelt seine Betrachtung des Tauschs im Rahmen der Diskussion des Gerechtigkeitsbegriffs. Die Gerechtigkeit ist die »vollkommene Tugend« (*Ethik* 1129b 26), die »vornehmste der Tugenden« (ebd. 1129b 28). Die Ausübung der Tugenden ist der Weg zum menschlichen Glück, der in der *Nikomachischen Ethik* beschrieben wird und der in der Schau der Wahrheit gipfelt. Wir müssen schließen, daß

Haushaltungskunst 1

häusliche Einzelherrschaft 2 | Beschaffungskunst 3

Eheführung 8
Kindererzeugung 9
Herrschaft 10

Erwerbskunst 4

Eigenerwerbskunst 5 | Chrematistik 6

Tauschkunst 7

begrenzt und natürlich | unbegrenzt u. unnatürlich

Gatte	Jäger	Landwirt	Holzwirtschaft	Kleinhandel
Vater	Fischer	Schuster?	Bergbau	Großhandel
Herr	Räuber	Arzt?		Wucher
	Nomade			Lohnarbeit
	Bauer			

Begriffe zur Chrematistik. »Berufe« z. T. hypothetisch, nach rechts und unten nach abnehmender Autarkie geordnet. Mit Fragezeichen: problematische Hinzufügung. Der Bauer ist selbstversorgend, der Landwirt tauscht Überschüsse. Griechische Begriffe:
1. οἰκονομική, *2.* οἰκονομική μοναρχία *(Politik 1255 b 19)*, *3.* κτητική *(1256 a 19, b 28)*, *4.* χρηματιστική, *5.* χρηματιστική κατὰ φύσιν *oder* οἰκονομική *(1257 b 30) oder* οἰκειοτάτη *(1258 b 21)*, *6.* χρηματιστική μὴ κατὰ φύσιν *oder* ἕτερον εἶδος τῆς χρηματιοτικῆς *(1258 a 7)*, *7.* μεταβλητική *(1257 a 15, b 1)*, *8.* γαμική *(1253 b 9)*, *9.* τεκνοποιητική *(1253 b 11)*, *10.* δεσποτική *(1253 b 9)*.

hier wie bei Platon die Institutionen des Staates und des Rechts diesem Ziel zu dienen haben. Daher folgt das Buch der *Politik* dem der *Ethik* (*Ethik* 1181 b 16). Worauf Aristoteles hinauswill, versteht man freilich besser, wenn man die Betrachtung der Institutionen (hier der Erwerbskünste) vorausschickt.

Aristoteles unterscheidet zwischen verschiedenen Arten der Gerechtigkeit. Klar ist, daß Gerechtigkeit »im allgemeinen« den Einklang mit den Gesetzen bedeutet (daß Gesetze und Staaten unvollkommen sein können, wird erst in der *Politik* problematisiert). Es geht daher im folgenden nur um die »besondere«, einen Anteil bestimmende Gerechtigkeit (δικαιοσύνη κατὰ μέρος); »gerecht« ist das »gleiche« (τό ἴσον). Sie teilt sich in verteilende und ausgleichende Gerechtigkeit. Die verteilende Gerechtigkeit (τὸ δίκαιον ἐν ταῖς διανομαῖς) »betrifft... die Zuteilung von Ehre, Geld und den anderen Dingen, die unter die Mitglieder der Gemeinschaft aufgeteilt werden können« (ebd. 1130b 32). Ausdrücklich geht es Aristoteles hier nicht um die Gleichheit, sondern um die Proportionalität, also das Angemessene. »Denn das Proportionale ist die Mitte, und das Gerechte ist das Proportionale« (ebd. 1131b 12). Bei der Verteilung von Reichtum und Ehre gebürt Gleichen Gleiches, Ungleichen aber Ungleiches.

Es geht Aristoteles also um die angemessene Berücksichtigung der Stellung, die die betroffene Person in der Gemeinschaft einnimmt. Sofern die Gemeinschaftsordnung ein durch die Zuteilung anzustrebendes Ziel ist, erhält die Gerechtigkeit einen für Aristoteles charakteristischen teleologischen Charakter. Die Position muß mit dem jeweiligen Anteil am Verteilten in Beziehung gesetzt werden. Diese Form der Gerechtigkeit orientiert sich daher an qualitativen Merkmalen. »Denn alle stimmen darin überein, daß das Gerechte im Zuteilen auf einer bestimmten Würdigkeit beruhen müsse (ebd. 1131a 25). Dabei existieren hinsichtlich der Einschätzung der Würdigkeit durchaus verschiedene Prinzipien: »Doch diese Würdigkeit gilt nicht für alle als dieselbe, sondern die Demokraten sehen sie in der Freiheit, die Oligarchen im Reichtum, andere in der Adligkeit und die Aristokraten in der Tugend« (ebd. 1131a 27).

Bei der Verteilung von Reichtum und Ehre gilt eine Proportion, die auf der Gleichheit von zwei Verhältnissen bei vier Größen (ebd. 1131b) basiert. A verhält sich zu B wie C zu D, d. h. $A:B=C:D$ (vgl. Harvey 1965; Heath 1949, 272–276). Das Verhältnis zwischen den Bürgern A und B wird, nachdem sie je ihre Anteile C und D erhalten haben, nach Ausübung distributiver Gerechtigkeit gleich sein wie vorher, symbolisch bedeutet das, daß aus $A:B=C:D$ auch $(A+C):(B+D)=A:B$ folgen muß – eine Gleichung, die aus dem Strahlensatz folgt (ebd. 1131b). »Mathematiker« nennen diese Proportionalität, sagt Aristoteles, eine »geometrische« (ebd. 1131b 13); sie ist aber nicht zu verwechseln mit dem Begriff des geometrischen Mittels als einer Beziehung zwischen drei Größen, nämlich $A:B=B:C$.

Betrachtet man A und B als Personen, C und D als deren jeweiligen Anteil am Verteilten, so bedeutet dies, daß sich die Verteilung nach dem »Verhältnis« zwischen Person A und Person B, d. h. nach deren Verdienst, »Würdigkeit«, Status etc. richtet. Eine Verteilung nach dem Prinzip der geometrischen Proportionalität läßt also jedem das ihm im Rahmen der Gemeinschaft Zustehende, jedem das »Seinige« zukommen. Es ist dies ein Konzept, welches ausdrücklich auf der Ungleichheit der Bürger der Gemeinschaft basiert. Die Ungleichheit der Verteilung von Reichtum und Ehre wird gleichsam zur Konsequenz der ungleichen Stellung der Bürger in der Gemeinschaft. Ob die Stellung auf eigenem Verdienst oder dem der Vorfahren, ob sie auf Anerkennung einer Begabung, Leistung oder auf Gewalt beruht, bleibt hier noch offen. Es geht zunächst nur darum, zu sagen, was verteilende Gerechtigkeit ist; der Standard dieses Rechts kann nicht unabhängig von der politischen Verfassung bestimmt werden.

Eine andere Form der besonderen Gerechtigkeit ist die »ausgleichende« (kommutative) Gerechtigkeit (vgl. ebd. 1130b 34; 1131b 25–1132b 20). Hier geht es darum, die verschiedenen Beziehungen des täglichen Lebens, wie Verkauf, Darlehen, Nutznießung und Bürgschaft, aber auch Diebstahl, Ehebruch, Mord etc. zu regeln und Streitigkeiten zu schlichten. Ungerechte, aus Betrügereien etc. stammende Gewinne sollen beseitigt, erlittener Schaden soll ausgeglichen werden. Dabei werden die beteiligten Personen prinzipiell gleich behandelt: »... das Gesetz betrachtet nur den Unterschied des angerichteten Schadens und behandelt die Personen als gleiche und fragt nur, ob der eine Unrecht tat, der andere Unrecht litt, der eine schädigte, der andere geschädigt wurde« (ebd. 1132a 4). Da die statusbedingten Verhältnisse zwischen den beteiligten Personen hier keine Rolle spielen, gilt das Prinzip der arithmetischen »Proportionalität«: Wenn A zu viel und B zu wenig erhalten hat, gebührt beiden das arithmetische Mittel (das modern freilich nicht »Proportion« heißt). So einigen sie sich in freiwilligen Transaktionen. Aber nach diesem Prinzip schafft der Richter auch bei unfreiwilligen Transaktionen einen Ausgleich.

Die Form der Gerechtigkeit, die sich auf den Tausch bezieht, ist die Gegenseitigkeit (ἀντιπεπονθός) (vgl. ebd. 1132b 20). Diese fällt nicht generell mit entweder der verteilenden oder ausgleichenden Gerechtigkeit zusammen, denn sie kann sogar unrecht sein. Wenn ein Offizier einen Soldaten schlägt, bestünde Gegenseitigkeit in Wiedervergeltung, also im Zurückschlagen, dieses aber wäre in diesem Fall nicht gerecht, nämlich nicht gesetzmäßig (ebd. 1132 b 30). Handeln in angemessener Gegenseitigkeit aber und Spenden (μετάδοσις), wie sie daraus hervorgehen, halten die Polis zusammen; sonst wären die einen Sklaven der anderen. Aristoteles betont, daß man im Zusammenleben nicht immer nur auf Gaben warten darf, um mit Gegengaben zu erwidern, sondern daß man im Geben vorangehen soll. Er erinnert an den schönen Brauch, den Chariten, Göttinnen der Anmut und des Dankes, öffentlich Altäre zu errichten.

Man darf aus diesem Hinweis vielleicht noch mehr heraushören (ebd. 1133 a 1–5). Mit den Versen der Chariten

»Aglaia: Anmut bringen wir ins Leben;
Leget Anmut in das Geben.
Hegemone: Leget Anmut ins Empfangen,
Lieblich ist's, den Wunsch erlangen.
Euphrosyne: Und in stiller Tage Schranken
Höchst anmutig sei das Danken.«

läßt Goethe im Faust II (erster Akt, weitläufiger Saal) die Vorstellung der Charaktere der griechischen Mythologie beginnen. »Charis«, der Begriff, den die Chariten symbolisieren (bei Goethe werden sie römisch »Grazien« genannt), bedeutet »Freude«, »Dank« und »Anmut«. Im Gegensatz von »Handel« und »Anmut« können wir zwei Pole des griechischen Stadtlebens sehen: hier eifrige Geschäftigkeit, wirtschaftlicher Wagemut, Koloniegründungen, dort Freude an künstlerischer Gestaltung in Musik, Dichtung, Architektur, ja, wie Meier (1985) betont hat, in der Redekunst und selbst der Politik. Unter Charis ist nicht christliche »caritas« vorzustellen, keine religiös transzendierende Nächstenliebe, sondern eine zwar auch religiös gebundene, aber diesseitig erlebte Lust an festlicher Großzügigkeit, an »huldvoller« Gabe, die – auf den Staat bezogen – während der kurzen Hochblüte der griechischen Kultur die Liturgien, also die Spenden für das öffentliche Leben beflügelte (wobei die Lust an politischer Macht oder geschickter Kriegskunst auch dazugehörte). Diese Erscheinungen sind nicht alle aus unseren sozioökonomischen Theorien ableitbar. »Das Leben der Griechen ist von unserem so tief verschieden, daß wir ihm nur über die Brücke der Kunst näherkommen können« (Ernst Buschor).

Die Gegenseitigkeit umschließt bei Aristoteles zunächst (*Ethik* 1132b 29) Gewalt, auf die Gegengewalt antworten kann, dann die spontane Gabe, die mit Gegengeschenken erwidert werden soll – das »Spenden« (μετάδοσις, ebd. 1133a 2) also, wodurch die »Polis« »zusammenbleibt« –, schließlich auch den unmittelbaren (Um-)tausch (ἀντίδοτις, ebd. 1133a 6). Es wird danach nicht mehr an die Chariten erinnert, da im weiteren vorausgesetzt ist, daß Gabe und Gegengabe Zug um Zug erfolgen. Mit dem Verweis auf die Charis an diesem Übergang gibt Aristoteles knapp und trocken zu erkennen, wie man in seiner Zeit die komplementären Funktionen ökonomischer und spezieller außerökonomischer Motive für das griechische staatliche und kulturelle Leben denken konnte: Nicht wie Spätere als scharfe Gegensätze, sondern als ineinandergreifend, sogar als identisch, sofern das Wichtigste, das Prinzip der Gerechtigkeit, d. h. der Angemessenheit, gewahrt blieb. Die deren Rahmen sprengende Chrematistik ist in der *Politik* ausführlich behandelt und wird am Anfang der *Ethik* noch erwähnt (mit dem Verdikt der Gewaltsamkeit: ὁ δὲ χρηματιστὴς βίαιός τίς ἐστιν, ebd. 1096a 6); bei der Analyse der Gerechtigkeit fällt sie zwangsläufig heraus.

Der Begriff der Gegenseitigkeit kann also sehr verschiedene Bedeutung umfassen. Gerechte Gegenseitigkeit bezieht sich nicht auf das Prinzip der Gleichheit der beteiligten Personen, sondern auf das Prinzip der Angemessenheit. Das Gerechte war allgemein als Prinzip der Angemessenheit (Proportion) definiert worden (ἔστιν... τὸ δίκαιον ἀνάλογόν τι, ebd. 1131b 15). Nun wird der Tausch speziell als Gegengabe gemäß Proportion eingeführt (ἀντίδοσις κατ' ἀναλογίαν, ebd. 1133a 6), so daß man fragt, welche Proportion gerecht ist und Gegengabe als gerechten Tausch ermöglicht. Offenbar müssen Status und Würdigkeit der am Tausch beteiligten Personen diesen wesentlich bestimmen. Wir gelangen zu der Passage, die Wirtschaftswissenschaftler als die aristotelische Theorie des ökonomischen Tauschs zu lesen geneigt sind, die sich aber zunächst nur als wirtschaftliche Illustration dessen präsentiert, was Gerechtigkeit in Form der Gegenseitigkeit bedeutet.

Wenn wir den Baumeister A und den Schuster B haben, die das Haus C und die Schuhe D tauschen, so müssen sich die Schuhe zum Haus in »demselben Maße verhalten« wie der Baumeister zum Schuster (ebd. 1133a 23): A:B = C:D. Damit diese Proportion gelten kann, muß der Baumeister »vom Werk des Schusters« (τοῦ ἐκείνου ἔργου) erhalten und der Schuster »vom Werk« des Baumeisters; es müssen also Schuhe gegen ein Haus getauscht werden. Damit dies aber geschehen kann, müssen zuerst – so steht es im nächsten Satz – diese Mengen, also C und D, in der vorgegebenen Proportion stehen, also C : D = A : B. Es wird damit eine Beziehung hergestellt zwischen der Austauschrelation zweier Güter und gesellschaftlichem Status und Würdigkeit ihrer Besitzer. Die Konstruktion einer solchen Proportion führt notwendigerweise zu einem Rückgriff auf die geometrische Proportionalität, in der »sich das Ganze zum Ganzen wie das Glied zum Glied« (ebd. 1131 b 15) verhält. Der Tausch illustriert also den Fall, bei dem Gegenseitigkeit durch Angemessenheit gerecht ist und der deshalb in das Gebiet der distributiven Gerechtigkeit zu fallen scheint.

Aristoteles spricht eine solche Zuordnung aber nicht aus. Er hebt Gegenseitigkeit (und Tausch als spezielle Form derselben) auch nicht als eigene Abteilung der Gerechtigkeit hervor. Dies könnte auf zwei Besonderheiten des in seinem Sinne gerechten Tauschs zurückzuführen sein. Einerseits werden die Auszeichnungen in der verteilenden Gerechtigkeit gemäß Status zugeordnet, aber nicht ausgetauscht – die Rangabzeichen von Offizier und Soldat verbleiben bei diesen und stehen gewissermaßen für einen »Rangwert«, während Aristoteles hervorhebt, daß beim Tausch eine proportionale Zuordnung »übers Kreuz« stattfindet (ποιεῖ δὲ τὴν ἀντίδοσιν τὴν κατ' ἀναλογίαν ἡ κατὰ διάμετρον σύζευξις, ebd. 1133 a 7), d. h. eine Zuordnung vom Haus zum Schuster und vom Schuh zum Baumeister. Andererseits werden beim Tausch die Gegenstände schließlich gleichgesetzt (τὸ κατὰ τὴν ἀναλογίαν ἴσον, ebd. 1133 a 10), obwohl Tausch zwischen verschiedenen Personen stattfindet (ἕτεροι καὶ οὐκ ἴσοι, ebd. 1133 a 18). In der verteilenden Gerechtigkeit bleibt das zu Verteilende (z. B. die Rangabzeichen) ebenso ungleich wie die Personen. Aristoteles spricht also beim Tausch von einer Angleichung der Sachen, nicht der Personen. Die Gleichheit der Personen wird von Aristoteles nur bei der ausgleichenden Gerechtigkeit vorausgesetzt. Daß der Tausch auch zur Angleichung der Personen führt, folgt erst bei späteren Autoren auch aus der Angleichung der Sachen. Sie setzen dann statusübergreifende Begriffe voraus, die Aristoteles nicht kennt, wie die Messung von Arbeitszeiten und den Nutzen.

Indem Aristoteles versucht, den Tausch in seine allgemeine Betrachtung der Gerechtigkeit zu integrieren, bemüht er sich, ihn in Einklang mit dem zentralen Gedanken seiner ethischen Philosophie zu bringen, wonach tugendhaftes Handeln stets eine Mitte zwischen den Extremen bildet (vgl. Sewall 1901, 4). Eine Proportionalität führt aber noch nicht zu einer Lösung des Problems, wie wir es zu stellen gewohnt sind. Wir können nun z. B. sagen, daß, wenn der Baumeister – aus welchem Grunde auch immer – im Ansehen stiege, auch das Haus mehr gelten müßte. Der Tausch findet ja zwischen »verschiedenen und nichtgleichen« Personen (ebd. 1133 a 16) statt. Daß damit aber noch kein Wertausdruck bestimmt wurde, können wir schon daraus erkennen, daß die mathematische Proportion mehr symbolische als quantitative Bedeutung hat. Bei Platon z. B. finden sich ähnliche Proportionalitätsrelationen, die eindeutig keine quantitative Bedeutung haben: »Wie sich die Putzkunde (gemeint ist das Schmücken des Körpers, BS) zur Gymnastik verhält, so das Kochen zur Heilkunst« (*Gorgias* 465 c). Platon meint, daß die Putzkunst dem Auge, das Kochen der Zunge nur »schmeicheln«, während Gymnastik und Heilkunst den Körper je in ihrer Weise von Grund auf bessern. Aus dem Zusammenhang gerissen, ist dies keine wesentliche Einsicht; sie zeigt aber, daß die Verwendung euklidischer Termini noch lange nicht impliziert, daß wir bei Aristoteles dieselbe Beziehung zwischen mathematischer Formel und Wirklichkeit unterstellen dürfen, wie sie in der modernen Physik besteht und von modernen Ökonomen postuliert wird.

Wir kennen demnach zwar die Prinzipien, nach denen das Tauschverhältnis bestimmt werden soll, wir wissen, daß das Tauschverhältnis zwischen Haus und Schuhen abhängig ist von der Beziehung zwischen Baumeister und Schuster, allein dies genügt noch nicht zur Bestimmung eben dieses Tauschverhältnisses im Sinne einer analytischen Theorie, denn messen wir A, B, C, D in physischen Einheiten, so ist die Proportion unsinnig; messen wir aber in Geldgrößen, dann muß, wenn die Schuhe gegen das Haus zu tauschen sind, C = D, also auch A = B und damit die Gleichheit des Erlöses gelten, der die Einkommen der Produzenten umschließt, so daß nur eine Tautologie ausgesprochen wird. Die ökonomische Formalisierung des aristotelischen Prinzips wäre, wenn überhaupt möglich, komplizierter. Es wäre andererseits unhistorisch, Aristoteles die Messung der Arbeitszeiten von Baumeister und Schuster zu unterstellen, die Erlöse in Vorleistungen und Einkommen zu spalten und letztere auf Mengen verschieden qualifizierter Arbeit zurückzuführen. Daß Arbeitszeit explizit nicht auftritt, kann nicht überraschen, wenn man die griechische Einschätzung der Lohnarbeit bedenkt.

Soudek (1952) interpretiert Gegenseitigkeit (ἀντιπεπονθός) – allerdings aufgrund schwacher textlicher Evidenz – als »proportionale Reziprozität« im Sinne Euklids mit der Formel einer Proportion von Proportionen: (A : C) : (B : D) = (A : D) : (B : C). Dies ließe sich deuten als die Forderung, daß das Verhältnis eines jeden Besitzers zu seinem Produkt vor (linke Seite der Gleichung) und nach dem Tausch (rechte Seite) das gleiche zu sein hätte. Dann wäre der Tausch angemessen. Es würde folgen C = D, also die zu erweisende Äquivalenz. Eine Kausalerklärung des Tauschverhältnisses im Sinne eines relativen Preises wäre aber damit nicht gegeben, da Soudeks Formel für beliebige A und B richtig ist, wenn C = D.

Aristoteles sieht das Problem denn auch woanders. Ihn erstaunt die Möglichkeit der Gleichsetzung der Gebrauchswerte. »Alles muß geschätzt werden« (*Ethik* 1133 b 15). Um eine Kommensurabilität zwischen Haus und Schuhen herzustellen, bräuchte Aristoteles einen Wertbegriff. Diesen aber hat er nicht: »In Wahrheit allerdings können Dinge, die so weit voneinander verschieden sind, nicht kommensurabel werden« (ebd. 1133 b 19). Aristoteles fügt dem lediglich hinzu, »aber soweit es der Bedarf (χρεία) verlangt, ist es möglich« (ebd. 1133 b 21). An einer anderen Stelle bezeichnet Aristoteles »den Bedarf, der alles zusammenhält« (ebd. 1133 a 28; vgl. auch 1133 b) als den »einzigen Maßstab«, an dem alles gemessen werden könne (πάντα μετρεῖσθαι) (vgl. ebd. 1133 a 27). Der Ausdruck des Bedarfs ist das Geld. »So ist auf Grund einer Abmachung das Geld der Vertreter des Bedarfs geworden« (ebd. 1133 a 28). Das Geld bildet einen allgemeinen Maßstab, der die zu tauschenden Güter vergleichbar machen soll. Die »Theorie des Geldwertes« ist daher ein »organisches Glied« der aristotelischen Tauschwertlehre (vgl. Gelesnoff 1923, 26).

Worum es Aristoteles hier augenscheinlich geht, ist die Beschreibung des Tauschs als einer Vermittlung von Gebrauchswerten: Der Gütertausch dient der Autarkie des Hauses und damit der Bedürfnisbefriedigung seiner Angehörigen (vgl. auch Hollander 1965, 621–622). Der Bedarf bildet damit die Voraussetzung des Tauschs, aber er wird nicht als Bestimmungsfaktor des Tauschverhältnisses eingeführt. Denn beim Bedarf denken wir an den des Warenkäufers. Aristoteles scheint es aber ebenso auf die richtige Lebensführung und damit das angemessene Einkommen, also den Bedarf des Verkäufers anzukommen. Mehr noch: Was ich oben den »Eigenwert« des zu Tauschenden genannt habe, darf nicht unter Verlust seiner Individualität auf einen standardisierten Gebrauchswert reduziert werden. Im Einklang mit der Scheidung natürlicher Erwerbskünste von den chrematistischen müssen die Tätigkeit, die das zu Tauschende hervorbringt, die gesellschaftliche Stellung und die Werthaltung des Produzenten ebenso berücksichtigt werden wie der Bedarf des ergänzungsbedürftigen, aber im Prinzip autarken, nach dem »guten Leben« strebenden Haushalts als »Nachfrager«. Verlangt wird also, in unseren Begriffen, daß der Gebrauchswert im Einklang mit dem Eigenwert produziert und der Tauschwert gemäß dem Rangwert bestimmt werde. Auf den Warenverkauf zwischen »chrematistischen« Erwerbern, etwa zwischen Groß- und Kleinhändler, wäre diese Theorie nicht einmal qualitativ anwendbar. Im Kern kehren wir doch zu Platon zurück: Gerechtigkeit besteht, wenn jeder, der das Seinige tut, auch das Seinige erhält. Wenn solche Gerechtigkeit wirkt, kann der gute Hirte die Schafe, der Arzt die Kranken und der Schuster die Schuhe im Auge haben.

Der Gedanke, es könne einer auch durch Gewinnmaximierung »das Seinige« für die Gesellschaft tun, weil dadurch Produktivität und indirekt der Wohlstand gemehrt werden, beherrscht – wenngleich mit Zweifeln besetzt – das ökonomische Denken seit Adam Smith. Eine solche Denkweise liegt aber völlig jenseits des griechischen Horizonts, denn es fehlen einerseits die Teile: die Begriffe von Gewinn in der Produktion, Produktivität, Wohlstand. An ihrer Stelle stehen statusbedingtes Einkommen, Qualität, begrenzter Bedarf zum guten Leben. Andererseits fehlt das Vereinigende: der Kausalitätsbegriff eines mechanischen Weltbildes. An seiner Stelle steht die teleologische Ordnung, die in der modernen Theorie nirgends vorkommt, in der Politik aber ein meist unreflektiertes Dasein fristet. Auch die Griechen kennen Harmonievorstellungen, aber nicht durch die unsichtbare Hand vermittelt, sondern durch Bilder vom anzustrebenden Leben.

IV. Wirkung: Die Begründung der ökonomischen Wissenschaften durch ihre Gegner

Die Nachwirkungen der platonischen und aristotelischen »Ökonomik« lassen sich unter anderem in der Naturrechtsdiskussion, in den Thomistischen Ordnungsvorstellungen und dem teils direkt, teils über Hegel vermittelten Einfluß auf Marx zeigen. Hier jedoch soll das Augenmerk ihrem Einfluß auf die Geschichte der Wirtschaftstheorie gelten. Die Versuche einiger Fachökonomen, aus der *Nikomachischen Ethik* eine nachfrage- und nutzenorientierte Werttheorie herauszulesen, sind allerdings Ausdruck der Schwierigkeit, die auf den Tausch bezogenen Passagen in den philosophischen Rahmen einzuordnen und auf die Eigenart des Autors, des griechischen Denkens, ja der griechischen Geschichte einzugehen. Die Frage nach den Grenzen modernistischer Deutungen wird oft gar nicht gestellt. Eine utilitaristische und subjektivistische Philosophie, insbesondere der vor allem im Hellenismus vertretene Hedonismus, lagen Aristoteles jedenfalls ebenso fern wie Platon.

Nicht wenige Ökonomen versuchten gleichwohl, Aristoteles als Vorläufer der Grenznutzenschule (vgl. Kraus 1905; Spengler 1955) zu betrachten. Einer meint gar, bei ihm Ansätze zu finden, die in die Richtung der Edgeworthschen Kontraktkurve weisen (vgl. Jaffé 1974). Soudek ist der Ansicht, daß Aristoteles' Betrachtung des Tauschs als eine »pre-marginal utility theory« zu betrachten ist, die »in spirit, if not in form« der Tradition der französischen Nutzentheorie des späten 18. Jahrhunderts zuzuordnen sei (vgl. Soudek 1952). Obwohl Soudek zugibt, daß der Bedarf nicht dem Nutzen gleichgesetzt werden darf, interpretiert er ihn ins Werk hinein, indem er von objektivem Bedarf zur subjektiven Bedürfnisbefriedigung übergeht. Gordon konzediert zwar, daß »the vital concept of a schedule expressing a continuous functional relationship between marginal utility and quantity consumed« (Gordon 1975, 60) bei Aristoteles fehlt, geht aber davon aus, daß das Aristotelische Werk eine »coherent, utility-based position on value« enthält (Gordon 1975, 58; vgl. auch Gelesnoff 1923, 33).

Die andere große Linie der Aristoteles-Forschung geht in die Richtung einer arbeitswerttheoretischen Interpretation. Die Unklarheit und Allgemeinheit von Aristoteles' Aussagen über den Tausch läßt in der Tat breiten Raum für die vielfältigsten Interpretationsansätze.

Denn neben der zentralen Bedeutung des Bedarfs finden wir bei Aristoteles auch, daß »der Baumeister... vom Werk des Schusters erhalten und diesem dafür von dem Seinigen geben« muß (*Ethik* 1133a 9). »Dabei hindert nichts, daß das Werk des einen demjenigen des anderen überlegen sei. Doch eben dies muß ausgeglichen werden« (ebd. 1133a 13). Es bietet sich an, diesen Ausgleich durch einen Rückgriff auf die menschliche Arbeit zu finden, obwohl der Satz, wie wir oben sahen, auf das Werk als Arbeitsprodukt, nicht auf Arbeitszeit bezogen werden sollte. Richtig ist, daß sich in der Scholastik, beginnend mit Thomas von Aquin, Fortentwicklungen des aristotelischen Denkens in Richtung auf eine Arbeitswertlehre finden. Die Verknüpfung der Gegenseitigkeit im Tausch mit der distributiven Gerechtigkeit erlaubt es, Aristoteles zur Begründung ständischer Unterschiede des Einkommens heranzuziehen, obwohl Aristoteles noch keine mittelalterlichen Stände kannte und sein distributives Prinzip – abstrakt gesehen – ebensogut auf moderne Leistungsbemessung bezogen werden könnte, wie auf die Qualitätsmerkmale, die er selbst vor Augen hatte.

Ein moderner Anhänger der arbeitswerttheoretischen Interpretation ist z. B. Schumpeter (vgl. 1954, 61). Gordon vertritt die These, daß sich bei Aristoteles sowohl nutzen- als auch arbeitswerttheoretische Elemente fänden (vgl. Gordon 1964). Soudek interpretiert Aristoteles zwar vornehmlich nutzentheoretisch, ist aber bereit, ein arbeitswerttheoretisches Element in der Aristotelischen Analyse zuzugestehen: Er bezieht die Ungleichheit der getauschten Güter auf die Ungleichheit der Geschicklichkeit (»labour skill«) der die Güter herstellenden Produzenten (vgl. Soudek 1952, 60ff.), betont aber dabei, daß die »labour skills« nicht die relativen Preise bestimmen. Nun erscheint eine arbeitswerttheoretische Interpretation des Aristoteles zumindest genauso kühn zu sein wie dessen nutzentheoretische Vereinnahmung. Nach einer Marx nahestehenden Deutung war Aristoteles so befangen in der Vorstellungswelt der antiken Sklavenhaltergesellschaft und ihrer Geringschätzung manueller Arbeit, daß es ihm nicht möglich war, ein Konzept zu entwickeln, welches den Wert der produzierten Güter auf die menschliche Arbeit zurückführt (vgl. Finley 1974, 38). In der Tat werden wir produktionskostenorientrierte Ansätze vergeblich suchen: »... Aristotle does not once refer to labour costs or costs of production« (ebd. 35). Das »Genie des Aristoteles«

mag darin glänzen, »daß er im Wertausdruck der Waren ein Gleichheitsverhältnis entdeckt« (Marx 1867, 74), eine Werttheorie läßt sich bei ihm aber nicht entdecken.

Nur um dem Reigen der erweiternden Interpretationen noch eine Figur hinzuzufügen, sei bemerkt, daß man die Aristotelische Betonung des Bedarfs als Bemessungsgrundlage noch am ehesten im Sinne der modernen Form der klassischen Theorie beschreiben könnte: Wenn die Haushalte Rohstoffe und Konsumgüter auf dem Markt in Mengen kaufen, die ihrem Lebensstandard entsprechen, und jeder eine Ware verkaufen kann, wird die Struktur eines sich so gewinnlos reprodzierenden Systems formal von Sraffa (1960, 3–5) als »production for subsistence« analysiert. Es existieren dann Tauschverhältnisse (relative Preise), welche die Reproduktion eines solchen Systems ohne Überschuß garantieren. Aristoteles hat nicht mit Modellen philosophiert, aber die Überlegung zeigt, daß – wenn man Teile seiner Vorstellung analytisch formulieren will – seine Voraussetzung des Tauschs zwischen Haushalten mit »natürlichem«, »begrenzten« Bedarf – ökonomisch weitergedacht – aus der Sicht der modernen Wirtschaftstheorie weder in die subjektivistische noch in die Arbeitswertlehre münden muß.

Wir haben die Frage gestellt, ob man denn hinsichtlich des Werks des Aristoteles überhaupt von »ökonomischer Theorie« sprechen kann. Der bekannte Anthropologe und Nationalökonom Polanyi vertritt die These, daß die »ökonomische Analyse« nur zur Erklärung marktlich organisierter Ökonomien zu gebrauchen ist, wozu aber die Antike (wie überhaupt die alten Gesellschaften) nicht gehörte (vgl. Polanyi 1977). Diese Gesellschaften würden vielmehr von völlig anderen Gesetzen beherrscht. Im antiken Griechenland dominierte nach Polanyi das Prinzip der »redistribution« sowohl auf der Ebene des Hauses als auch auf derjenigen des Staates. Polanyi geht daher davon aus, daß Aristoteles sich zwar mit der zentralen Frage nach der Rolle der Ökonomie in der Gesellschaft auseinandergesetzt habe (vgl. Polanyi 1957), wir bei ihm aber nichts von dem fänden, was man heute unter ökonomischer Analyse versteht, denn der Marktmechanismus sei Aristoteles weitgehend unbekannt. Tausch sei für ihn der für die archaische Gesellschaft typische Äquivalententausch (vgl. ebd. 89f.), bestimmt vom Prinzip der Reziprozität und der Beachtung des gesellschaftlichen Status der beteiligten Personen. Polanyi kommt daher zum Ergebnis, daß »... economic theory cannot expect to benefit from Book I of *Politics* and Book V of the *Nikomachian Ethics*« (ebd. 66).

Zu ähnlichen Schlüssen gelangt Finley. Er geht zwar davon aus, daß sich Aristoteles der Existenz von marktregulierten Preisbewegungen sehr wohl bewußt war (vgl. Finley 1974, 39–40), gleichwohl sei er aber an einer theoretischen Erklärung der Marktpreise einfach nicht interessiert gewesen. Nicht zuletzt deshalb, weil er das gewinnorientierte Erwerbsstreben ablehnte, wolle Aristoteles sich auch nicht damit befassen. »Of economic analysis there is not a trace« (ebd. 44, vgl. auch 40). Demgegenüber vermeint Porter bei Aristoteles die »first analytic study of market relationships« (Porter 1965, 40) festzustellen. Lowry (1974) sieht Aristoteles' Werk als theoretische Begründung administrativer Wirtschaftspolitik und bemerkt, daß »the market problems he (Aristoteles, B. S.) dealt with and those we face are somewhat similar« (ebd. 63). Auch Gelesnoff geht davon aus, daß wir bei Aristoteles »nicht etwa einzelne, mehr oder weniger glückliche wirtschaftswissenschaftliche Gedanken, sondern ein tief durchdachtes und logisch ganzes theoretisches System« (Gelesnoff 1923, 33) finden. Eine vermittelnde Rolle nimmt Salin ein, indem er bei Aristoteles »eine Art von wirtschaftstheoretischem Denken« (Salin 1923, 5) feststellt, dabei aber betont, »daß auch Aristoteles keine moderne ›autonome‹ Theorie entwickelt und daß nichts falscher ist als die Auffassung, die ihn zum Vater moderner ›Dogmen‹ stempelt« (ebd. 5).

Diese Einschätzungen lassen sich ergänzen. Die moderne Theorie ist untrennbar verbunden mit der Vorstellung vom über Marktbeziehungen sich selber regulierenden und im Wettbewerb innovativen Wirtschaftssystem. Platon und Aristoteles werden auch deshalb nicht wie Marx als Gegner dieses Systems doch zu seinen Theoretikern, weil sie die dem Markt innewohnenden Kräfte zwar erahnen, aber glauben, sie im Rahmen der griechischen Institutionen und Wertungen beherrschen zu können. Der Durchsetzung ihrer staatsphilosophischen Ziele dient die platonische Utopie als Gedankenexperiment ebenso wie die aristotelische Begriffsbestimmung von natürlichen und unnatürlichen Erwerbskünsten. Bürger und Politiker sind vor allem vom Guten zu überzeugen; wirtschaftspolitische Maßnahmen bleiben sekundär. Dabei skizzieren sie Theorien eigener Methodik, welche zum Verständnis der wirklichen griechischen Wirtschaftsgeschichte wohl nicht weniger beitragen als die modernen Wirtschaftstheorien –

die letzteren reichen jedenfalls nicht aus, die trotz aller Evolution unverkennbare Permanenz der antiken Wirtschaftsformen bei kultureller Hochblüte unter wechselnden politischen Systemen zu erklären. Während aber Platon und Aristoteles vom Hellenismus bis in die neueste Zeit die abendländische Philosophie mehr als jeder andere Denker beeinflußt haben und ihre Schriften noch heute die am häufigsten gelesenen in philosophischen Seminaren sein dürften, sind ihre wirtschaftstheoretischen Überlegungen mit dem Aufsteigen des Kapitalismus weitgehend in Vergessenheit geraten. Die *Civitas Dei* des Augustinus dagegen ist ohne Platon nicht zu denken, und der aristotelische Einfluß auf das mittelalterliche Wirtschaftsdenken ist allbekannt, so daß beide, auch soweit sie Ökonomen waren, indirekt wirksam wurden. Nach Salin hat Aristoteles »der Kapitallehre bis in moderne Zeit hinein Richtung und Inhalt gegeben. Die Geldleihe und der Geldhandel überhaupt sind von nun an mit dem schwersten Fluch belegt, den die Philosophie und später auch die Theologie zu schleudern vermag: sie sind wider die Natur« (Salin 1930, 158).

Schon in der Spätscholastik wurde Aristoteles freilich immer mehr umgedeutet. Der mittelalterliche Versuch, die Theorie für die Praxis nicht durch philosophische Überzeugung, sondern durch Rechtsvorschriften und Institutionen umzusetzen, stößt auf die praktische Notwendigkeit der Zinsnahme und führt zur Wandlung der theoretischen Konzeption. Wo Aristoteles in der Theorie den Zins grundsätzlich als naturwidrig erklärte, in praktischer Hinsicht die Chrematistik aber systematisierte oder auf solche Systeme verwies, lockerten die Scholastiker – obwohl in der Praxis weniger liberal als die Griechen – die Ablehnung des Zinses in der Theorie sukzessive, beginnend mit der »usura quasi stipendium laboris« bei Thomas, und schufen aus den Elementen der Verteidigung bestimmter zulässiger Formen des Zinsnehmens allmählich Elemente von Theorien der Zinsentstehung. Im gleichen Sinne entstand aus dem »gerechten Preis«, der zunächst Rückforderungsrechte bei grobem Betrug, der »laesio enormis« begründen sollte, schrittweise eine Werttheorie. Insofern ist es historisch nicht nur paradox, von der Begründung ökonomischer Wissenschaft durch ihre Gegner zu sprechen. Und schon bei Aristoteles selbst erscheinen die wirtschaftlichen Formen zwar in eigener begrifflicher Gestalt (Chrematistik, Gegenseitigkeit, Bedarf usw.), aber die Verwandtschaft zu modernen Verhältnissen ist doch so groß, daß viele glauben können, ihm ihre eigenen Kategorien unterlegen zu dürfen.

Logisch sind das griechische Wirtschaftsverständnis und die moderne Theorie Gegensätze. Historisch ergab sich ein gradueller Übergang von der griechischen politischen Theorie, die der Wirtschaft keine Autonomie zugestehen und wirtschaftliche Tätigkeit vom Ziel des »guten Lebens« geleitet wissen wollte, zur deskriptiven Wirtschaftstheorie, welche die Eigengesetzlichkeit des Marktprozesses zu begreifen lehrte und damit eine unentbehrliche Grundlage liberaler Wirtschaftspolitik und einer vorher nicht geahnten Reichtumsvermehrung unter völliger Veränderung der Lebensbedingungen schuf.

Der Begriffswandel, der die Genesis der Wirtschaftstheorie begleitet, ist erst ansatzweise beschrieben. So wird aus der Ökonomie als Haushaltslehre im hellenistischen Ägypten eine Staatswirtschaftslehre, nämlich die des königlichen Haushalts; viel später entsteht eine politische Ökonomie in der Zeit des Übergangs vom frühen zum Hochkapitalismus, während wir heute dem Versuch der objektivierenden »economics« begegnen. Die Charis ist kein Leitmotiv des staatlichen Lebens mehr (eher des privaten); desto stärker wird jetzt das Verlangen, das Leistungsprinzip der Marktwirtschaft durch soziale Normen, die Umverteilungsforderungen begründen, zu ergänzen. Das Spannungsverhältnis zwischen der Autonomie des Wirtschaftsprozesses und dem Bedürfnis nach gesellschaftlicher Integration und nach Anpassung an veränderte Umweltbedingungen ist seit römischer Zeit in jedem Jahrhundert Anlaß gewesen, die als vorbildlich empfundene und sich jedenfalls durch ihre künstlerischen und wissenschaftlichen Leistungen so auffällig auszeichnende griechische Staats- und Lebensform zu studieren. Sooft dieses Feld von Altertumswissenschaften schon beackert worden ist: Es bleibt im Hinblick auf sich erneuernde Fragestellungen immer neu zu bestellen.

Literatur

I. Werke der antiken Klassiker

Aristoteles. Aristotle (Loeb-Ausgabe, griechisch u. englisch), Harvard, Cambridge (Mass.) 1938, 1967, 23 Bde. Aristoteles, *Politik*, München 1973. *Die Nikomachische Ethik*, München 1972. Zitiert nach Paginierung der Bekker-Ausgabe (1831).

Hesiod, *Werke und Tage* (griechisch u. deutsch, Übertragung von A. v. Schirnding), München 1966, Neudruck München 1985.

Platonis Opera, hrsg. v. J. Burnet (Oxford-Ausgabe, griechisch), Oxford 1900, 1961, 5 Bde. Platon, *Sämtliche Werke*, Heidelberg. Platon, *Sämtliche Werke*, Hamburg. Zitiert nach Paginierung der Stephanus-Ausgabe (1578).

Xenophon, *Vorschläge zur Beschaffung von Geldeinnahmen oder Über die Staatseinkünfte* (griechisch u. deutsch), hrsg. v. E. Schütrumpf, Darmstadt o. J.

Xenophon (1853), *Xenophons Cyropädie*, erklärt v. F. K. Hertlein (griech.), Leipzig 1853.

II. Schriften über Platon und Aristoteles

Crombie, I. M. (1962), *An Examination of Plato's Doctrines*, Vol. 1: *Plato on Man and Society*, London.

Finley, M. I. (1974), ›Aristotle and economic analysis‹, in: *Studies in Ancient Society*, London, S. 26–52.

Gelesnoff, W. (1923), ›Die ökonomische Gedankenwelt des Aristoteles‹, in: *Archiv für Sozialwissenschaft und Sozialpolitik*, 50, S. 1–33.

Gordon, B. J. (1964), ›Aristotle and the development of value theory‹, in: *Quarterly Journal of Economics*, Vol. LXXVIII, S. 115–128.

Heath, T. (1949), *Mathematics in Aristotle*, Oxford, repr. 1970.

Hoffmann, E. (1961), *Platon. Eine Einführung in sein Philosophieren*, Hamburg.

Jaffé, W. (1974), ›Edgeworth's contract curve, Part 2. Two figures in its protohistory: Aristotle and Gossen‹, in: *History of Political Economy* 6, S. 381–404.

Jaeger, W. (1923), *Aristoteles. Grundlegung einer Geschichte seiner Entwicklung*, Berlin.

Koslowski, P. (1979), ›Haus und Geld. Zur aristotelischen Unterscheidung von Politik, Ökonomik und Chrematistik‹, in: *Philosophisches Jahrbuch* 86, 1. Halbbd., S. 60–83.

Kraus, O. (1905), ›Die Aristotelische Werttheorie in ihren Beziehungen zu den Lehren der modernen Psychologenschulen‹, in: *Zeitschrift für die gesamte Staatswissenschaft* 61, S. 573–592.

Lowry, S. T. (1974), ›Aristotle's »natural limit« and the economics of price regulation‹, in: *Greek, Roman and Byzantine Studies* 15, S. 57–63.

Morrow, G. (1960), *Plato's Cretan City*, Princeton.

Polanyi, K. (1957), ›Aristotle discovers the economy‹, in: Polanyi, K./Arensberg, C. M./Pearson, H. W., *Trade and Markets in the Early Empires*, Glencoe, Ill., S. 64–94.

Popper, K. R. (1945), *The Open Society and its Enemies*, Vol. I: *The Spell of Plato*, 2. Aufl., London 1952.

Soudek, J. (1952), ›Aristotle's theory of exchange. An inquiry into the origin of economic analysis‹, in: *Proceedings of the American Philosophical Society* 96, S. 45–75.

Spengler, J. J. (1955), ›Aristotle on economic imputation and related matters‹, in: *Southern Economic Journal*, Vol. XXI.

Taylor, A. E. (1926), *Plato, the Man and his Work*, 6. Aufl., London 1949.

Trude, P. (1955), *Der Begriff der Gerechtigkeit in der aristotelischen Rechts- und Staatsphilosophie*, Berlin.

III. Weiterführende Schriften

Austin, M./Vidal-Naquet, P. (1972), *Economies et sociétés en Grèce ancienne*, Paris 1981.

Bürgin, A. (1994), *Zur Soziogenese der Politischen Ökonomie*, Marburg.

Burckhardt, J. (o. J.), *Griechische Kulturgeschichte*, hrsg. v. J. Oeri u. W. Spemann, Berlin/Stuttgart.

De Martino, F. (1982), *Storia economica di Roma antica*, 2 Bde., Firenze.

Gordon, B. J. (1975), *Economic Analysis before Adam Smith*, London.

Finley, M. (Hrsg.) (1979), *The Bücher – Meyer Controversy*, New York.

Harvey, F. D. (1965), ›Two kinds of equality‹, in: *Classica et Mediaevalia*, Vol. XXVI, S. 101–146.

Hasebroek, J. (1928), *Staat und Handel im alten Griechenland*, Tübingen.

Heinimann, F. (1945), *Nomos und Physis. Herkunft und Bedeutung einer Antithese im griechischen Denken des 5. Jahrhunderts*, Basel.

Hollander, S. (1965), ›On the interpretation of the just price‹, in: *Kyklos*, Vol. XVIII, S. 615–634.

Kloft, H. (1985), ›Arbeit und Arbeitsverträge in der griechisch-römischen Welt‹, in: *Saeculum*, Bd. XXXV, H. 3–4, S. 200–221.

Lowry, S. T. (1979), ›Recent literature on ancient greek economic thought‹, in: *Journal of Economic Literature*, Vol. XVII, S. 65–86.

Marx, K. (1867), *Das Kapital*, Erster Band, *MEW*, Bd. 23, Berlin 1983.

McNulty, P. J. (1975), ›A note on the division of labour in Plato and Smith‹, in: *History of Political Economy* 7, S. 372–378.

Meier, Chr. (1985), *Politik und Anmut*, Berlin.

Michell, H. (1957), *The Economics of Ancient Greece*, Cambridge.

Polanyi, K. (1977), *The Livelihood of Man*, New York.

Porter, A. (1965), ›Value theory as a key to the interpretation of the development of economic thought‹, in: *American Journal of Economics and Sociology* 24, S. 39–50.

Rostovtzeff, M. (1941), *The Social and Ecnomic History of the Hellenistic World*, 3 Bde., Oxford 1972.

Salin, E. (1923), *Geschichte der Volkswirtschaftslehre*, 2. Aufl., Berlin 1929.

Salin, E. (1930), ›Kapitalbegriff und Kapitallehre von der Antike zu den Physiokraten‹, in: ders., *Lynkeus. Gestalten und Probleme aus Wirtschaft und Politik*, Tübingen 1963, S. 153–181.

Schefold, B. (1981), ›Wirtschaftsstil und Wirtschaftstheorie‹, in: Meyer-Abich, K. M. / Schefold, B., *Wie möchten wir in Zukunft leben?* München, S. 112–121.

Schefold, B. (1983), ›Karl Bücher und der Historismus in der deutschen Nationalökonomie‹, in: N. Hammerstein (Hrsg.), *Deutsche Geschichtswissenschaft um 1900*, Stuttgart 1988, S. 239–267.

Schefold, R. (1980), *Spielzeug für die Seelen. Kunst und Kultur der Mentawai-Inseln (Indonesien)*, Zürich, Museum Rietberg.

Schinzinger, F. (1977), *Ansätze ökonomischen Denkens von der Antike bis zur Reformationszeit*, Darmstadt.

Schumpeter, J. A. (1954), *History of Economic Analysis*, London.

Sewall, H. R. (1901), *The Theory of Value before Adam Smith*, New York.

Sraffa, P. (1960), *Production of Commodities by Means of Commodities*, Cambridge; dt.: *Warenproduktion mittels Waren*, Nachwort v. B. Schefold, Frankfurt/M. 1976.

Strauss, L. (1956), *Naturrecht und Geschichte*, Stuttgart.

Vorländer, K. (1963), *Philosophie des Altertums* (Geschichte der Philosophie I), Hamburg.

Wagner, F. (1968), *Das Bild der frühen Ökonomik*, Stifterbibliothek Salzburg, München.

Weber, M. (1976), *Wirtschaft und Gesellschaft*, 5., rev. Aufl., hrsg. v. J. Winckelmann, Tübingen.

Spiegelungen des antiken Wirtschaftsdenkens in der griechischen Dichtung[1]

I. Griechisches Wirtschaftsdenken als dogmenhistorisches Problem

Einleitung

1904, berichtet Harrod, hockten Lytton Strachey, der später so berühmte Literat heute verblichenen Ruhmes, Keynes und Beazley, der zum bedeutendsten Archäologen des Jahrhunderts werden sollte, im Trinity College zusammen.

> Strachey: »I have never in the whole course of my life read any book merely for pleasure. Have you, Keynes?«
> Keynes: »No, never. Have you, Beazley?«
> Beazley: »Oh yes, I read poems out of the Greek Anthology like eating chocolate creams out of a large box.«[2]

Eine kleine Warnung den Teilnehmern dieser Tagung, die Schätze der Kunst nicht nur für die Wissenschaft zu plündern.

Aber ist es überhaupt sinnvoll, die schöne Literatur als Quelle zur Untersuchung des Wirtschaftsdenkens heranzuziehen, wie wir es hier planen? Wird, wer die Frage stellt, wie sich die Wirtschaft in der Dichtung spiegele, damit nicht alsbald dieser vorschreiben, jene zu reflektieren, statt der schöpferischen Phantasie das Recht zu lassen, sich in andere Bereiche der Lebenswelt und unserer Vorstellungskraft, jenseits von Not und Ratio des Unterhalts, hinauszuwagen?

Gewiß muß eine materialistische Herangehensweise nicht gleich einen kritischen Realismus im Sinne der marxistischen Ästhetik bedeuten, die den bürgerlichen Roman im 19. Jahrhundert lobt und dessen Schärfe in der Beobachtung und Beurteilung der Gesellschaft programmatisch in die Gegenwart fortzusetzen fordert. Eine materialistische Auffassung ist durchaus auch mit einem gegenteiligen politischen Standpunkt verträglich: Die dem fehlbar handelnden Menschen ausdrücklich gegenübergestellte oder aus dem Ablauf ersichtliche Norm hat oft nicht auf eine künftige proletarische, sondern eine bürgerliche oder ältere Ordnung verwiesen. Sie berief sich dabei dennoch auf ein Verstehen der realen Kräfte und behauptete, Wirklichkeit, nicht Ideal wiederzugeben.

Wenn die Größe der Dichtung allerdings gerade im Vermögen erblickt wird, Wahrheiten, Gegensätze, Stimmungen durch die Sprache und ihren Klang beschwören zu können, die sich über Zeitumstände und Alltagsbedingungen erheben, muß der Versuch, aus literarischen Quellen etwas über Wirtschaft zu erfahren, zurückgenommen werden. Wieweit Literatur Bilder des Wirtschaftens und des Wirtschaftsdenkens liefert, wieweit sie diesen im Gegenteil gerade entfliehen möchte, ist also eine für verschiedene Zeiten, Autoren und ihre jeweiligen Schriften verschieden zu beantwortende Frage, und die für den Ökonomen vordergründig informativsten Schriften sind nicht unbedingt die künstlerisch besten. Ein Liebesgedicht an die Plättmamsell, wie es das späte 19. Jahrhundert hervorbrachte, will soziologisch mehr hergeben als die gleichzeitige hohe Lyrik eines George, Hofmannsthal oder Rilke:

»Was ist mein Schatz? – eine Plättmamsell.
Wo wohnt sie? – Unten am Gries...
Wo die Wiese von flatternden Hemden weht:
Da liegt mein Paradies.«[3]

Aber dieser späte Naturalismus ist für unsere Fragestellung ebenso unwichtig, wie er literarisch schwach ist. Im Grunde ist die Plättmamsell nur ein antiquarisches Detail, wie man es in Ermangelung anderer Quellen wie Zeitungen oder Briefe allenfalls in frühen Epochen der Literatur entnimmt.

Von der älteren Literatur dagegen dürfen wir ein anschauliches Bild des Wirtschaftslebens erhoffen und, über antiquarische Details hinaus, ein besseres Verständnis der Haltung, aus der heraus die Menschen das wirtschaftliche Problem in ihrem jeweiligen Umkreis lösen wollten. Dabei ist es nicht etwa unsere Absicht, nach ästhetischen Kriterien zu untersuchen, wie die Literatur Teilaspekte der Wirtschaft gestaltet – das ist die Aufgabe des Literaturhistorikers –, sondern wir möchten – als Ökonomen – vor allem untersuchen, welches Verständnis von Wirtschaft, in ihrem Zusammenhang mit Politik und Gesellschaft, sich in der Literatur manifestiert, jenseits des für den Wirtschaftshistoriker wichtigen antiquarischen Details. Wieweit liegt, vor der systematischen ökonomischen Wissenschaft, schon ein Verstehen von regelmäßigen Zusammenhängen vor? Werden wirtschaftspolitische Notwendigkeiten empfunden und sogar ausgesprochen? In welcher Form wird das Bild einer gut und nach bewährten Prinzipien geordneten Wirtschaft entworfen?

Man könnte vermuten, daß das in diesem Sinn literarisch belegte Wirtschaftsverständnis sich ungefähr parallel mit der Vergrößerung des nationalökonomischen Wissens erweitert und vertieft, doch gibt es auch Gründe, gerade das Gegenteil anzunehmen. Die Literatur trägt zum Verständnis der Wirtschaft in der Moderne möglicherweise weniger bei als etwa zu dem der Psychologie, mit abnehmender Tendenz. In der Antike, so möchte ich zeigen, gibt es den gemeinsamen Ausdruck eines bestimmten Wirtschaftsverständnisses in der Literatur und in der Philosophie. In der Neuzeit aber wird eine spezielle ökonomische Literatur sozusagen arbeitsteilig Trägerin eines synthetischen Wirtschaftsverständnisses, wobei die Ablösung sich innerhalb der literarischen Gattungen verschieden schnell vollzieht. Von Ausnahmen abgesehen, sind wirtschaftliche Themen aus der eigentlichen Dichtung längst entschwunden, während der Roman bestimmte Aspekte problematisiert, so etwa die Arbeitshaltung bei Defoe oder die Wechselfälle des kapitalistischen Erwerbs bei Balzac und Thackeray. Während die überlieferte antike Tragödie Konflikte zwischen göttlicher und menschlicher Ordnung gestaltet, die nur entfernt politische, sehr entfernt wirtschaftliche spiegelt, versucht das moderne Drama wiederholt, wirtschaftliche Konflikte auf die Bühne zu bringen. Hier wie im romantischen Realismus liegt jedoch die Versuchung nahe, gerade das Unverständliche am Wirtschaftsprozeß herauszuheben, um bestimmte Phänomene deutlich zu machen: So bringt etwa die Spekulation Reichtum und Verarmung im Wechsel, und der Effekt ist desto größer, je weniger die dahinterstehenden wirtschaftlichen Prozesse verständlich werden. Die unglaublichen Schiebungen, der wiederholte Aufstieg und Niedergang eines Bankiers wie Ouvrard in den Wirren der napoleonischen Zeit mußte die Phantasie der Zeitgenossen beflügeln. Zum literarischen Thema wird dann die schicksalhafte Bewegung in ihrer Wirkung auf das Leben, nicht die Analyse des Hintergrunds.

Daß besonders das Geld als anonyme, unverständliche, Gesellschaftsbande zerreißende Macht erscheint, läßt sich – wie wir sehen werden – schon in der klassischen[4] griechischen Dichtung nachweisen, während der entgegengesetzte Topos von der Unabhängigkeit, die Geld gewährt, jünger sein dürfte. Wenn die Literatur sich andererseits dem Schönen zuwendet, verdrängt sie die negativen Aspekte. Die Arbeitswelt scheint zuallererst aus der Dichtung zu entschwinden, obwohl – wie Karl Bücher in einer der originellsten Leistungen der deutschen Historischen Schule nachgewiesen hat[5] – Arbeitsgesänge zu den Quellen gehören, aus denen sich Volksdichtung speist. Wenn die Literatur umgekehrt das Häßliche anprangert, etwa das Elend in der Arbeitswelt anklagt, ist die klassische Balance selten, und der Blick für das Verständnis des wirtschaftspolitisch Möglichen wird befangen. Unsere eigenen Normen und unser wirtschaftshistorisches Wissen führen uns sogar oft dazu, Heuchelei zu unterstellen, wenn wirtschaftsethische Postulate zum Ausdruck kommen – ein Beispiel wären die Schriften Sallusts, der altrömische Tugenden vom einfachen und ehrlichen Leben preist, während er doch selbst als Prokonsul in Afrika ein großes Vermögen raffte und später in seinem Palast auf dem Quirinal zur Schau stellte.

Da Dichtung eben nicht Wissenschaft sein will, müssen wir also befürchten, daß die Literatur vom ökonomischen Wissen desto weniger enthält, je weiter sich die ökonomische Disziplin entwickelt, während früher die unsystematischen Kenntnisse natürlich auch von der Dichtung nicht in geordnete Form gebracht werden. Die Tagung wollte zeigen, wieweit der Literatur gleichwohl wechselnde Bilder der Wirtschaft seit der frühesten Neuzeit zu entnehmen sind, die dem besonderen Tiefblick eines Autors, der realistischen Wendung einer Epoche oder einer überlegenen Haltung, die menschliches Schicksal und staatswirtschaftliche Notwendigkeit zusammenzudenken vermag, verdankt werden.[6] Prima facie scheint die Lage im Herangehen an die Antike besonders hoffnungslos, da die Dichtung das Erleben vor allem durch den Mythos spiegelt und da ökonomische Analyse im modernen Sinn sich nirgends findet. Die folgenden Gründe scheinen dennoch einen gewissen Erfolg zu verheißen:

Nach ihrem eigenen Verständnis waren für die Griechen Mythos und Dichtung, besonders Homer als Lehrer, und überhaupt die Kunst im Leben leitend. Lange bevor sich Literatur und Wissenschaften in Gattungen und Disziplinen aufgefächert hatten, bestand eine ursprüngliche Ausdruckseinheit, die von Späteren u. a. unter ihren wirtschaftlichen Aspekten betrachtet werden kann.

Die griechische Philosophie hat andererseits am Ende der klassischen Periode systematische Äußerungen zu Wirtschaft, Staat und Gesellschaft hervorgebracht, namentlich in den Schriften von Platon und Aristoteles, die zwar nicht eine kausale Wirtschaftsanalyse im modernen Sinne beinhalten, aber das wirtschaftsethische Denken der Griechen mit großer Konsequenz zum Ausdruck bringen. Wir werden sehen, daß dieses Wirtschaftsdenken sich in seinen wesentlichen Grundzügen bis auf Homer zurückführen läßt, obwohl in dem langen Übergang von der aristokratischen Zeit der Heroen bis zur demokratischen Polis manche Werte sich verschieben. Insofern ist es die Absicht dieses Aufsatzes, sozusagen Dogmengeschichte auf der zweiten Stufe zu betreiben: Die meisten dogmengeschichtlichen Lehrbücher unserer Wissenschaft setzen mit Platon und Aristoteles ein. Hier aber wird gefragt, welche Dogmengeschichte deren Werken zugrunde liegt. Obwohl die frühe griechische Dichtung nicht die einzige Quelle ihres Wirtschaftsdenkens ist, darf man sie doch als eine ganz wesentliche bezeichnen.

Grenzen des von Platon und Aristoteles in philosophischer Form zum Ausdruck gebrachten Wirtschaftsverständnisses zeigen sich nicht nur in der Konfrontation mit der Moderne, sondern schon dann, wenn man sie am Ablauf der griechischen Wirtschaftsgeschichte mißt, in welcher mehr geldwirtschaftliche und kapitalistische Züge sichtbar werden, als man nach der traditionellen Lehre vom Zusammenleben der versorgungsmäßig weitgehend autarken Haushalte in der politisch und kulturell autarken Polis denken sollte. Hier aber sind die Stimmen der Sophisten und anderer vorsokratischer und sokratischer Philosophen zu hören. Bei ihnen klingt eine gewisse Autonomie des Wirtschaftsprozesses auch in dichterischen Äußerungen an.

Im übrigen betont Aristoteles selbst in seiner Poetik, die Dichtung ziele auf einen allgemeinen Schicksalszusammenhang; sie zeige, was unter den Schranken der Sitte und Notwendigkeit dem Menschen möglich wäre, und sei so nicht an das individuelle Einzelschicksal gebunden, das der Historiker darstellt. Daher sei die Dichtung philosophischer als die Geschichte.[7]

Die philosophische Wirtschaftslehre der Griechen ist so bekannt, daß eine knappe Zusammenfassung für dieses Referat genügen möge, die sich hauptsächlich auf Aristoteles beziehen soll.[8] Bei ihm ist, gemäß der »Politik«, zunächst vom Gedanken der Haushaltungskunst, die Menschenführung und materielle Versorgung umfaßt, auszugehen. Sie schließt daher Eheführung, Kindererziehung und die Anleitung der Sklaven und Lohnarbeiter mit ein. Die Sklaverei – eigentlich ein differenziertes Phänomen[9] und nur von uns zusammenfassend so benannt – war eine Institution, die den Griechen peinlich, aber notwendig erscheint. Sie bedarf der Rechtfertigung am wenigsten, wenn die Sklaven ungebildete Barbaren sind; sie wäre entbehrlich, wenn Automaten dieselbe Arbeit verrichteten. Das Ziel der Haushaltungswirtschaft ist die Bereitstellung der Grundlagen für das gute Leben des freien Bürgers gemäß philosophischer Erkenntnis. Es bedarf dazu keines unbegrenzten oder beliebig wachsenden Reichtums, aber Aristoteles verlangt auch nicht die von den Stoikern geforderte Askese. Wirtschaftspolitisch wirksam wurde diese Haltung beispielsweise in den in Antike und Mittelalter immer wieder erlassenen Gesetzen gegen als übertrieben empfundenen Luxus.

Der Haushalt beruht im Kern auf landwirtschaftlicher Selbstversorgung; dies ist die »natürliche Erwerbskunst« oder »Ökonomik«. Aristoteles begründet die Zugehörigkeit verschiedener Betätigungen zur natürlichen Erwerbskunst durch Vergleiche mit dem Tierreich: die Tätigkeiten von Jägern, Sammlern, Bauern, selbst von Räubern werden so legitimiert; wir werden aber sehen, daß sich hinter den naturrechtlichen Konstruktionen traditionsgebundene Vorstellungen verbergen.

Die »unnatürliche« Erwerbskunst besteht in einem die sittlichen Grenzen sprengenden Reichtumserwerb, nach dem »Bestreben zu leben, statt gut zu leben«. Dieser sogenannten »Chrematistik« liegt ein zielverkennendes Verwenden zugrunde: Ein Schuster soll beim Sandalennähen an diese denken, nicht an den zu erzielenden Gewinn. Die Zielverkehrung wird möglich durch eine mißbräuchliche Anwendung des Geldes, das eigentlich nur dem Tausch zur Ergänzung zwischen den sonst autarken Haushalten dienen soll, das aber Gegenstand eines abstrakten Reichtumserwerbs werden kann. Somit gibt es neben dem zur Haushaltungskunst gehörenden natürlichen Reichtum den unnatürlichen, bei dem das Geld ins Unbegrenzte vermehrt wird, wie dies beim Handel und Wucher vorkommt. Von dieser Zielverkehrung werden andere Berufe gewissermaßen angesteckt, wenn etwa die Ärzte anstelle der Heilung ihren Verdienst im Auge haben. Daß Handel und Zinsnahme aus dem Wirtschaftsleben seiner Zeit nicht wegzudenken sind, wird von Aristoteles nicht verkannt. Es fällt ihm nicht ein, Zinsverbote oder Predigten wider den Wucher zu fordern. Auch sind Abstufungen erkennbar, die die Ausnutzung der Notlage der kleinen Leute verächtlicher machen als die Tätigkeit der Großhändler. Für die praktische Lehre dieser »unnatürlichen« Erwerbskünste empfiehlt er uns verlorene Fachbücher. Das gute Leben setzt nämlich indirekt Institutionen voraus, wie das Sklavendasein und das Wuchern, die keine für den freien Bürger passenden Existenzformen darstellen. Wie Herakles steht dieser am Scheideweg, strebt aus Einsicht nach dem guten Leben und sucht wenigstens sich selbst von unnatürlichem Erwerbszwang freizuhalten.

Es mag modernem sozialen Denken widersprechen, aber die für Aristoteles am höchsten stehenden Tugenden können in einem überlebensfähigen Staat nicht von allen zugleich verfolgt werden, so wie eine christliche Gemeinde nicht bestehen bliebe, wenn alle Glieder zugleich Paulus folgen und auf Heirat und Nachkommenschaft verzichten wollten.[10] Erst bei den Stoikern werden Lösungen gesucht, die es allen erlauben sollen, das gute Leben zu führen, indem in nachklassischer Vorstellung kosmopolitische Ziele den Polisgedanken verdrängen und die Sklaverei abgelehnt wird.[11]

In diesem Begriffssystem spielt die Hingabe an das sorgfältig ausgeführte Werk eine besondere Rolle.[12] Platon und andere Autoren betonen, daß der Sinn der Arbeitsteilung nicht in der Erhöhung der Produktivität, sondern in der Verbesserung der Qualität erfahren wird. So sehr steht das konkrete Werk im Vordergrund, daß die griechische Sprache nicht einmal einen allgemeinen Begriff für Arbeit kennt. Da die Arbeitsteilung um der Schönheit und Güte der Produkte willen gebilligt wird, kann die Selbstgenügsamkeit der Haushalte nicht heißen, daß der – im Idealfall ländliche – Betrieb mit seiner politischen Verbindung zur Stadt alles in Eigenregie herstellt, sondern nur, daß ein geregelter Austausch stattfindet, der vor rasch wechselnden, willkürlichen Marktbedingungen bewahrt werden kann.

So ist die Vorstellung vom gerechten Tausch an der Einbettung in geordnete Gesellschaftsverhältnisse orientiert. Er wird von Aristoteles nicht als selbständiges ökonomisches Problem diskutiert, sondern als Anwendungsbeispiel der Gerechtigkeitslehre, die neben den beiden Prinzipien der verteilenden und der ausgleichenden Gerechtigkeit noch die Gerechtigkeit in Gegenseitigkeit (ἀντιπεπονθός) kennt. Handeln in Gegenseitigkeit und Spenden (μετάδοσις) halten die Polis zusammen. Aristoteles erwähnt hier den Brauch, daß man den Chariten, den Göttinnen der Anmut, Altäre errichten soll, damit sich der Bürger zum Schenken und Danken erhebe.[13] Somit entsteht eine Dreigliederung der Beziehungen in Gegenseitigkeit: Auf Gewalt kann die sogar ungerechte Gegengewalt antworten, auf Gabe die spontane Gegengabe, und schließlich gibt es den unmittelbaren Umtausch (ἀντίδοσις). Diese letztere, allein in unserem Sinn ökonomische Transaktion muß, um gerecht zu sein, das Prinzip der Angemessenheit berücksichtigen, und zwar so, daß Status und Würdigkeit der beteiligten Personen sich im Austausch erhalten.

Obwohl mathematische Proportionen zur Illustration des Begriffs der Angemessenheit herangezogen werden, zeigt die nähere Untersuchung, daß Aristoteles hier eine quantitative Bestimmung der Austauschrelation weder finden will noch kann. Vielmehr muß die Äquivalenz der zu tauschenden Objekte schon vorausgesetzt sein, damit die Statusbeziehung durch den Tausch nicht gestört wird. Es muß nämlich gelten, wenn A und B Personen mit verschiedenem Status, und a und b die von ihnen zu tauschenden Objekte bedeuten, daß die Verhältnisse der Personen zu den Dingen trotz Tausch selbst im Verhältnis bleiben, also symbolisch

$$(A:a):(B:b) = (A:b):(B:a),$$

was $a = b$ voraussetzt, d. h. die zur Erhaltung der Statusproportion $A:B$ notwendige Äquivalenz.

Aristoteles sagt anderswo deutlich, daß die konkreten Inhalte, die den Status einer Person definieren, sich mit den politischen Umständen wandeln und in der Oligarchie nicht dieselben sind wie in der Demokratie. So kommt es denn nicht in Frage, hier von einer Angleichung der Personen – etwa über Arbeitsaufwendung oder Nutzen – auf die Gleichheit der Sachen zu schließen. Aristoteles behandelt die Personen als verschiedene und staunt vor allem über die Möglichkeit einer Vergleichung der Sachen, die eine wunderliche Tatsache ist, weil sie voraussetzt, daß alles gegeneinander geschätzt und gemessen wird. Was eigentlich unmöglich scheint, muß doch erfolgen und wird dann schließlich durch das Geld erleichtert. Geld tritt ein als Vertreter des Bedarfs, der dem Tausch vorausgeht. Mit dem Bedarf wird wieder auf die Existenzmittel des guten Lebens verwiesen, deren natürlicher Erwerb durch Tausch ergänzt wird, und das Geld ist nominalistisch als Vereinfachung der Tauschvorgänge eingeführt. (Andere Geldfunktionen werden in Zusammenhang mit den »unnatürlichen« Erwerbsformen wahrgenommen.) Es fehlt aber jede Reflexion auf wirtschaftliches Wachstum, die den Zins als Anteil an einem Wertzuwachs legitimieren könnte.

So sind dies heute zum Teil absonderlich anmutende Erklärungen, die man mit verschiedenen Kniffen vertrauteren ökonomischen Vorstellungen hat annähern wollen – sei es, indem man auf arbeitswerttheoretische, sei es, indem man auf nutzentheoretische Ergänzungsmöglichkeiten verwies. Der Text sperrt sich jedoch gegen beide Wendungen: Die Angemessenheitsforderung beruht ja gerade auf der Ungleichheit der Personen, auf der qualitativen Verschiedenheit ihrer hoffentlich gut gemachten Produkte, deren quantitative Gleichsetzung das Problem darstellt. Ein vorgelagerter abstrakter Arbeitsbegriff läßt sich in der griechischen Philosophie nicht finden.

Ebensowenig dürfen wir hier auf den Nutzen rekurrieren. Der Nutzenbegriff wird von den Griechen in Form der hedonistischen Philosophie durchaus vorerprobt – natürlich noch ohne die der Grenznutzenlehre zugrundeliegenden Funktionszusammenhänge. Der Nutzen wird als autonomes handlungsleitendes Prinzip von Platon und Aristoteles jedoch abgelehnt, da man ja nach dem Guten streben soll. Ein Bedarf ist für den Tausch zwar vorausgesetzt, aber eine Intensität des Nutzens wird nicht erwähnt, geschweige denn zur Erklärung von Angebot und Nachfrage herangezogen. Wie der Nutzen dennoch diskutiert wurde, sei wenigstens angedeutet.

In dem mehr kritischen als konstruktiven Frühdialog Protagoras sehen wir Sokrates mit der Nutzentheorie experimentieren. Er verfolgt hypothetisch, ohne sich dafür auszusprechen, die Konsequenzen der Annahme, daß die Lust das Handeln bestimmt. Er gelangt zu der erstaunlichen Formulierung[14]:

»Gut denn, ihr Leute; da uns nun aber auf der richtigen Wahl zwischen Lust und Kummer das Lebensheil zu liegen schien, ... erscheint da nicht zuerst eine Meßkunst (μετρητική), die eine Prüfung des Übertreffens oder Mangels, und der Gleichheit gegeneinander ist?«

Einige meinen, Platon habe damit als Hedonist begonnen. Fest steht, daß er den Hedonismus in späteren Dialogen verwarf. Das Zitat zeigt sehr schön, daß Platon die Konsequenz des Hedonismus scharf gesehen hat: Er führt zu einem Kalkül, der mathematisch zu behandeln wäre und der die traditionelle Ordnung der Lebensformen nach verschiedenen Dimensionen durch eine eindimensionale Bemessung ersetzte.

Für Platon selbst ist charakteristisch, daß er eine Hierarchie der Seinsweisen bildet, an deren Spitze die Idee des Guten tritt. Die Ideen als Inbegriffe haben, seien sie abstrakt wie die des Kreises, seien sie konkreter wie die des Königtums, alle in verschiedener Weise an der Idee des Einen und Guten teil. Dabei entstehen eigentümliche Denkfiguren, die wir nachvollziehen können, obwohl sie modernen wissenschaftlichen Formulierungen wenig entsprechen. Der Sinn einer Nutzenbewertung besteht in der Herstellung einer Hierarchie von Wahlmöglichkeiten, die, wo nicht Indifferenz besteht, von zwei alternativ vorgegebenen Dingen stets das Vorzuziehende zu bezeichnen weiß. Anders Platon, der sagt, daß für ideale Staaten die Monarchie die beste Regierungsform wäre[15], weil oder insofern der Monarch wie der gute Hirte das Gute verkörpert, für realisierbare Staaten aber, die menschliche Unzulänglichkeit in Kauf nehmen, also mit gesetzloser Tyrannis rechnen müssen, die Demokratie. Auch die im Protagoras unterstellte universale Kunst der Bemessung von Lust und Leid muß durch Differenzierung überwunden werden. Wer, in Verfolgung des Angenehmen, auf unangenehme Konsequenzen stößt, hat offenbar nicht richtig kalkuliert. Eine bessere Kalkulation müßte also das Schlechte, das die Handlungen bewirken können, mit einbeziehen, so daß, wer beim Hedonismus beginnt, in strenger Erkenntnis sich schließlich zum Guten wenden muß. Dies ist dann auch der Gang der Untersuchung im späteren Dialog Philebos. Die Entscheidung über die Lebensführung muß vom individuellen Belieben nach Art des Nutzenkalküls zum Verstehen einer überpersönlichen Ordnung des Guten geführt werden, die eben, beispielsweise, im Dialog über die Gesetze den Besitzanspruch begrenzt.

Man kann auch bei Aristoteles gewisse nutzentheoretische Elemente entdecken; eine Auseinandersetzung mit dem Hedonismus durchzieht sein Werk. Zwei Gründe ermöglichen den Vergleich. Erstens ist der für Aristoteles anzustrebende Glückszustand der Seele (Eudaimonie) vordergründig einer Benthamschen »Happiness« ähnlich. Zweitens diskutiert Aristoteles das Nützliche als ein Gutes, das nicht aus sich selbst heraus, sondern als Mittel zu einem anderen Guten gut ist, so daß jedenfalls sprachliche Analogien zu nutzentheoretischen Formulierungen gegeben sind. Ist also nicht das Gute hier ein dem Nutzen schon ähnliches und, außerdem, das Nützliche selbst als eine abgeleitete Ordnung bestimmbar?

Eine tiefere Auseinandersetzung mit dieser Frage ist hier nicht möglich.[16] Wenn Utilitarismus nichts bedeuten sollte als eine Beachtung von Ziel-Mittel-Relationen, steht keine philosophische Richtung außerhalb desselben. Um seine Präsenz bei Aristoteles zu prüfen, muß er enger bestimmt werden. Wie H.-G. Gadamer nachweist, geht Aristoteles zwar von einer Kritik der platonischen Idee des Guten aus, die die menschliche Praxis nicht unmittelbar bestimme. Aber:

> »Es macht... das Wesen der menschlichen Praxis aus, daß der Mensch sich... Triebgewalten nicht einfach überläßt, sondern imstande ist, in sich... eine beständige Haltung... auszubilden, so daß er seiner Vernunft zu gehorchen vermag... So ließe... sich der teleologische Rahmen aufzeigen, in den das Ganze der praktischen Welt eingefügt bleibt. Ohne Zweifel kann auch die Ordnungsstruktur, die diesem Ganzen zukommt, unter dem Gesichtspunkt ›des Guten‹ gedacht werden. ...So kann er (Aristoteles – BS) sie auch... geradezu als das οὗ ἕνεκα καὶ τ' ἀγαθόν[17] bezeichnen, also geradezu das platonische Wort verwenden.«[18]

Kennzeichnend ist daher, daß Aristoteles am theoretischen Lebensideal gegenüber dem Leben des Vergnügens oder der Politik festhält – vollends ist ihm das Geschäftsleben ein gezwungenes (ὁ χρηματιστὴς βίαιός τίς ἐστιν); der Reichtum ist nicht das zu erstrebende Gute, sondern er ist »für ein anderes da«. Die dem Menschen gestellte Aufgabe ist, die für ihn spezifischen Fähigkeiten, insbesondere die geistigen, gemäß bester Tugend auszuüben.[19] Dadurch ist die Eudaimonie umschrieben; andere Güter können dazu als Hilfsmittel dienlich sein.[20] Die allfällige Annehmlichkeit solchen Lebens ist abgeleitet, nicht wie im Hedonismus primäres Ziel.

Es ist also Vorsicht geboten, wenn man, wie etwa Gordon[21], ganz verschiedenen aristotelischen Schriften mit unterschiedlichen Gegenständen Zitate entnimmt, um einen neuen Zusammenhang zu konstruieren, der bei Aristoteles so gewiß nicht vorkommt, nämlich die subjektive Nutzenbewertung von Waren im Tausch. So schreibt Gordon:

»The use-value of an article or service, according to Aristotle, derives from its being productive of an individual person's good.«[22]

Aber das Zitat verweist auf einen Zusammenhang[23], wo vom an sich Nützlichen und Guten die Rede ist, nicht von dem, was ein Individuum vorziehen würde – das Individuum hat Gordon hier dazuerfunden. Er macht damit aus der philosophischen Erörterung, wann das Nützliche mit dem Guten zusammenfällt – eine Erörterung, die an der betreffenden, mit der Logik des Beweises, nicht mit der Sachfrage befaßten Stelle vorausgesetzt ist –, eine subjektive Geschmacksfrage und unterstellt damit nur, was er belegen wollte.[24]

In einem interessanten Aufsatz von Kraus[25] werden die Grundbegriffe der aristotelischen Philosophie psychologisch gedeutet, womit denn Beobachtungen, wie daß sich das Seltene besonders auszeichnet, auf die subjektive Wertlehre vorauszuweisen scheinen. So gilt Gold mehr als Eisen, weil es »beschwerlicher« (d. h. wohl: zu erlangen) ist.

»Dagegen steht das reichlich Vorhandene über dem Selteneren, weil seine Gebrauchsmöglichkeit die des Selteneren übersteigt.«[26]

Dies ist mehr die allgemeine Formulierung des Wertparadoxons als seine nutzentheoretische Auflösung. Der zuerst intendierte Tauschwert ist vom Gebrauchswert nicht begrifflich unterschieden. Ferner bleibt hier offen, ob die Gebrauchsmöglichkeiten mehr individuell oder mehr gesellschaftlich bestimmt werden sollen. Der weitere Zusammenhang ergibt, daß der auf eine Mechanik des Tauschs zielende methodologische Individualismus fern bleibt, weil die wirtschaftliche und politische Ordnung vom Endziel der Polisgestaltung her gedacht werden soll. Von Utilitarismus kann nur in dem ganz allgemeinen Sinn gesprochen werden, daß das gute Leben *auch* ein angenehmes ist, und dann die ihm dienenden Güter nützlich, während, wer nur das Angenehme sucht, das gute Leben leicht verfehlt.[27]

Bei Gordon finden sich noch mehrere Zitate, in denen Aristoteles auf Demonstrationseffekte des Reichtums verweist und insofern über die je subjektiven Präferenzen gerade hinausgeht.[28] Er bestätigt damit nur, daß die Bewertung nach dem Nutzen, wie bei den Griechen überhaupt, so auch bei Aristoteles als Vorstellung präsent ist; aber sie wird nicht zur Leitidee beim Versuch, den Tauschvorgang zu verstehen. Da dominiert vielmehr die gesellschaftlich bestimmte Verteilungsgerechtigkeit als regulatives Prinzip. Soweit der Gebrauch Anlaß des Tauschs ist, muß man nach dessen Bestimmungsgründen fragen. Da der Bedarf von den Haushalten ausgeht, wird man dann schließlich auf die normative Theorie der Führung des guten Lebens zurückverwiesen. Sie hat, wie wir bei Homer sehen werden, aristokratische Wurzeln. Um nun auch ein Zitat aus einem anderen Zusammenhang zu nehmen, dessen Anwendung sich aber im Hinblick auf die Betrachtung des Haushalts rechtfertigen ließe: In der Betrachtung der Erziehung sagt Aristoteles:

»Denn überall nur nach dem Nutzen zu fragen, paßt am wenigsten für die Hochsinnigen (μεγαλοψύχοις) und Freien.«[29]

Modern aber könnte man sagen, daß, wer in Verfolgung des ›Nützlichen‹ alle Mittel der Erkenntnis anwendet, um schädliche Wirkungen für ein ›umfassendes Ganzes‹ wie Staat und Umwelt abzuwenden, wer insbesondere der ›Natur‹ der Sache gemäß sich zu verhalten sucht, also, wenn man will, die ›Externalitäten‹ berücksichtigt oder altruistische Motive zur Geltung bringen will, nach dem Muster platonischen und aristotelischen Denkens die Verfolgung des unmittelbar Angenehmen und Nützlichen zugunsten ›des Guten‹ überschreitet.

Die Wirtschaftsphilosophie der Griechen beschränkt sich selbstverständlich nicht auf die am umfassendsten überlieferten Schriften von Platon und Aristoteles. Unter den ungefähr gleichzeitigen Autoren ist vor allem Xenophon zu nennen, der hier weniger durch die ihm zugeschriebene Schrift über die »Staatseinkünfte« und seine Hauswirtschaftslehre wichtig ist – beide sind, wie auch die zur Schule des Aristoteles gerechneten *Oeconomica*, mehr von dokumentarischem als von theoretischem Interesse –, als durch seine *Erinnerungen an Sokrates*[30]. Diese zeigen uns, wie der Philosoph im Gespräch mit Menschen aus allen Bereichen des Lebens auch praktische Ratschläge erteilen kann, die seinen Grundprinzipien entsprechen. Wenn wir bei Platon hören, es sei die schlimmste Täuschung, sich für einen Staatsmann auszugeben, ohne entsprechende Kenntnisse zu besitzen, sehen wir Sokrates hier im Gespräch einen jungen Mann geschickt warnen, dessen Ehrgeiz ihn zur Rednerbühne treibt, ohne daß er von den Staatsfinanzen, von der Kriegsbereitschaft Athens oder sonst in der Staatslenkung wichtigen Dingen das Nötigste wüßte.[31] Sokrates erteilt Rat über richtiges Bauen, über die Sorgfalt des Schmiedens und des Malens, wie die Hausgenossen sinnvoll beschäftigt werden, so daß auch die Freien arbeiten, und selbst einer Hetäre weiß er zu raten.[32]

Doch steht dieses Buch nicht – was unsere Fragestellung betrifft – im Gegensatz zu Platon und Aristoteles; es ergänzt sie vielmehr, indem es konkreter ist. Anders verhält es sich mit dem vorsokratischen Denken, das stellenweise etwas andere Denkrichtungen erkennen läßt.

Bekannt ist die von Aristoteles in der *Politik* über Thales erzählte Geschichte.[33] Dieser – einer der Sieben Weisen – habe zeigen wollen, daß ein Philosoph auch, wenn es not täte, seine praktische Tüchtigkeit zu beweisen vermöge. Derselbe Thales, der sich durch seine Zerstreutheit vor dem Volk lächerlich machte, als er bei der Sternbeobachtung in einen Brunnen fiel, habe nämlich eine reiche Olivenernte richtig vorausgesehen, deshalb rechtzeitig die Olivenpressen der Insel gepachtet, und, als die Bauern Öl machen wollten, einen großen Gewinn erzielt. Das habe er aber nur getan, um zu zeigen, was ein Philosoph praktisch vermöchte, wenn er nur wollte. Wir können aus der Anekdote ebenso schließen, daß spekulative und monopolistische Praktiken vorkamen und wahrgenommen wurden, wie daß sie die Philosophie als eigenständiges Untersuchungsobjekt nicht interessierten.

Von Xenophanes aus Kolophon (spätes 6. Jahrhundert) stammt der Hexameter:

ἐκ γαίης γὰρ πάντα καὶ εἰς γῆν πάντα τελευτᾷ[34]
»Denn aus Erde ist alles, zu Erde wird alles am Ende.«

Dieser Satz, der vorsokratischen Naturphilosophie zuzuordnen, erinnert an die Tradition der Mutter Erde im Mythos; es mag aber berechtigt sein, bei einer so allgemeinen, nach einem Grundprinzip tastenden Formulierung auch an die Erfahrungen der auf dem Land produzierenden Menschen zu denken, die allgemein von Petty im Satz von der Erde als Mutter, von der Arbeit als Vater des Reichtums zusammengefaßt wurden.

Aus vorsokratischer Zeit, zum Teil von denselben Philosophen, stammt die große Auseinandersetzung über die Frage der richtigen Gesetzgebung, die wir vor allem anhand von Solon verfolgen werden. Von Xenophanes, der darauf hinwies, daß die Lyder zuerst Geld prägten [35], stammt das merkwürdige Zitat:

»Weichlichen Prunk, nutzlosen, erlernten sie von den Lydern und, solange sie noch frei waren von der verhaßten Zwingherrschaft, schritten sie zur Versammlung mit ganz purpurnen Gewändern nicht weniger denn tausend zumal, vornehm tuend, prahlend mit ihren wohlgezierten Locken, triefend von Duft durch künstlich bereitete Salben.« [36]

Die griechische Stadt, die hier lydische Verschwendung nachahmte, war Kolophon, die Heimat des Xenophanes. [37] Beklagt wird offenbar die Wirkung von conspicuous consumption. Es ist charakteristisch, daß nicht das Phänomen als solches interessiert, sondern, wie ein Vergleich etwa mit dem später noch zu behandelnden Theognis beweist, die Entwicklung des Staates unter dem Einfluß steigenden Reichtums.

Bei Heraklit (um 500) kann man wesentliche Verbindungen zwischen der Naturphilosophie und ökonomischem Denken entdecken. Sein berühmtester Satz,

»Krieg ist aller Dinge Vater, aller Dinge König. Die einen erweist er als Götter, die anderen als Menschen, die einen macht er zu Sklaven, die anderen zu Freien.« [38],

meint wohl eine allgemeine Form des Streits, einschließlich der innerstaatlichen Auseinandersetzung. Bei Hesiod wird, wie wir noch sehen werden, eine klare Verbindung zwischen Streit und Formen der Rivalität (»Konkurrenz«) hergestellt. Aber der Satz verweist auch auf die Ursprünge des dialektischen Denkens. Darin deutet sich eine weitere Assoziation zwischen Naturphilosophie und Ökonomie an. Er bemerkt einen »wechselweisen Umsatz«: »Des Alls gegen das Feuer und des Feuers gegen das All, so wie der Waren gegen Gold und des Goldes gegen Waren.« [39]

Demokrit war ein Zeitgenosse des Sokrates, vielleicht etwas älter.

Er ist von allen Philosophen vor Aristoteles »der vielseitigste und kenntnisreichste«[40]. Von seinem ausgedehnten Schrifttum besitzen wir nur Bruchstücke, fast ausschließlich vermittelt durch Aristoteles.

Columella teilt mit, daß Demokrit ein Buch über den Ackerbau geschrieben habe und zitiert ihn mit der Aussage, daß »diejenigen unklug verführen, welche ihre Gärten ummauerten, denn eine Mauer aus Luftziegeln könne dem Regen und Sturm nicht standhalten, während eine steinerne Kosten erfordere, die dem Werte der Sache nicht entsprächen«[41]. Dies wäre also wenigstens ein frühes Zeugnis von der Abwägung von (objektivem) Nutzen und Kosten. In dem Satz

»Für alle Menschen ist dasselbe gut und wahr: Angenehm freilich ist dem einen dies, dem anderen das.«[42]

hat man den Versuch erblickt, für die Nutzenbewertung Raum zu schaffen.[43] Doch sagte er auch:

»Wenn Du nicht nach vielem begehrst, wird dir das Wenige viel scheinen. Denn geringes Begehren macht Armut ebenso stark wie Reichtum.«[44]

Er ordnet sich also in die Lehre vom mäßigen Lebensanspruch ein.

Wenn er sagt:

»Geldverbrauch mit Verstand ist brauchbar, sich freigebig und volksfreundlich zu erweisen; ohne Verstand aber ist es ein Aufwand, der die Allgemeinheit trifft.«[45],

läßt er nicht nur mehr Toleranz als Platon erkennen, sondern er verweist auch auf die Aufgabe der Reichen in der demokratischen Politik, zum Gemeinwesen spontan beizutragen. Auch seine überkommenen Worte zum Haushalt deuten darauf hin, daß er an den allgemeinen Vorstellungen zur Haushaltungskunst festhält, aber eine freiheitlichere Haltung befürwortet. So betont er die Notwendigkeit der Bildung zur rechten Verwendung des Vermögens.[46] Die Familie ist durch gutes Beispiel zu leiten.[47] Allgemein ist mehr durch »Aufmunterung und überzeugendes Wort« als durch »Gesetz und Zwang« zu erreichen; schroffer Zwang nämlich führt zum Verbergen des Unrechttuns.[48] Für das Geschenk des Zufalls ist er offener:

»Einen reich besetzten Tisch beschert das Glück, einen ausreichenden die Mäßigkeit (wörtlich: einen ›autarken‹ die ›Besonnenheit‹).«[49]

Auf die Fragmente zur Politik und Ethik wollen wir im übrigen nicht weiter eingehen; es genüge das – mit Platons Haltung zu vergleichende – Bekenntnis zur Demokratie:

»Die Armut in einer Demokratie ist dem gepriesenen Glück bei den Fürsten um so viel mehr vorzuziehen wie Freiheit der Knechtschaft.«[50]

Deshalb der Seufzer:

»Schlimm ist es, von einem geringeren Manne sich beherrschen zu lassen.«[51]

Ein liberales Denken offenbart sich auch in den folgenden Worten:

»Die Gesetze würden nichts dagegen haben, daß jeder nach eigenem Belieben lebte, wenn nicht der eine den andern schädigte.«[52]

Und:

»Das Gesetz will das Leben der Menschen wohl gestalten, es kann es aber nur, wenn sie selbst wollen, daß es ihnen wohlergehe.«[53]

So lernen wir, indem wir ihr näher treten, Differenzierungen in der griechischen Wirtschaftsphilosophie wahrzunehmen. Wir sehen aber auch, daß ihre wesentlichen Bestandteile aus der Gegenüberstellung der Werke von Platon und Aristoteles erschlossen werden.[54]

Gleichwohl mag man auch nach der philosophischen Lektüre den Bemühungen um eine philosophische Wirtschaftslehre bei den Griechen achselzuckend gegenüberstehen: Was sollen die verwaschenen Vorstellungen von der Autarkie des Hauses in der handwerksmäßig arbeitsteiligen Stadt, was die Begriffe vom gerechten Tausch, die kein Maß der Gerechtigkeit angeben, was die Denunziation der Chrematistik, wenn doch der Fernhandel zum Lebenselement der Stadt Athen gehört? Sind dies nicht Topoi, die den Realitäten des 4. Jahrhunderts nicht mehr entsprechen?[55] Was haben hier die Chariten, die Göttinnen der Anmut zu suchen, bei denen wir eher an die Bilder Botticellis oder an die Charis, die Luther im Neuen Testament als »Gnade«[56] übersetzt, denken als an Tauschökonomie? Und doch hoffe ich zu zeigen, daß uns Aristoteles ein sehr reflektiertes, in seiner Weise systematisches, wenn auch nicht kausal analytisches Denkbild der griechischen Wirtschaftsvorstellungen gibt. Wie so oft erscheinen die abstrakten Texte der Philosophen leichter verständlich, wenn man sich ihrer Denkwelt über die Dichtung nähert.

Da der griechische Mythos im folgenden eine so große Rolle spielen wird, scheint es jedoch angezeigt, das griechische Wirtschaftsdenken zuvor durch einige Bemerkungen über die ökonomischen Realitäten in Athen während seiner Hochblüte zu untermauern. Wie an anderer Stelle ausgeführt[57], gibt es einen Streit zwischen den Gelehrten, die bis heute mehr der Argumentationslinie von Rodbertus und Bücher folgen, wonach die griechische Wirtschaft in der klassischen Zeit, nicht fern dem Bild von Aristoteles, vor allem als Hauswirtschaft zu verstehen sei, und jenen anderen, die einer modernistischen Deutung den Vorzug geben. Danach wären in klassischer Zeit Handel und quasi fabrikmäßige Produktion bedeutend entwickelt gewesen, vergleichbar dem westeuropäischen Stand in der frühen Merkantilperiode, mit einem ausdifferenzierten Geld- und Bankwesen und einer die Gestade des Mittelmeerraumes umspannenden Exportwirtschaft. M. Finley, nach dem *New Palgrave* der bedeutendste unter den ökonomisch arbeitenden Althistorikern, hat die Kontroverse zwischen Bücher und seinen Opponenten Meyer und Beloch neu publiziert[58], und es scheint, daß die Meinung der Spezialisten nun sich Bücher stärker zuneigt.[59] Gewiß haben die Modernisten recht, daß die Stilisierung, die mit den Begriffen von Hauswirtschaft, Oikenwirtschaft oder Latifundienwirtschaft gesetzt wird, nicht zu wörtlich genommen werden darf. Aber recht hat Bücher, daß es das Ideal des Bürgers bleibt, von einem wohlausgestatteten Landgut aus den Gang in die Stadt zu tun, um sich am politischen und kulturellen Leben zu beteiligen, während die Handwerksfunktionen vor allem Nichtbürgern und Sklaven übertragen bleiben und Lohnarbeiter eine unglückliche Randexistenz führen, jedenfalls unter den mit bedeutenderen Aufträgen ausgestatteten Sklaven stehend, für die sich ein gewisser Anspruch auf Freilassung bildet.

Vor allem macht sich Meyer einer modernistischen Begriffswahl schuldig, deren Einseitigkeit beim Rückgriff auf die von ihm selbst zitierten Quellen offenkundig wird. So behauptet er etwa[60], Handelsfahrten seien in der Odyssee ganz geläufig, obwohl dafür nur spärliche Belege vorliegen, welche eher auf eine Ausnahmeexistenz der Händler schließen lassen. Oder er verweist zum Beleg des Bestehens von Exportindustrien auf Xenophon[61], wo es heißt, daß die meisten Megarer vom Jackenmachen leben, also diese Jacken wohl von Megara aus exportiert werden. Aber das braucht noch nicht Industrie im modernen Sinne zu bedeuten, so wenig wie der weiträumige mittelalterliche Hartkäseexport aus den Alpen ins Flachland »Industrie« war. Vielmehr finden wir im Kontext eine häusliche Produktion: Wir sahen, daß Sokrates dem Hausherrn eine Art wirtschaftspädagogische Lektion[62] erteilt, wie er die freigeborenen Frauen in seinem Haushalt, seine Verwandten, Töchter, Nichten usf., zu nützlichem Handwerk heranziehen könne, um sich in schwerer Zeit über Wasser zu halten. Obwohl Betriebe mit einigen Dutzend Handwerkern belegt sind, hat man sich die Organisation der Produktion also einfach vorzustellen; es existierte keine eigentliche Buchhaltung, keine sichtbare Trennung zwischen konsumtiven Ausgaben des Haushalts und solchen für die Produktion, und so war auch das Bank- und Kreditwesen wenig entwickelt. Die Existenz von regionalem und von noch immer recht abenteuerlich zu denkendem Fernhandel steht dieser Diagnose nicht entgegen. Der Lebensstandard blieb niedrig und kontrastierte mit dem Glanz der kulturellen Errungenschaften.

Bücher betont, daß die Vormachtstellung Athens somit niemals auf dem Handel allein hätte beruhen können, daß der Handel und insbesondere der Getreidehandel kontrolliert werden mußte, weil der Getreideimport lebenswichtig und sonst nicht zu sichern war. Und es war ein großes Verdienst Büchers, daß er den auf die frühe Neuzeit bezogenen Vergleichen Meyers ethnologische gegenüberstellte und Begriffe wie Gegenseitigkeit und Tausch oder auch die Funktionsweise einfacher Märkte durch Vergleiche mit Einrichtungen in afrikanischen Gesellschaften zu verdeutlichen suchte.[63] In der Folge wurden mehrfach Synthesen zwischen der modernistischen und primitivistischen Sicht unternommen.[64]

Es mag aber von besonderem Interesse sein, den neuen Versuch von Raymond Goldsmith[65] näher zu verfolgen, der es als Spezialist der volkswirtschaftlichen Gesamtrechnung unternommen hat, Sozialprodukt und Volksvermögen für das klassisch-perikleische Athen zu schätzen. Er preßt dabei die zum Teil ganz anders gearteten Institutionen in den Begriffsrahmen der VGR, obwohl er für die Deutung des Standes der wirtschaftlichen Entwicklung Bücher näherzustehen erklärt als Meyer. Die Folge ist, daß als Arbeitsbeitrag etwa die Tätigkeiten von Sklaven und Hausherren einberechnet werden, soweit vermutet werden kann, daß sie der Produktion verkaufsfähiger Produkte dienen, nicht aber die Arbeit der Frau, wenn sie für den Eigenbedarf des Hauses produziert. Obwohl derartige Trennziehungen im griechischen Denken kaum begründet sind, wollen wir zur Illustration die Resultate der kühnen, ganz im Geiste der »Political Arithmetick« durchgeführten Schätzungen betrachten.

Danach hätte die Bevölkerung Attikas etwas über 300 000 Personen betragen, wovon vielleicht die Hälfte Bürger, ein Fünftel Beisassen und ein Drittel Sklaven. Dem natürlichen Bevölkerungswachstum stand eine kräftige Emigration in die Kolonien und der Verlust durch die Seuche von 429 sowie der fast chronische Kriegszustand gegenüber. Die uns durch die solonische Klasseneinteilung deutlich gemachten Vermögensunterschiede waren erheblich, doch längst nicht so groß wie im kaiserzeitlichen Rom. Auffallend ist die geringe Differenzierung bei Taglöhnern; dem entsprach auch, daß der Armeebefehlshaber nur viermal und ein Offizier nur zweimal soviel erhielt wie ein Soldat; hier ging die Differenzierung in Rom oder im Mittelalter sehr viel weiter.

Von der Einkommens- und Ausgabenseite ergibt sich je ein Einkommen von etwa 100 Drachmen pro Kopf und dieses, ausgedrückt in Gold oder Weizen, bedeutet einen etwas höheren Lebensstandard als im Römischen Reich, ungefähr auf der Höhe des Durchschnitts aller Entwicklungsländer 1960, jedoch unterhalb des für England und Wales für das späte 17. Jahrhundert und für die Vereinigten Staaten für das beginnende 19. Jahrhundert geschätzten Niveaus.

Das Nationalvermögen ist noch schwieriger zu bestimmen. Während – wenngleich wenig verläßliche – Zahlen für solche Größen wie den Münzumlauf oder die Tierhaltung zur Verfügung stehen und wir die wichtigen öffentlichen Bauten – zum Teil mit ihren Kosten – kennen, stellen die Landpreise eine kritische Größe dar. Das Vermögen habe insgesamt etwa das Sechsfache des Einkommens betragen, in plausibler Größenordnung. Aufschlußreich ist die versuchte prozentuale Aufteilung:

Aufteilung des Nationalvermögens, Attika, ca. 430 v. Chr.

(in Prozent)

Privat:	Land	20,5	
	Gebäude	7	
	Münzen	11	
	Sonstige	6,5	zus. 45
öffentlich:	Land	2	
	Gebäude	26	
	Schatz	23	
	Minen	4	zus. 55
	Gesamt		100

Goldsmith kommentiert den erstaunlich hohen Anteil des öffentlichen Vermögens:

»It is doubtful, whether as high a ratio can be found anywhere else except in some of the theocracies of the ancient Near East. The ratio of cult buildings and objects in particular is astonishingly high, possibly reaching as much as one eighth (1/8) of national wealth. The high ratio of public property is significant because virtually all of it was economically unproductive, even though it may have provided psychic satisfaction to the inhabitants ...«

Eine hohe Schatzbildung habe es auch in Indien gegeben, jedoch dort überwiegend in privaten Händen. Wie das Wirtschaftsdenken beschaffen war, aus welchen kulturellen und gesellschaftlichen Quellen es sich speiste, das in einer Demokratie so viel öffentlichen Reichtum bei privater Armut erlaubte, ist eine der hinter den folgenden literarischen Untersuchungen stehenden Fragen.[66]

Die Reichtumskonzentration ist aufgrund der solonischen Klasseneinteilung geschätzt worden; danach hätte die oberste Klasse etwa ein Fünftel des privaten Vermögens besessen, die nächsten 5 Prozent etwa ein Viertel und die unterste Klasse von etwa einem Drittel der freien Bevölkerung noch knapp 10 Prozent.

Erstaunlich hoch – vielleicht die Hälfte – war der Anteil der Staatsausgaben für religiöse und politische Zwecke, also für die gemeinsamen Feiern, für die Bauten und für die im weitesten Sinne politische Betätigung, erhielten doch über ein Drittel der Bürger Zahlungen für die Teilnahme am Theater, die Teilnahme an Volksversammlungen und vielerlei öffentliche Aufgaben. Auch Reiche, nicht nur Arme, waren Nutznießer der Verteilung. Diese und die militärischen Ausgaben wurden über die Einkommen aus der Silbermine von Laurion, über Zölle und einige Steuern, wie die Besteuerung der Beisassen und eine Kopfsteuer auf Sklaven bestritten. Über die Existenz einer Einkommenssteuer gibt es widersprüchliche Angaben; fest steht, daß die Liturgien, also die Übernahme wichtiger Staatsausgaben durch wohlhabende und einflußreiche Bürger auf ursprünglich freiwilliger Basis, eine bedeutende Rolle spielten. So wurden Theateraufführungen ebenso finanziert wie der Unterhalt von Kriegsschiffen. Ohne hohe Liturgien und erhebliche Beiträge aus dem attischen Seebund – die Tribute – lassen sich die hohen Staatsausgaben des perikleischen Athen kaum erklären.

Das Kreditsystem war noch wenig entwickelt. Hypotheken auf Landbesitz kamen erst auf, Banken waren wenig mehr als Geldwechsler. Für private Kredite werden Zinssätze von 12 Prozent bis 18 Prozent genannt, in Einzelfällen, in Ermangelung angemessener Sicherheiten, bis 36 Prozent. Hier war der Konsumentenkredit vorherrschend; die einzige wichtige Form des Handelskredits trat in Verbindung mit der Finanzierung von Schiffen und Handelsreisen auf, wobei Zinssätze zwischen 15 und 30 Prozent üblich gewesen zu sein scheinen. Eine eigentliche Kreditfinanzierung des Staates gab es nicht.

Zusammenfassend müssen wir feststellen, daß die mit Böckh in seiner *Staatshaushaltung der Athener* beginnenden Versuche (fortgesetzt durch Büchsenschütz, Meyer, Beloch, in diesem Jahrhundert Andreades und viele andere) uns eine Fülle von Einzeltatsachen zum griechischen Wirtschaftsleben bieten. Sie sind aus der Durchsicht der Literatur, der Epigraphik und den archäologischen Befunden zusammengetragen. Wir können uns so ein besseres Bild vieler Institutionen machen, und nach Jahrhunderten des Sammelns kann ein Goldsmith sogar den Versuch unternehmen, Schätzungen für Staatsausgaben, Volksvermögen und Volkseinkommen zusammenzustellen.

Aber Kritiker wie Bücher haben auf die Unsicherheit der quantitativen Rekonstruktionen mit Recht immer wieder hingewiesen. Obwohl sogar – von Heichelheim – versucht worden ist, Konjunkturen im Altertum quantitativ darzustellen, werden wir wohl doch nie dahin gelangen, den Wirtschaftsablauf statistisch erfassen zu können, und werden deshalb wohl auch nie mit den aus der modernen Nationalökonomie vertrauten Methoden die Funktionsweise des antiken Wirtschaftssystems in seinen Besonderheiten darstellen können.

So bleiben wir darauf verwiesen, uns das Spezifische des attischen Wirtschaftsstils auf der allgemeineren Basis eines Systems der Produktion mit Hilfe von selbstbeschäftigten Freien, Sklaven und Lohnarbeitern, unter Vermittlung durch den Markt, anschaulich vorzustellen. Die besonderen Stilausprägungen – etwa der Unterschied der Staats- und Gesellschaftsformen und der wirtschaftlichen Organisation in Athen und Sparta – waren den alten Griechen selbst bewußt und sind von Rednern wie Perikles, von Historikern wie Thukydides und Philosophen wie Aristoteles, auch von Xenophon beschrieben worden. Und ohne diese subjektiven Befunde blieben uns Resultate wie der hohe Anteil des Staatsvermögens am Volksvermögen oder die Liturgien als Substitut für eine Besteuerung unverständlich. Die Konzentration des Besitzes beim Staat könnte ja Ausdruck dirigistischer, autokratischer Herrschaft sein. In der demokratischen Epoche Athens war sie aber Ausdruck einer einmaligen Partizipation der Bürger, in der Tradition der gemeinsamen Speisungen, der gemeinsam begangenen Feiern, der wechselseitigen Gastfreundschaft und Gebefreudigkeit, dabei ursprünglich in weitestgehender Freiwilligkeit, d. h. ohne die zu Recht oder Unrecht dem Osten zugeschriebene, von der theokratischen Mitte her befohlene dirigistische Organisation der Produktion.

Die Geschichte hat immer wieder andere Mittel gesucht, um die Besonderheiten des attischen Gemeinwesens zu verdeutlichen. Barthélemy, ein Althistoriker des späten Ancien Régime, beschrieb aufgrund eines jahrzehntelangen Quellenstudiums in seinem achtbändigen *Voyages du Jeune Anarchasis* die klassisch griechische Welt minutiös nach der Art der Reiseschriftsteller durch einen fiktiven Skythen, der das Land durchwandert. Dem abstrakten Zahlenwerk von Goldsmith muß die Anschauung auf neue Weise wieder unterlegt werden. Wir wollen uns hier der subjektiven Seite zuwenden, indem wir die Lektüre Homers in den Mittelpunkt stellen, denn, wie Jakob Burckhardt in seiner griechischen Kulturgeschichte einleitend schreibt, ist von ihm auszugehen:

»Der große, alles griechische Denken, Schauen und Fühlen umflutende Mythos (ist) der wahre geistige Okeanos dieser Welt.«[67]

Spätere Wandlungen in der Auffassung des Mythos und in der gewählten Thematik lassen sich, das zeigen die Literaturgeschichte des Dramas ebenso wie die Betrachtung der Vasenbilder, mit Veränderungen im Ausdruck des Wirtschaftsstils und der politischen Haltungen in Verbindung bringen.[68]

II. Reichtum, Handwerk und Tausch in der mythischen Welt Homers

Homer als Quelle

Auf den ersten Blick scheint es aussichtslos, bei Homer Bilder des wirtschaftlichen Geschehens zu finden. Göttliche und menschliche Sphäre greifen ineinander, doch keineswegs nur im Sinne himmlischer Lenkung. Vielmehr spiegeln sich menschliche Konflikte im Olymp, und wenn an einer Stelle Zeus mit Macht das Geschick leitet, kann an anderer Aphrodite an der Schlacht teilnehmen, an der schönen Hand verwundet werden und zum Olymp entfliehen. Der Trojanische Krieg, in Rekonstruktion der von später Sage implizierten Chronologie an den Beginn des 12. Jahrhunderts v. Chr. versetzt, spielt sich in unwahrscheinlicher Reihenfolge der Begebenheiten ab. Die Ilias, die nur die mit dem Zorn des Achill verbundenen Geschehnisse im letzten Kriegsjahr schildert, läßt die Griechen erst in diesem ihr Schiffslager befestigen – ein Ereignis, das man gewiß am Anfang des Krieges erwarten würde.

Der Kern der homerischen Dichtung scheint im 8. Jahrhundert entstanden zu sein, doch ist umstritten, wieweit insbesondere die Odyssee von mehreren herausragenden Dichterpersönlichkeiten gestaltet wurde. Viele moderne Philologen neigen heute wieder der These zu, beide Epen stammten nach innerer künstlerischer Einheit im wesentlichen von *einem* Homer.[69] In der Überlieferung durch die Rhapsoden wurden alte Texte immer wieder erweitert, geändert, neu zusammengefügt. Solon soll zu Beginn des 6. Jahrhunderts den ganzen Homer vorzutragen befohlen haben. Weitere Änderungen am homerischen

Text habe es in einer Redaktion unter der attischen Tyrannis (Peisistratos) gegeben; gewiß ist, daß schließlich ein klassischer Kanon bestand.

Doch trotz des manifesten Ineinandergreifens verschiedener Sphären und der vermuteten Existenz heterogener Dichtertraditionen im selben Epos lassen sich die künstlerischen Ziele nachvollziehen, welche die manchmal raschen, manchmal durch längere einheitliche Episoden getrennten Übergänge zwischen den Sphären verstehen lassen, die ja in sich wieder reich gegliedert sind: über den olympischen Göttern steht Zeus, über ihm eine ungenannte Schicksalsmacht, darunter allerhand göttliche und halbgöttliche Wesen, die Meer, Flüsse, Quellen und Landschaften bevölkern, dann die Halbgötter und Heroen. Die Menschen selbst können durch göttliche Tugend ausgezeichnet oder von niedrigster Art sein. Schranken des Reichtums, der Bildung, des Charakters trennen Helden und Fürsten von ihren Völkern, wo es selbst wieder Freie und Sklaven, Wohlhabende und Bettler gibt. Aber selbst die Niedrigen wie der Sauhirt Eumaios können göttliche Eigenschaften haben, so wie das Hohe oft in verächtlicher Gestalt daherkommt.

Ein Beispiel für die Verschlingungen: Paris und Menelaos kämpfen einen ritterlichen Zweikampf – weshalb erst im letzten Kriegsjahr? – am Anfang der Ilias. Der unterlegene Paris wird von Aphrodite gerettet und nach Troja zu Helena versetzt, wo eine wundersame Liebesszene die beiden vereinigt. Die Verletzung aller gewöhnlichen Logik ermöglicht die Herstellung eines kühnen künstlerischen Kontrasts zwischen dem Ablauf eines gerechten Zweikampfs, der den Konflikt hätte lösen können, und einem unabwendbaren Schicksal, sowie zwischen mutig-kriegerischer Eifersucht und der Umarmung, die dank des Eingreifens der Liebesgöttin folgt, obwohl Helena ihren zweiten Gatten und Entführer bei seiner Rückkehr zunächst mit Schmähungen empfängt.

Man wird gezwungen, die unerhörte Raffinesse des dichterischen Gewebes zu bewundern, ohne die Verwicklung der Fäden immer erkennen zu können. Manche Gegensätze sind einfacher verständlich, so der zwischen dem märchenhaften Charakter der Reisen des Odysseus zu Polyphem oder Kirke und seiner Heimkehr nach dem ganz menschlich-irdischen Ithaka. Die ungeheure Spannweite des so sichtbar gemachten Lebenszusammenhangs, weit über die Bedingungen des äußeren Lebens hinaus, schließt nicht nur die Schichten und Werte einer vergangenen Zeit ein, sondern deutet auch voraus auf die bürgerliche Verbundenheit der späteren Polis. Besonders schön wird dies an Hektor deutlich, der im 6. Gesang der *Ilias* in der Verantwortung für die Stadt und sein Haus gezeigt wird; er ist nicht, wie Achill, groß durch die Leidenschaft, sondern als Anführer, Vermittler und Fürsorger.

Wir dürfen die homerischen Epen deshalb als eine historisch gewachsene, im Wortsinn »verdichtete« Synthese einer langen Tradition verstehen. Aufgrund ihrer Vielschichtigkeit ist es ebenso möglich, in ihr den dokumentarischen Beleg von allerhand »Realien« zu finden, wie den dichterischen Ausdruck von Denkweisen. Freilich läßt sich Pegasus nur ungern vor den Karren der Wissenschaft spannen. Kaum glaubt man, ihn auf den Weg zum interessanten Ziel gelenkt zu haben, hebt er ab und entführt sein Gespann in die Lüfte.[70]

So ist es eine notorische Frage, wovon die Griechen vor Troja überhaupt gelebt hätten.[71] In *Ilias* VII, 467 erfahren wir, es habe einen Nachschub von Wein, Erz und Rindern gegeben, und der Gesang IX, 72 berichtet, Agamemnon habe täglichen Nachschub von Wein aus Thrakien erhalten. Wenn man die Unfälle des freilich Poseidon verfeindeten Odysseus bedenkt, wird man diese regelmäßige Versorgung für kaum glaublich erachten. An anderer Stelle, wo Griechen und Trojaner Holz für die Bestattungen von Patroklos bzw. Hektor holen, sind die Holzfällertrupps so eingehend bei der Arbeit geschildert, daß man meint, ein Stück alter Forstwirtschaft vor sich zu sehen.[72] Freilich sind es weniger solche antiquarischen Nachrichten, die uns interessieren, als vielmehr die Grundmuster des Wirtschaftsdenkens, wo sich der Text in Varianten wiederholt: über die Hauswirtschaft, die Arbeit, die Wertvorstellungen, die soziale Ordnung und so fort.

Hierin fühlen wir uns gestützt durch die antike Tradition, die Homer als Erzieher Griechenlands behandelt. Platon berichtet, es gebe Leute, die »behaupten, dieser Dichter habe Griechenland gebildet, daß in bezug auf Staats- und Kriegsregiment sowie auf Unterrichtung der Menschheit man ihn in die Hand nehmen und studieren müsse, daß man nach diesem Dichter sein ganzes Leben einrichten und führen müsse«[73]. Sokrates kann sich im Dialog dieser Meinung zwar nicht anschließen, aber beläßt Homer den Rang des größten

Dichters. Diese Bevorzugung ist – ausnahmsweise – auch empirisch-quantitativ belegbar. Unter den weit über tausend literarischen Papyri, die im Sand Ägyptens gefunden worden sind, bestehen fast die Hälfte in Abschriften aus Homer, während uns selbst von der großen attischen Tragödie nur Bruchteile überliefert sind – vollständige Stücke nämlich nur von Aischylos, Sophokles und Euripides, jeweils in kleiner Auswahl, während uns die Namen von hundertfünfzig Tragödiendichtern aus Kompilationen, Inschriften usw. bekannt sind. Aber schon in Alexandria besaß man nur noch 75 der 90 Tragödien des Euripides. Verloren sind auch – bis auf Bruchstücke – viele Epen minderen Ranges aus homerischer Zeit, die andere Teile des trojanischen Zyklus und die übrigen Mythen betrafen.

Die Umwelt der homerischen Dichtung

H. Patzer schlägt vor[74], aus der so auffälligen Heraushebung des Adels der Heroen nach Geburt und Tüchtigkeit, ihrer Kriegsfahrten und Schlachten, ihrer reich ausgestatteten Haushaltungen mit den ihnen zugeordneten Sklaven, und dem fast vollständigen Ausschluß der Lebens- und Arbeitswelt der nichtadeligen Freien zu schließen, daß »die Dichtergattung... für ein Publikum bestimmt war, das selbst dem Kriegeradel angehörte und das sich in dieser Dichtung institutionell als Stand verherrlichte wie auch auf dessen Adel verpflichtete«. Die Heroen, noch mehr deren Ahnen, am meisten die Götter besitzen die Tugenden des Kriegeradels in gesteigerter Form. Von der Richtung der Epen auf dieses Publikum hin erkläre sich, welche Gestalten in der Sage im Mittelpunkt und welche Personen oder Schichten nur am Rande vorkommen können. Der nichtadlige Einzelkämpfer nimmt an der Heeresversammlung zwar teil, ergreift aber nicht das Wort und bleibt namenlos. Aber vor dem Hintergrund der Menge der einfachen Krieger zeichnen sich die Helden aus. Auch stehen sie in einer Wechselbeziehung: Das Heer oder das Volk einer Stadt ehren die Vorkämpfer und Könige durch Gaben, die ihrem Rang entsprechen; umgekehrt fühlen diese nun die Verpflichtung, die Ehrung durch Bewährung im Kampf zu vergelten. Denn wie in Platons *Staat* schützt die Kriegergemeinschaft die Stadt. Zu solchen Ehrungen zählen hervorragende Anteile an Kriegsbeute, Gastgeschenke, Wettkampfpreise, auch Naturalgaben des Volks.[75] Kriegstaten sind den Fürsten eine wesentliche Erwerbsquelle.

Die großen Landgüter, die Telemach besucht oder die dem Odysseus gehören, haben viele Angestellte und Arbeiter. Offenbar werden Handwerker bei Bedarf in den Palast geholt:

»Denn wer gehet wohl aus und ladet selber den Fremdling,
Wo er nicht etwa im Volk durch nützliche Künste berühmt ist,
Als den erleuchteten Seher, den Arzt, den Meister des Baues
Oder den göttlichen Sänger, der uns durch Lieder erfreuet?«[76]

Solche Personen treten nur in der Hinwendung zu den adligen Freien auf; der Bettler an der Schwelle des Festsaals kann zur bedeutsamen Figur werden. Dagegen ist nicht von individuellen kleinen Stadtbewohnern oder kleineren Landwirten die Rede, wie sie bei Hesiod vorkommen.

Durch die Handlung wird die Haushaltsproduktion am Hof sichtbar. Odysseus hört froh ein »armes Weib« das Ende der Freier verkündigen:

»Täglich waren allhier zwölf Müllerinnen beschäftigt,
Weizen und Gerstenmehl, das Mark der Männer, zu mahlen.«[77]

Die Verkünderin klagt nachts, allein weiterarbeitend, denn sie hat ihr Mahlpensum noch nicht erfüllt. Es ist das karge Los der Abhängigen.

Die Adligen aber, wenn sie umherziehen, können darauf zählen, entsprechend ihrem Ruhm Geschenke sammeln zu können. So prahlt Menelaos, seines Prestiges gewiß, der den jungen Telemach zur Rundfahrt durch Argos einlädt:

»Warte, bis ich die Ross anspanne, dich selber begleite
Und zu jeglicher Stadt hinführe. Keines der Völker
Sendet uns leer hinweg; man schenkt uns wenigstens ein Stück,
Ein dreifüßig Geschirr von Kupfer oder ein Becken,
Oder ein Joch Maultiere, auch wohl einen goldenen Becher.«[78]

Damit läßt sich die Umwelt der homerischen Epen trotz der Vielschichtigkeit der Dichtung doch genauer bestimmen. Das adlige Leben erfüllt sich im Haus der Fürsten, in ihrem gastlichen Verkehr untereinander, in der kriegerischen Unternehmung, in der Pflege der Tugenden, in der Verwaltung der Güter. Der aristokratische Charakter der damit eingeführten Ideale hat noch im späten griechischen Poliszeitalter eine – natürlich nun nicht mehr ausschließlich – prägende Kraft für die freien Bürger. So wie der homerische Held dem griechischen Fußsoldaten durch seine Tapferkeit trotz unterschiedlicher Kampfmethoden in den Zeiten der Schlacht von Marathon ein Vorbild bleibt, wirken auch die anderen Tugenden – Ehre, Ausdruckskraft der Rede, Schönheit – nach.

Wenn die aristotelische Politik von der Betrachtung des Einzelhaushalts ihren Ausgangspunkt nimmt, steht sie zweifellos in dieser frühgriechischen Überlieferung. Es wäre daher naheliegend, in der vertieften Betrachtung Homers bei der Palastwirtschaft zu beginnen. Für Ökonomen gibt es jedoch auch eine begründete Tradition, mit der Arbeitsteilung einzusetzen, da der Reichtum erst zu schaffen ist, bevor er genossen und umverteilt werden kann. Und es ist ein vielleicht überraschendes Resultat, daß der von Fahrten, Festen und Kämpfen erfüllte, sich über den Arbeitsalltag erhebende homerische Gesang doch reich ist an Auskünften über Produktion und Gestaltung. Wir wollen im folgenden in dem für uns logischen Gang von der Arbeit und ihrem sozialen Status zu den Vorstellungen von Haushalt und Reichtum, zu Gabe, Abgabe und Tausch fortschreiten.

Das Handwerk

Wie Vidal-Naquet[79] gezeigt hat, ist der Handwerker ein heimlicher Held des griechischen Wirtschaftsdenkens. Man wird es erwarten, wenn man die künstlerische Höhe des griechischen Handwerks bedenkt, es erschließt sich aber nicht ohne weiteres aus den insbesondere philosophischen Texten, welche die handwerkliche Tätigkeit vordergründig als eine wenig angesehene Arbeitsform zu betrachten scheinen, die vorzugsweise dem Beisassen zu überlassen ist.[80] Ganz auf der Hände Arbeit angewiesen zu sein, gilt als des Freien nicht würdig. Die über den Arbeitslohn vermittelte Abhängigkeit bezeichnet Aristoteles als unnatürlich. Aber in der Behandlung der Arbeitsteilung stellen Platon und andere die auffallende Forderung auf, sie solle der Qualität und nicht der Produktivität dienen. In einem noch von Aristoteles Homer selbst zugeschriebenen Scherzgedicht aus homerischer Zeit, dem Margites, den wir nur in Fragmenten besitzen, heißt es:

»Viele verstand er der Werke, schlecht doch verstand er sie alle.
Nicht zum Roden und Pflügen von Göttern gesetzt, war er auch
Sonst zu gar nichts klug, er sündigt an jeglicher Kunstlehr.«[81]

Die Alleskönnerei ist also kein unbedingtes Ideal; vielmehr muß jedes Handwerk gelernt und sinnvoll eingesetzt werden. Der erfindungsreiche (πολύμητις) Odysseus ist eine Ausnahme, der ebenso ein Floß zu seiner Errettung baut wie einen Pfeil durch die Äxte schießt, in aller Kriegskunst bewandert und von übernatürlicher Klugheit. Wenn deshalb Odysseus göttlich genannt wird, ist Margites der lächerliche Stümper; diese Dichtungen verhalten sich, sagt Aristoteles, wie Tragödie zu Komödie. Während Odysseus planvoll vorgeht, weiß der unweise Margites sein Können nicht zu brauchen; diesen Mangel betonen die Philosophen.[82]

Im homerischen Hymnus heißt es dagegen von Athene:

»Sie war die erste, die irdische Handwerksleute belehrte
Wagen zu baun für den Kampf und erzene, bunte Gefährte.
Doch sie lehrte auch Mädchen im Hause Werke der Schönheit,
Legte sie jeder der Zarten ans Herz.«[83]

Dies ist das schlichte Urbild der gestaltenden handwerklichen Arbeit, die sich in das Leben einfügt und es schmückt. Als Hervorbringung behält die Arbeit ihre Würde. Der Ursprung der Arbeitsteilung liegt in den verschiedenen Begabungen:

»Anderem ja gewährte der Gott Arbeiten des Krieges,
Anderem Reigentanz und anderem Harf und Gesänge;
Anderem legt' in den Busen Verstand Zeus' waltende Vorsicht.«

Die unterschiedlichen Begabungen sind im Mythos deutlich in den Göttern selbst verkörpert. Sie sind nicht nur für bestimmte Lebensmächte wie Liebe oder Tod oder Naturbereiche wie Himmel und Meer zuständig, sondern – ich weiß nicht, wie weit es dazu in anderen Religionen Parallelen gibt – für Tätigkeiten, und zwar nicht nur für so ursprüngliche wie die Jagd (Artemis), sondern wie Athene auch für ein Handwerk, das Planung verlangt, und wie Hephaistos für alle Art Schmiedekunst. Häßlich, hinkend schafft er doch das schönste Geschmeide und die untadeligste Rüstung. Sein technischer Erfindungsreichtum verbindet sich selbstverständlich mit höchster Qualität der Ausführung – seinen Schild durchschlägt keine Lanze – und mit der lebensnahesten Darstellung, so der gesellschaftlichen Tätigkeiten auf dem Schild des Achill, wovon noch zu sprechen sein wird. Der Genius der Griechen läßt es in des Hephaistos Macht stehen, auch Automaten zu verfertigen:

»Ihn dort fand sie voll Schweiß um die Blasebälge beschäftigt
Eifrig; denn Dreifüße bereitet' er zwanzig in allem,
Rings zu stehn an der Wand der wohlgeründeten Wohnung.
Goldene Räder befestigt' er jeglichem unter den Boden,
Daß sie von selber annahten zur Schar der unsterblichen Götter,
Dann zu ihrem Gemach heimkehrten, Wunder dem Anblick.«[84]

Nicht umsonst nennt die Ilias Charis, die Göttin der Anmut und des Danks, als Gattin des Hephaistos.

Die Genauigkeit des Handwerks wird nicht nur häufig betont, wenn ein Arbeitsvorgang beschrieben wird; sie wird auch zu Vergleichen herangezogen:

»Sondern gleich, wie die Schnur abmißt den Balken des Schiffes
Unter des Zimmerers Hand, des erfahrenen, welcher die Weisheit
Aller Kunst durchdachte, gelehrt von Pallas Athene,
Also stand gleich schwebend die Schlacht der kämpfenden Völker.«[85]

Nach dem Maße der »Richtschnur«[86] hat Odysseus sein Bett gebaut. Dem entspricht auch die Darstellung des vielfältig-künstlichen Werks der Waffenschmiede des Hephaist, des »rußigen Ungeheuers«[87].

Erst die Konzentration auf das Wesentliche, die Teilung der Arbeit, bringt das Besondere und Wesentliche hervor, das dann Lob verdient:

»Denn ein heilender Mann ist wert wie viele zu achten«[88].

Wer sich auszeichnet, verdient Ruhm und Ehrengaben; schließlich ist ja eine zurückgenommene Ehrengabe, Agamemnons Rückforderung der Briseis von Achill, der Anlaß des Zorns des Peliden. Bitter beklagt er seine ungerechte Behandlung:

»Gleich ist des Bleibenden Los und sein, der mit Eifer gestritten;
Gleicher Ehre genießt der feig und der tapfere Krieger;
Gleich auch stirbt der Träge dahin und wer vieles getan hat.«[89]

Ganz im Sinne der Theorie der verteilenden Gerechtigkeit müssen also Ehrengaben ungleich sein und dem Rang entsprechend zugeteilt werden, der selbst wieder auf eine frühere Begabung zurückgeht.

Für uns vielleicht überraschend, aber durchaus im Einklang mit der aristotelischen Theorie, wird aber nirgends erwähnt, daß verschiedene Arten von Arbeit verschieden entlohnt werden sollen, denn es kommt ja erst auf das Produkt an. Wie oben erwähnt, hat man noch im klassischen Griechenland nur sehr wenig Lohndifferenzierung vorgefunden. Hierzu existiert ein außerordentliches Zeugnis in der Form der Bauabrechnungen für das hochklassische Erechtheion auf der Akropolis. »In dem einzigen Jahr 408/407 wurden über 2600 Schriftzeilen in Marmortafeln eingegraben und zur ewigen Rechenschaft aufgestellt.«[90] Name, Heimat, Arbeit und Lohn jedes einzelnen Handwerkers wurden hier notiert. Dabei bezogen alle, vom Architekten, der den Bau leitete, bis zum Zimmermann und dem Steinmetzen den gleichen Taglohn von einer Drachme. Bisweilen arbeitete ein Meister mit mehreren Söhnen. Auf eine Säule entfielen 350 Taglöhne, wobei uns besonders erstaunt, daß in der Herstellung der tragenden Mädchengestalten der Vorhalle, der Koren, zum Teil dieselben Meister tätig waren, die auch die Ornamente gearbeitet hatten, so daß also kein Unterschied gemacht wurde zwischen einer von uns als schablonenhaft empfundenen Tätigkeit und der Schaffung einer meisterlichen Skulptur.

> »Man kann demnach, in Anbetracht der Freiheit, die jedem Handwerker... belassen wurde, den künstlerischen Anteil dieser einfachen Werkleute nicht hoch genug einschätzen.«[91]

Durch die Hingabe zum Arbeitsprodukt werden die Dinge selbst mit Eigenschaften begabt: So entsteht das »grausame Erz« oder Penelope

> »Faßte mit zarter Hand den schönen gebogenen Schlüssel,
> Zierlich von Erz gegossen, mit elfenbeinernem Griffe.«[92]

Die antiquarische Einzelheit, ob es im 12. Jahrhundert vor Christus oder danach Schlüssel mit elfenbeinernen Griffen gegeben habe, ist mit dieser einzelnen Bemerkung nicht sicher bestätigt. Aber diese und zahlreiche andere Verse belegen den Sinn für handwerkliche Schönheit, verbunden mit der Bewunderung für die Klugheit der handwerklichen Erfindung (nämlich eines Schlosses) und die Genauigkeit der Ausführung. Dieser Sinn der Nachricht stellt nach dem Wort Jakob Burckhardts eine »Tatsache von höherer Gewißheit« dar als die technische Auskunft über den Schlüssel.[93]

Arbeiter und Sklaven

Wer aber verrichtet die Arbeit, von deren Sorgfalt wir nun einiges erfahren haben? Unsere eigenen Rechtsbegriffe legen uns eine scharfe Trennung der Arbeit von Freien und Sklaven nahe, doch sahen wir bereits bei der Betrachtung der Arbeit von der handwerklichen Seite, wie Freie, selbst Fürsten, Seite an Seite mit Sklaven tätig werden, zumal in der Odyssee: Nausikaa beim Waschen mit ihren Mägden, Odysseus, der sich zu seinem göttlichen Sauhirten gesellt, Laertes im Garten, und nicht zufällig kämpfen seine treuen Sklaven für den heimkehrenden Odysseus gegen die verräterischen Freier. Wie Finley gezeigt hat, erscheinen die freien Tagelöhner mit geringerem Ansehen in der Odyssee. In der Ilias sehen wir, wie

> »Ein Weib lohnspinnend und redlich
> Abwägt Woll und Gewicht und die Schalen beid in gerader
> Schwebung hält, für die Kinder den ärmlichen Lohn zu gewinnen.«[94]

Ein solcher Blick aus dem Palast auf freie Lohnarbeit außerhalb ist bei Homer selten. Auch freie Taglöhner, die bei der Ernte helfen, scheinen vorzukommen, doch ohne deutliche Konturen. Es überwiegen die ans Haus gebundenen Sklaven, die sich zum Teil eines gewissen Wohlstands erfreuen, in Einzelfällen über andere Sklaven verfügen und jedenfalls durch Unterhalt ›entlohnt‹ werden. Die Männer finden wir vorwiegend auf den Feldern, die Frauen im Haus.

Obwohl im kaiserzeitlichen Rom uns die schrecklichen Bilder der Kettensklaverei, der Sklavenaufstände und der Kreuzigungen in Erinnerung treten, wirkt ein patriarchalisches Bild der Haussklaverei, wie Homer es vorzugsweise zeichnet, lange nach. Kaiser Julian der Abtrünnige, der griechischen Tradition verbunden, schlug vor, Sklaven, die von dem von ihm wieder restaurierten Heidentum zum Christentum abfielen, zur Strafe ohne Ausstattung freizulassen, sie also aus der Arbeit im Haus in die vorerst mittellose Lohnarbeit zu verstoßen. Bei Homer kommt die Freilassung nicht vor.

Dennoch wurde der Freiheitsverlust aus gesicherter Existenz als entsetzlich empfunden. Aristoteles, der selbst testamentarisch die Freilassung und Ausstattung Ausgewählter unter seinen Sklaven verfügte, hegte, wie erwähnt, die Vorstellung, eine automatisierte Produktion würde, wenn es sie gäbe, die Sklaverei unnötig machen. Auf Homer beruft er sich dabei nicht. Staunend sehen wir aber in der Ilias diese Vorstellung beim Gott Hephaistos schon verwirklicht: Er besitzt selbstgemachte, künstliche Jungfrauen, lebenden gleich, die ihn stützen, »mit Verstand in der Brust und redender Stimme« – freilich doch nicht vollkommen wie lebende Wesen:

> »Schräge vor ihrem Herrn hin eilten sie, er, nachwankend.«[95]

Da die Ilias vom Krieg handelt, finden wir, anders als in der Odyssee, hier seltener die Freien in gemeinsamer Arbeit mit den Sklaven. Genauer: Die Männer sind mit Kampf beschäftigt, während die Frauen der Hausarbeit mit ihren Mägden nachgehen. Aber zu den großen Schrecken des schauerlichen Kriegs zählt die Versklavung. Da ist die rührende Geschichte von Lykaon, einem jungen Sohn des Priamos, dem Achill »nach Mord und Gewürge sich sehnend« in rächendem Zorn nach dem Tod des Patroklos begegnet. Diesen Lykaon hatte Achill selbst bei der Arbeit im Obsthain geraubt und ihn nach der Insel Lemnos zum Verkauf geschickt. Lykaon wird weiterverkauft, entläuft, flieht zum Palast des Vaters und muß nach wenigen Tagen in Freiheit sich an der Schlacht beteiligen. Er fleht Achill an, sein Leben zu schonen, verspricht knieend eine dreifache Lösung, und doch stößt ihm Achill das Schwert in die Gurgel.[96]

Hektor hat Mitleid mit seiner Gattin Andromache, die nach seinem Tod und dem Fall Trojas für eine andere wird weben müssen oder Wasser tragen

> »Sehr unwilligen Muts; doch hart belastet der Zwang dich!«[97]

Selbstverständlich ist, daß die eroberten Sklavinnen, wie die Briseis, zu Geliebten genommen werden können, und wehe, wenn sie sich, wie einige Mägde des Odysseus, den Falschen hingeben. So ist der Sklave schließlich sogar als Person weniger als der Freie:

»Zeus' allwaltender Rat nimmt schon die Hälfte der Tugend
Einem Manne, sobald er die heilige Freiheit verlieret.«[98]

Wie die Kontraste zwischen zwei Wahrheiten: der Unfreiheit und der menschlichen Nähe zum Haussklaven, stehengelassen werden, ist bei Homer ein Ausdruck seiner dichterischen Größe. Entsprechend bleibt später, bei Aristoteles, der Konflikt zwischen mangelnder Rechtfertigung und ökonomischer Notwendigkeit der Sklaverei aus philosophischer Ehrlichkeit bestehen.

In der Beweinung des Patroklos sehen wir die Ambivalenz: Briseis, als Geliebte des Achill auch seinem Freund verbunden, ist von wirklicher Trauer für den Gefallenen erfüllt, nicht aber die anderen pflichtgemäß klagenden Mägde:

»Also sprach sie weinend, und ringsum seufzten die Weiber
Um Patroklos zum Schein, doch jed' um ihr eigenes Elend.«

So gemischt sind die Arbeitsverhältnisse und so komplex die mit ihnen verknüpften persönlichen Beziehungen, die dem Leben am fürstlichen Hof zugrunde liegen. Entsprechend nennt die griechische Philosophie die Haushaltsführung als erste der politischen Künste.

Haushalt und Reichtum

Keine der in der griechischen Wirtschaftsphilosophie herausgearbeiteten Ideen wird von den homerischen Epen so deutlich versinnbildlicht wie die Vorstellung, daß das gute Leben im wohlgeordneten und reichen, aber nicht üppigen Haus sich erfüllt. Zu Beginn der Odyssee sehen wir den durch die Mißwirtschaft der Freier an den Rand des Ruins getriebenen Palast im Kontrast zu den geordneten Königssitzen Nestors in Pylos, des Menelaos und der Helena in Sparta, die Telemach auf der Suche nach seinem Vater besucht. Im glücklichen Hause der Phäaken findet Odysseus seine Zuflucht, nachdem er die Grotte der Kalypso verlassen und im Meere Schiffbruch erlitten hat. Zu den großen, unvergeßlichen Bildern der Ilias gehört die Heimkehr des Hektor zu seiner Gattin Andromache im 6. Gesang: der überall für Stadt, Brüder, Gattin, Söhnlein Sorgende, der einzige, der – wie sie nach seinem Tode klagen wird – selbst zu Helena freundlich war, zeigt sich dadurch als göttlich begabter Held, obwohl ihm im griechischen Heer mehrere – Ajas, Diomedes, Patroklos, Achill – an Stärke überlegen sind. Nach dem Grauen der vorangehenden Schlacht sehen wir nun Hektor sich gemäß den aristotelischen Stichworten als Hausherr, Gatte und Vater bewähren, bevor er erneut vor die schützende Mauer tritt, während Andromache zurückkehrt ins Gemach zu den Mägden an ihren Webstühlen, und

> »... Allen erregte sie Kummer und Tränen.
> Lebend noch ward Hektor beweint in seinem Palaste;
> Denn sie glaubten gewiß, er kehre nie aus der Feldschlacht...«[99]

An der Haushaltsproduktion nehmen selbst die Heroen teil. In der Odyssee findet der heimkehrende Odysseus seinen alten Vater Laertes in schäbiger Kleidung beim kundigen Gärtnern. Auch die Prinzessin der märchenhaft reichen Phäaken, Nausikaa, zieht selbst mit ihren Mägden zum Strom, um dort zu waschen; sie ißt mit ihren Mägden im Freien, spielt Ball mit ihnen und singt.

Die in der philosophischen Debatte später so bedeutsame Begrenzung der Bedürfnisse habe ich bei Homer erst angedeutet gefunden:

> »Alles wird man ja satt, des Schlummers selbst und der Liebe,
> Auch des süßen Gesangs und bewunderten Reigentanzes,
> Welche doch mehr anreizen die sehnsuchtsvolle Begierde
> Als der Krieg; doch die Trojer sind niemals satt des Gefechtes!«[100]

Die Bedürfnisbegrenzung wird ferner in der Einfachheit des ländlichen Idylls sinnbildlich. Den Kern allen Wohlstands des Fürsten – so wie später des begüterten Bürgers in Athen und schließlich noch in Rom – bildet der ererbte, allenfalls eroberte oder für kriegerische Leistung zugewiesene Landbesitz, der in der späteren Antike durch Kauf und Verkauf allmählich beweglich wird und durch Konzentration anwächst, der aber in homerischer Zeit erst einmal in mäßiger Größe als gegeben gedacht sein muß – sonst arbeitete Laertes nicht in seinem Garten. Häufig aber finden wir, in unversöhntem Gegensatz zur betonten Bescheidenheit dieses Rahmens, Listen prangenden Reichtums – was etwa Agamemnon Achill zur Sühne verspricht: die ungeheure Summe von zehn Talenten Gold, Dreifüße, Becken, Rosse, Frauen aus bisheriger und künftiger Siegesbeute, und sieben Städte sogar, wenn er die Hand der Tochter nimmt.[101] Wie sehr es beglückt, schönen Reichtum sicher bewahrt zu denken, verdeutlicht das kraftvolle Bild eines Adlers, der in guter Vorbedeutung seine Schwingen breitend heranfliegt:

> »Weit wie die Tür sich öffnet der hochgewölbeten Kammer
> Eines begüterten Manns mit festem Schlosse gefüget,
> Also bereitete jener die Fittiche, als er am Himmel
> Rechts her über der Stadt anstürmete.« [102]

Solcher Reichtum wird, das liegt auf der Hand, nicht durch Produktion allein erworben, sondern durch Plünderung – ein Teil des von Agamemnon dem Achill in Aussicht gestellten Geschenks besteht aus versprochenen künftigen Beuteanteilen. Die Plünderung bringt Reichtum nicht hervor, aber versammelt, was die Brandschatzung übersteht, in der Hand der Fürsten und hervorragenden Krieger. Auch wenn dieser Prozeß außerhalb der für die Polis geltenden Begriffe der Verteilungsgerechtigkeit steht, gehört er doch, für uns paradox, selbst für Aristoteles, anders als der Handel, zu den natürlichen Formen des Erwerbs. Zu diesen rechnet er ja Jäger, Fischer, Räuber, Nomade, Bauer – der Räuber ist dabei – nicht nur weil die Tätigkeit im Wortsinn natürlich ist (es gibt Raubtiere), sondern auch, weil Aristoteles die Räuberei für eine ursprüngliche Erwerbsform hält. Der erste Grund ist unbestreitbar, der zweite nach der griechischen Tradition kaum von der Hand zu weisen. Zwar sind Platon und Aristoteles je in ihrer Weise bemüht, das Recht des Stärkeren einzugrenzen – Platon durch den Nachweis, daß Unrechtleiden besser ist als Unrechttun, Aristoteles, indem der Mensch als von Natur gesellschaftliches Wesen sich unter ein Recht der Gesellschaft stellt. Aber es entspricht der Überlieferung, wenn Aristoteles in der Anerkennung der Räuberei als natürlicher Tätigkeit einen Rest der alten Rechtsvorstellung bewahrt, obwohl er den gesellschaftlichen Frieden unter den Schutz des Naturrechts zu stellen sucht, während davor, von den bei Platon auftretenden Sophisten, etwa im Gorgias, das Recht des Stärkeren als Naturrecht beansprucht wird.

Diese Auffassung tritt uns für die Auseinandersetzung zwischen den Gemeinschaften bei Homer als grausam-großartige Macht entgegen – selbst Zeus beruft sich gegen andere Götter auf eine Herleitung seines Rechtes aus seiner Kraft. Zeus

»dünkt sich vor allen unsterblichen Göttern
Weit an Kraft und Gewalt den erhabensten, sonder Vergleichung.«,

sagt Hera, die als Gattin ungern nachgibt.[103] Während selbst die Helden oft genug in Gedanken an die Leiden des Kriegs in Trauer versinken, fällt es in beiden Epen niemandem ein, solche Institutionen wie die Versklavung grundsätzlich in Frage zu stellen. Der Reichtum darf aber wieder nur unter Kriegsbedingungen geraubt, er soll umgekehrt unter Friedensbedingungen verteilt werden, wobei freiwilliges Geschenk, Geschenk auf Gegenseitigkeit, tributäre Zahlung oder, wenn man den Ausdruck zulassen will, soziale Unterstützung ineinander übergehen.

Es ist zuallererst Hektor, der klagt, daß die für ihren Reichtum an Gold und Erz berühmte Stadt Troja ihre Habe verliert und der Schmuck verkauft werden muß.[104] An anderer Stelle[105] ist die Rede von der Kriegssteuer, mit der das Volk erschöpft wird, um die Bundesgenossen zu halten. (Er rühmt sich freilich selbst als unter den Trojanern herausragender Held, der ihnen die Knechtschaft fernhält.[106]) Er spornt seine Kämpfer an, indem er ihnen nicht nur Ruhm verheißt, sondern auch den Unterhalt ihrer hinterlassenen Gattinnen und Kinder, wenn sie fallen sollten[107] – es ist dies eine seltene Stelle, die bei einer der so häufig erwähnten Umverteilungen einmal einen regelmäßigen Anspruch zu begründen scheint.

Es hat manche Versuche gegeben (bedeutend etwa von Andreades[108]), die Redistribution als ein eigentliches System von Steuern und Staatsausgaben zu deuten; keinem fällt es leicht, zwischen einer naiven oder auf ethnologische Bezüge gestützten Interpretation der Verteilungen im Rahmen eines nur auf Sitte gestützten Gabensystems und der Unterstellung eines geregelten Finanzwesens aufgrund rechtlich befestigter Ansprüche und Verpflichtungen zu unterscheiden.

Aber wieder sollten wir uns weniger um die Rekonstruktion eines realen Zusammenhangs bemühen, von dem wir ja nicht einmal wüßten, wieweit er auf das hypothetische Troja des 12. Jahrhunderts oder auf zeitgenössische Beobachtungen homerischer Dichter oder auf Interpolationen des 7. oder gar 6. Jahrhunderts zu stützen wäre, als um ein Verständnis der im Epos manifesten Denkweise. Und hier ist offenbar der wichtige Gesichtspunkt, daß der Reichtum je nach seiner

Größe besitzesstolzen Fürsten, angesehenen einzelnen Bauern oder ärmlichen Freien gehört, daß er aber selten im Hinblick auf den privaten Genuß betrachtet wird, sondern in der Regel in den gesellschaftlichen Funktionen der Gegenseitigkeit, der Umverteilung und so fort – Begriffen, die der modernen Ökonomie, nicht aber der Ethnologie fremd sind.

Tausch, Gegenseitigkeit, Umverteilung und Handel

Wenn ein Homer als Dichter der eine ältere Tradition zusammenfassenden Epen ins 8. oder 7. Jahrhundert gehört, ist sein Werk und jedenfalls dessen Gegenstand früher als die Einführung der Münze, während die attische Redaktion des Textes jünger ist. Schon dieser historische Bezug ist Grund genug, die Details der Tauschvorgänge mit Vorsicht zu betrachten, da ja die Möglichkeit besteht, daß späte Bearbeiter die älteren »Marktprozesse« – wenn prämonetärer Tausch so genannt werden darf – gar nicht mehr verstanden.[109] Desto eher muß unsere Betrachtung versuchen, an die Stelle der antiquarischen Einzelbeobachtung die Freilegung sich durchziehender Denkstrukturen zu setzen.

Reiche Beispiele für Wertbemessungen finden sich zunächst bei der Schilderung der Wettkampfpreise, die bei den Leichenspielen für Patroklos vergeben werden; da heißt es, ein Dreifuß gelte zwölf Rinder oder eine Sklavin vier Rinder.[110] Einmal ist ein Stier der zweite Preis, ein halbes Talent Gold der dritte[111]; ein andermal dient ein Stier als Wertmaß für ein Becken. Offenbar besteht ein Interesse, solche Wertausdrücke aufzustellen; sie und die mit Verleihung der Preise verbundenen Hierarchien und Äquivalenzen sind nicht unbedingt plausibel. Da es keinen allgemeinen Wertmaßstab gibt, wird die Kostbarkeit der Gegenstände vor allem durch individuelle Beschreibung begreiflich gemacht. Edelmetall kann freilich durch sein Gewicht gemessen werden; recht feierlich wägt Odysseus einmal selbst die zehn Talente Gold für Achill ab.[112] Als ein sonderbarer Reichtum kommt in der in der Bronzezeit spielenden *Ilias* eine Eisenkugel vor[113], die dem Besitzer für fünf Jahre genügend Eisen zu liefern verspricht. Ein besonders »prangender« silberner Krug hat eine eigentliche Odyssee von Tauschgeschäften hinter sich. Er wurde von Sidoniern angeschafft,

»Aber phönikische Männer, auf finsteren Wogen ihn bringend,
Boten in Häfen ihn feil.«[114]

Sie verschenken ihn jedoch, dann wird er zum Kaufpreis für den unglücklichen Priamossohn Lykaon, bis Achill, der Verkäufer des Lykaon, ihn endlich als Wettkampfpreis aussetzt.

So vermögen wir in den Epen keine Ware zu entdecken, die einheitlich die Geldfunktion ausübte, trotz der Bevorzugung der Rinder als Wertmaßstab. Die Komplexität der Tauschvorgänge und die Vielfalt der ausgesprochenen Äquivalenzen lassen uns nun besser verstehen, weshalb Aristoteles Geld als praktische Erfindung feiert, die es freilich notwendig macht, im Tausch alles zu messen – der Charme einer älteren Welt, in der man die Werte nicht so genau kennt, droht schon verlorenzugehen, obwohl Aristoteles, wie wir sahen, weit davon entfernt ist, quasi-mechanische Tauschgesetze aufzustellen.

Deutlicher als der Tauschhandel werden uns die Transaktionen auf Gegenseitigkeit, Gabe und Gegengabe, wie sie bei den Naturvölkern verbreitet gefunden werden und als entfaltetes System einer Bündnisbildung von Malinowski geschildert wurden. Gregory hat in *Gifts and Commodities*, in einer Arbeit, der ich durch einige Anregungen als Gutachter verbunden war, einen systematischen Vergleich des Gabentauschs und Warentauschs bei Naturvölkern vorgenommen.[115] Er konnte zeigen, daß Gaben hierarchisch strukturiert sind, daß es also getrennte Sphären gibt, in denen Gaben höheren und niederen Ranges zirkulieren, daß die Verpflichtung zur Gegengabe zum Teil mit großem Zeitverzug und oft indirekt, indem sie an andere weitergegeben wird, eingelöst werden kann und daß insbesondere beim Brauttausch unter den Sippen eines Stammes unter Umständen komplexe Verwandtschaftsregeln berücksichtigt werden müssen, die sozusagen Äquivalenzen zwischen den in wechselnden Abständen zwischen den Sippen zu tauschenden Bräuten definieren. Die Komplexität der darzustellenden Transaktionen rechtfertigt bei ihm den Gebrauch der Matrixalgebra und die Herstellung einer gewissen Analogie mit klassischen Systemen natürlicher Preise.

Solche Regelmäßigkeiten lassen sich bei Homer nicht erkennen, aber man findet eine große Vielfalt der Formen der Gegenseitigkeit:

Sehr zahlreich sind zunächst die Beispiele der Geschenke, die Gastfreunde sich geben, und zwar ist es in der Regel der Gastgeber, der dem Besucher eine Gabe gibt, die diesen dann verpflichtet, dereinst ihn oder seine Nachkommen zu bewirten.[116]

Hektor, nach unentschiedenem Zweikampf mit Ajas, schlägt vor, »rühmliche Gaben« zu tauschen, damit man sehe, wie sie gestritten hätten und nach dem Kampf in Freundschaft versöhnt geschieden seien. Auch großartige Gaben des Bräutigams bei Heiraten sind mehrfach erwähnt, die an einen Brautkauf erinnern, wenn die Braut die Gabe nicht »belohnt«, weil der Bräutigam gefallen ist.[117]

Daß die Institutionen von Gabe und Gegengabe auch ausgenutzt werden konnten, ist nicht verwunderlich; wir sahen, wie Menelaos den Telemach einlädt, Geschenke zu sammeln.[118] Und während es zum Begriff von Gabe und Gegengabe gehört, daß nicht Äquivalente strikt gleichen Tauschhandelswertes ausgetauscht werden, müssen sie doch einander angemessen sein, indem sie sozusagen in dieselbe ökonomische Wertklasse gehören (die aber von Homer mit keinem Wort näher umschrieben wird). Solche Klassifikationen sind aus der Ethnologie bekannt. Das berühmteste Beispiel in der *Ilias* ist das oft zitierte von Glaukon und Diomedes, die sich im Kampf als Freunde erkennen, da sie merken, daß ihre Ahnen Gastfreunde waren. Sie wollen sich künftig in der Schlacht meiden. Zum Zeichen ihres Bündnisses tauschen sie nun die Rüstungen, doch den Glaukos »erregt«[119] Zeus, daß er ohne Besinnung seine goldene Rüstung gegen die eherne des Diomedes gibt. Homer erzeugt damit einen doppelten Kontrast: als Rüstungen sind die Gaben in derselben Klasse, nicht aber als Metallwerte, und die Gastfreundschaft setzt die Kampfverpflichtung außer Kraft.

Ganz besonderen Wert legen die Helden und Fürsten auf angemessene Geschenke und Beuteanteile, wenn sie Siege errungen haben oder hervorragende Positionen bekleiden – die Ehre (τιμή) wird verletzt, wenn die Zuteilung nicht der Tugend (ἀρετή) entspricht. Was Aristoteles über den Tausch in der Nikomachischen Ethik sagt: Daß die Tauschenden in ihrem Rang vor und nach dem Tausch gleichstehen sollen[120], paßt viel eher in diesen Zusammenhang von Statusbeziehung und Gabentausch als in den von ihm angeführten Kontext des Verkaufs von Schuhen gegen ein Haus. Der Konflikt um die Zuweisung der schönen Briseis zwischen Achill, dessen Tugend darin besteht, der beste Kämpfer zu sein, und Agamemnon als Heerführer der Griechen ist ein zentrales Motiv der *Ilias*: daß Achill die ihm zugesprochene Ehrengabe – zugleich seine Geliebte – einem geringeren Kämpfer von höherer Befehlsgewalt abtreten soll, wird die Ursache für seinen Zorn und seine für die Griechen beinahe fatale Weigerung, am Krieg weiter teilzunehmen.

So ist immer wieder die Frage, wie materielle Gaben immaterielle Verpflichtungen begründen oder lösen können. Wiederholt versuchen die Trojer, die Griechen durch eine Art Bußzahlung mit der Entführung Helenas zu versöhnen. Paris übt Bestechung, damit vornehme Trojer seine Partei ergreifen, Helena nicht herauszugeben[121], und natürlich gibt es auch die verbreitete Blutschuld.

Andreades hat versucht, eine homerische »Staatswirtschaft« zu rekonstruieren.[122] Die Gastfreundschaft, die Fürsten üben, hat eine öffentliche Funktion. Insbesondere geben sie Mahlzeiten für die Vornehmen, die eine Berechtigung gehabt zu haben scheinen, an der königlichen Tafel teilzunehmen. So vermag ja auch Telemach nicht, die prassenden Freier aus dem Palast seines abwesenden Vaters zu verdrängen, da sie dem Adel von Ithaka entstammen. Ausdrücklich als Ausnahme erscheint es jedoch, wenn die Phäaken eine so regelmäßige Gastfreundschaft üben, daß sie jeden schiffslosen Fremdling zur See nach Hause geleiten.[123]

In Kriegszeiten scheint das Plünderungsversprechen die Stelle der Besoldung eines Heeres zu vertreten. Wie die Soldaten sich durch Eintauschen von allerhand Eisen, Rindern, Gefangenen – also wohl Beutestücken – den Lebensunterhalt erkaufen, wird an einer Stelle der *Ilias* geschildert[124] – ohne die vielen Raubzüge und Plünderungen hätten die Griechen Troja schneller erobern können, meint Thukydides.[125] Einkünfte bezieht der Hof andererseits aus königlichen Gütern, wie Odysseus in Ithaka von seinen Ländern und Herden. Von manchen Geschenken, die erwähnt werden, kann man annehmen, daß sie schon gewohnheitsmäßigen Steuern, ja sogar Zöllen glichen, die wohl auch gewohnheitsmäßige Arbeitsdienstleistungen einschlossen.

Die Einführung moderner Begriffe, wie Steuer für Liturgie, kann so durch eine Art Isomorphie zwischen der alten Institution und ihrem modernen Gegenstück den Eindruck eines besseren Verständnisses ihrer Funktionsweisen erzeugen, doch birgt das Vorgehen die Gefahr, den spezifischen Unterschied zu verwischen. Wenn so sogar der Ausdruck »Gabe« als Euphemismus gedeutet und durch »Steuer« ersetzt wird, indem man die anscheinend von Freien erbrachten Leistungen wie etwa die erwähnte Holzgewinnung als Fron deutet, hat man den Vorzug, die Existenz der Paläste, der Mauern und Schiffe ohne die Annahme einer übergroßen Anzahl von Sklaven leicht erklären zu können. Aber man arbeitet dann im Grunde ohne Beleg für die Uminterpretation der Denkweise. Man erklärt nicht, weshalb der Zwang der Sklaven so beredten Ausdruck findet, nicht aber den Druck, der dann auf den fronpflichtigen Freien lasten muß. Schließlich wird auch nicht verständlich, weshalb die Tyrannis, in der solche Formen des Drucks angewandt wurden, in der griechischen Erinnerung Haß und Abscheu hervorrufen, während die homerische Zeit mit ihren Fürsten ein Ideal bleibt.

Vielleicht gibt hier wieder der Vergleich mit den philosophischen Schriften den Aufschluß, in denen die Offenheit für freiwillige, dem Staat zu erbringende Leistungen als Voraussetzung für den Zusammenhalt der Gemeinschaft benannt werden. Noch der moderne Steuerzahler hofft, seine Zahlung werde schließlich zu einer auch für ihn nützlichen Dienstleistung des Staates führen, aber es besteht für ihn eine feste Zahlungsverpflichtung, auch wenn der Staat versagt. Dagegen hat bei einer Gabe die Gegengabe ihr enger zu entsprechen. Diese Denkweise, die zwischen Gleichgestellten durch die Sitte befestigt ist, überträgt sich auf den Verkehr zwischen Niedrigen und Höhergestellten und spiegelt sich – bei Homer wie bei Naturvölkern – im Verhältnis zwischen Mensch und Göttern. Ihnen wird geopfert, damit sie bestimmten Schutz gewähren; das Gebet wird manchmal erhört[126], manchmal nicht.[127] Weil Hektor stets getreu den Göttern geopfert hat, wird er im Tod lang von Verwesung verschont, als Achill den Frevel begeht, ihn nicht zu bestatten.

Das Sinnbild des Ausgleichs ist die Waage; wiederholt wird ein Gleichgewicht der Kräfte im Kampf in der *Ilias* beschrieben, in dem an eine Waage erinnert wird. Wie eine Seite stärker sein kann im Kampf oder beglückter im größeren Reichtum, kann einer auch bevorzugt sein vom Schicksal. Daher ist das Wägen ein Bild für die Schicksalsbemessung, und auf dem Höhepunkt des Dramas führt so Zeus die Entscheidung herbei:

»Jetzo streckte der Vater empor die goldene Waage,
Legt in die Schalen hinein zwei finstere Todeslose,

Dieses dem Peleionen und das dem reisigen Hektor,
Faßte die Mitt und wog; da lastete Hektors Schicksal.«[128]

Schließlich läßt sich zeigen, daß in dieser Welt, in der noch nicht der Markt das exakte monetäre Äquivalent jeder Ware festlegt, von der Vorstellung des Ausgleichs oder Nichtausgleichs von Gabe und Gegengabe solche Faszination ausgeht, daß Gleichgewichtsvorstellungen in verdeckter Form sprachlich häufig wiederkehren. So wird der Gegensatz bestimmt, wenn Achill sagt, da er den Zweikampf erzwingen will:

»Hektor, unvergeßlicher Feind: nicht von Verträgen geplaudert«[129],

und Gleichgewichte werden als dichterisches Mittel immer wieder herangezogen, um eine vorübergehende Ausgewogenheit zu bezeichnen, gerade wenn die Gegensätze am heftigsten sind. In einer der erstaunlichsten Szenen des ganzen Werks anerkennen sich Priamos und Achill gegenseitig in ihren ausgezeichneten, aber völlig verschiedenen Eigenschaften als der untadelige Held und der alte König, wenn Priamos nächtlich sich ins Lager der Griechen wagt, um die Leiche seines Sohnes von dessen Mörder zu erbitten.[130] Schließlich mag man die tragische Höhe des Epos auch darin sehen, daß nicht sicher bestimmt ist, ob das Drama des leidenschaftlichen Achill oder die Tragödie von Hektor und seinem Ethos den Hauptgegenstand bilden. Ein Bild des sich immer wieder herstellenden und immer wieder verlierenden Gleichmaßes sind auch die Fässer Kronions, aus denen er die Gaben des Wehs und des Heils vermischt austeilt.[131]

Wir wissen seit dem *Essai sur le don* von Marcel Mauss, wie der Kodex der Gegenseitigkeit ein Grundprinzip der Organisation archaischer Gesellschaften darstellt. Émile Benveniste hat am Anfang seines *Vocabulaire des institutions indoeuropéennes* nachgewiesen, daß die Denkstruktur der Reziprozität in der Struktur der alten indogermanischen Sprachen tief verankert ist. Laura Slatkin[132] zeigt, wie diese Traditionen bei Homer nicht nur in den Handlungen und Schicksalen der Helden und Götter sichtbar werden, sondern auch Mittel dichterischer Gestaltung sind.

Nun haben wir noch zu fragen, wie sich der Handel in diese Denkwelt einfügt: als natürliche Fortsetzung des Gabentauschs oder als eine andere Relation? Wie Handel existiert, haben wir schon oben gesehen: die griechischen Soldaten geben an Händler in den Versorgungsschiffen Beutestücke in Tausch. In der *Odyssee* ist die Rede von einer Fahrt zu »unverständlichen Völkern«[133], um Kupfer für Eisen zu tauschen. Daß aber der Kaufmann im Gegensatz zum Krieger gesehen wird, zeigen die Verse, mit denen Euryalos Odysseus herausfordert, er sei nicht ein Mann, der sich auf Kämpfe versteht,

»Sondern so einer, der stets vielrudrige Schiffe befahret,
Etwa ein Führer des Schiffs, das wegen der Handlung umherkreuzt,
Wo du die Ladung besorgst und jegliche Ware verzeichnest
Und den erscharrten Gewinn! Ein Kämpfer scheinst du mitnichten!«[134]

Die Voss'sche Übersetzung birgt hier arge Anachronismen, doch trifft sie den Sinn: Die Provokation gelingt; Odysseus zürnt und findet sich zum Wettkampf bereit.

Der Mythos tut ein übriges, indem der Schutz des Handels dem schelmischen Hermes anvertraut wird; er hat die Ehre von Zeus,

»Die Geschäfte des Tauschens unter den Menschen zu regeln«,

die ἐπαμοίβιμα ἔργα, also die wechslerischen Werke, heißt es im Hermes-Hymnus.[135] Es ist derselbe Hermes, der in Person Autolykos, einen Vorfahr des Odysseus, in »diebischer Gesinnung und im Meineid«[136] unterrichtet hat.

Mehr gibt der Text nicht her. Spuren des Hasses auf Wucherer habe ich nicht gefunden. In prämonetärer Wirtschaft mag ein Vermögensverleih vorkommen – sogar Gaben begründen ja schon eine Schuld eigener Art –, aber ein beruflicher Darlehensgeber ist vor dem Geld schwer vorstellbar. Deshalb ist der Wuchertopos bei Aristoteles eben, zumindest relativ zum Mittelalter, neu. Daß in homerischer Zeit sich dagegen das Vorurteil gegen den Händler schon vorfindet, kann nicht überraschen, denn die kühle Berechnung des im Handel erzielbaren Gewinns steht dem Heroen nicht an. κέρδος, das Wort für Gewinn, hat schon bei Homer gelegentlich den unerfreulichen Beiklang einer unlauteren Vorteilssuche; es charakterisiert die List des Antilochos, der sich im Wagenrennen bei den Leichenspielen des Patroklos durch einen unfairen Trick einen Vorteil verschafft.[137]

Gemessen an diesem Vorstellungsstand ist der als Nationalökonom von manchen Modernen geschmähte Aristoteles wesentlich weiter. Auf der einen Seite stützt er zwar das populäre Vorurteile, indem er den Handel, zumal den betrügerischen Kleinhandel und Wucher als Konsumentenkredit, zu den unnatürlichen Tätigkeiten rechnet. Andererseits aber sucht er doch einen gerechten Austausch aus diesem Konnex herauszulösen, der in das traditionelle Gesellschaftsbild paßt und auf Gegenseitigkeit beruht. Auch sagt er nirgends, man solle Handel oder Wucher verbieten oder auch nur reglementieren – diese Konsequenz zu ziehen, blieb der Kirche vorbehalten. Er will nur begründen, weshalb der Handel tendenziell zur Sprengung des »guten Lebens« führt – und daß Händler, Philosophen oder Krieger je verschiedene Mentalitäten oder Lebensweisen haben – um mit Max Weber zu sprechen, verschiedenen Wirtschaftsgeist[138] –, ist so leicht nicht zu bestreiten.

Am tiefsten aber scheint mir seine Einordnung von Gewalt, Gabe und Äquivalententausch in einen erweiterten Begriff der Gegenseitigkeit, der unsere Thematik zusammenfaßt: die kämpferische Gegenüberstellung, die gerecht ist zwischen Angehörigen verfeindeter Staatswesen, ungerecht aber innerhalb der Polis; sodann Gabe und Gegengabe, die in freiwilliger Leistung die Polis zusammenhalten, mit der Berufung auf ein Göttliches, die Huld der Chariten; und schließlich die Gegenseitigkeit im direkten Austausch, deren Gerechtigkeit sich daran mißt, ob sie die Gesellschaftsordnung erhält. Dabei ist daran zu erinnern, daß für Aristoteles die Inhalte der Gerechtigkeit mit den historischen Umständen sich ändern – sie sind verschieden etwa in der Monarchie und der Demokratie –, aber die allgemeinen Prinzipien der Gerechtigkeit festbleiben.

Wir erkennen somit, daß unser Versuch, im Rahmen einer »Dogmengeschichte auf der zweiten Stufe« die philosophische Wirtschaftslehre der Griechen besser zu verstehen, zwar bestätigt, daß kein altes Erbe vorliegt, von dem aus eine ökonomische Analyse im Sinne der modernen Kausalerklärung aufgebaut werden könnte – selbstverständlich sind wir in der archaischen Dichtung davon noch weiter entfernt als in der klassischen Philosophie. Aber wie die Lebensverhältnisse durch eine *Wirtschaftsordnung* eines uns natürlich fremden Zuschnitts bestimmt werden, wird durch solche Betrachtung deutlicher. Sie macht damit auch die Kohärenz des aristotelischen Systems anschaulich, obwohl die Wirtschaftsbedingungen des homerischen Griechenlands sich von denen der klassischen Zeit – fast möchte man wegen der dazwischenliegenden Erfindung der Münze sagen, radikal – unterscheiden.

III. Von Hesiod bis zur Klassik

Hesiod und die Welt der Bauern

Hesiod gehört zeitlich wohl noch in die homerische Epoche; er ist der erste Dichter, über den wir persönliche Nachrichten haben. In seinem *Werke und Tage* – die Theogonie wollen wir hier nicht behandeln – schildert er uns selbst, wie er im Sängerwettkampf Sieger wurde, weil die Musen ihn »begabten mit hellem Gesange«. Er zeigt uns »die Welt des kleinen, hart um sein Dasein ringenden, vor der unbekannten Weite des Meeres zurückschaudernden Bauern«[139]. Die Dichtung wendet sich an ein einfacheres, nicht-adliges Publikum; so tritt auch der Sänger als der ländlichen Welt zugehörig auf.

Ein Erbstreit ist äußerer Anlaß des Gedichts, in dem er den Bruder über die Regeln rechtschaffener Landarbeit zu belehren sucht; man erinnert sich an die Verse der *Ilias*:

> »Sondern wie zween Landmänner die Grenz' einander bestreiten,
> Jeder ein Maß in der Hand (auf gemeinsamer Scheide des Feldes
> Stehn sie auf wenigem Raum und zanken sich wegen der Gleichung).«[140]

In seinen Grundprinzipien gleicht das karge Bauernhaus dem homerischen Fürstenhof. Die Ehefrau arbeitet auch hier am Webstuhl, wenigstens zu bestimmten Zeiten[141], doch sie soll hier außerdem mit dem Stier umgehen können.[142] Von einigen Knechten ist die Rede. Vorzugsweise seien sie ohne Familie, die Mägde ohne Säugling[143], und sie leben wohl einfach, denn man soll sie im Sommer anweisen, sich für den Winter Hütten zu bauen.[144] Vor der Ernte fällt allen harte Arbeit zu, danach mögen die Knechte die Glieder strecken und die Rinder vom Joch lösen.[145]

Vor das Gutsein haben die Götter den Schweiß gesetzt, heißt es[146], »Arbeit ist keine Schande«[147], aber »Scham ... wohnt bei glückloser Armut«[148]. Die Mahnungen zur Arbeit folgten sich im Gedicht wohl nicht so häufig, wenn das Gut nicht immerhin so viel eintrüge, daß ein Bruder in die Versuchung geraten kann, auch eine Weile arbeitslos leben zu wollen.

Die Hauswirtschaftslehre, welche die spätere Philosophie im Grunde oft nur benennt, ohne sie näher auszuführen, enthält hier manches Detail. Sie ist wenig strukturiert und vermischt mit kalendarischen Regeln, die dem Ethnologen Einblicke in den Volksglauben bieten, die aber nach der griechischen Aufklärung in der philosophischen Wirtschaftslehre nur in der Aufforderung zu frommem Handeln nachklingen.

Ordnung ist ein Grundprinzip[149], und Sorgfalt wird gefordert, mit der etwa zu pflügen oder ein Wagen zu bauen ist. Vor allem stellt die Ordnung sich dar durch sorgfältige Einteilung der jahreszeitlichen Arbeit. Etwa ist im Winter das Holz von den Bergen zu holen[150], und auch die Lebensalter sind zu beachten bei Menschen und Tieren – erst der Vierzigjährige zieht eine gerade Furche und gafft nicht umher.[151]

Obwohl Hesiod bekennt, selbst nur einmal auf »vielgenageltem Schiff« gefahren zu sein, rät er, zur rechten Zeit auszufahren, um Gewinn nach Hause zu bringen. Hier ist das Wort κέρδος positiv besetzt[152], aber der Schiffshandel wird nicht unter dem Gesichtspunkt einer verselbständigten Handelstätigkeit betrachtet, sondern in Verbindung mit der häuslichen Produktion.[153] Jede Fahrt ist gefährlich, nur in den besten Jahreszeiten zu wagen, und nie soll der ganze Besitz auf einer Schiffsreise riskiert werden.[154]

So bleibt der Bauer in eine Gemeinschaft eingebunden, in der Nachbarschaftshilfe und Freundschaft durch Gegenseitigkeit erhalten werden.

> »Nicht verendet ein Rind, wenn nur der Nachbar nicht schlecht ist.«[155]

Dies ist nur einer der vielen Vorteile, welche Nachbarschaftshilfe verheißt. Regeln wie »Gib dem, der gibt« oder »Geben ist gut, Raub schlecht« folgen einander, denn das Nachbarschaftsbündnis erhält sich nicht von selbst; die Nachbarn werden zwei-, dreimal dem aushelfen, der nicht gearbeitet hat und hungert, dann aber nicht mehr.[156] Die im »Gemeinsaal« sitzen, weil ihnen die Nahrung nicht ausreicht, sind von »unguter Hoffnung« begleitet, und der arbeitslose Mann (ἀεργὸς ἀνήρ) neigt sich oft zum Bösen.[157] Wer gibt, freut sich der Gabe[158] – hier ist noch kein Versuch, die Spontaneität der Gegenseitigkeit vom Interesse an ihr zu trennen:

> »Nicht verdrieße es dich, am gemeinsamen gastreichen Mahle
> Teilzunehmen, die Freude ist groß und klein ist der Aufwand.«[159]

Strafe aber folgt, indem die Götter sich rächen, wenn die Gewinnsucht – wieder steht κέρδος – den Sinn verblendet und man mit Gewalt Reichtum erwirbt:

»Suche nicht schlechten Gewinn«[160].

Ratsam ist es dagegen, den häuslichen Vorrat zu mehren.[161] Damit der Reichtum nicht zersplittere, ist es besser, nur einen einzigen Sohn zu zeugen[162], man tilge die Schulden[163] und schiebe nichts unnötig auf den folgenden Tag[164] – kurz, der ganze Katalog der bürgerlichen Tugend und Sparsamkeit wird vorgetragen, aber in der historisch-spezifischen Form, welche die alte Plünderungslust großer Herren nun bannt und die Verbindung von bürgerlicher Tugend und Großhandel als Möglichkeit nicht vorhersieht. Der Bauer fürchtet Raub und Krieg. Das Ziel ist nicht die Vermehrung des großen Reichtums, sondern die Behauptung eines bescheidenen Wohlstands.

Und nicht systematische Erklärung, sondern die Ableitung aus mythischen Vorstellungen ordnen dies Denken. Aus dem Mythos entwickelt Hesiod seine über die Sammlung von Hauswirtschaftsregeln hinausweisenden Grundbegriffe.

In einer ersten, mythisch erhöhten Einsicht verkündet der Dichter, es gebe nicht eine Eris, nicht eine Göttin des Streits, sondern zwei. Die eine nährt nur »böse Feindschaft und häßlichen Hader«, ist ungeliebt, während die andere den Menschen zum Segen, die Trägen zur Arbeit erwecket, so daß Nachbarn um Wohlstand eifern:

»Töpfer eifert mit Töpfer, und Maurer eifert mit Maurer,
und der Bettler beneidet den Bettler, der Sänger den Sänger.«[165]

Man könnte nun meinen, Hesiod habe hier die Konkurrenz beschrieben. Gewiß meint er hier Rivalität und Wetteifer, aber nicht Konkurrenz in dem strengen Sinn der Maximierung des Gewinns. Nach dem Wortlaut der Übersetzung scheint der Handel sogar der anderen, der bösen Eris, der Kampfsucht zugeordnet:

»Laß nicht die zänkische Eris dein Herz der Arbeit entziehen,
Daß nach Hader du gaffst und lauschest Händeln des Marktes.«[166]

Allerdings müssen wir uns fragen, ob der Ausdruck von den Händeln »des Marktes« (ἀγοςῆς) wirklich – vor der Münze – einen Markt meint und nicht viel eher die »Diskussion« auf dem »Gerichtsort« oder »Versammlungsplatz«.[167] In der Tat ist der Wettbewerb der Nachbarn nicht darauf gerichtet, sich im Wohlstand zu übertreffen, sondern das Haus gut zu bestellen (οἶκόν τ' εὖ θέσθαι).[168]

Die den Griechen ganz ursprüngliche Lust am Wetteifer, die ja auch in den homerischen Epen tief verankert ist und in den Wettkämpfen nur ihren sichtbarsten Ausdruck findet, bedarf der Zügelung, und diese ist nun bei Hesiod das Recht. Aber vorher müssen Unheil und Mangel erklärt werden.

Prometheus gab gegen Zeus' Willen den Menschen das Feuer – der sandte zur Strafe die gemischten anderen Gaben der Pandora. Sie hatte von der Athene gelernt, Gewebe zu spinnen, die Anmut empfing sie von Aphrodite, diebisches Wesen aber von Hermes. Und sie ging und brachte den Menschen solcherlei Unheil und Krankheit. Danach sind die Übel der Menschen Strafe für die Überhebung, nach dem göttlichen Feuer gegriffen zu haben. Vor allem »verbirgt« Zeus die »Nahrung« – sie muß nun durch Bebauung gewonnen werden – er schafft so, was heute »Knappheit« genannt wird, und damit den Zwang zur Arbeit.[169]

Noch eine dritte Sage erzählt Hesiod: die Lehre von den Zeitaltern. In einem goldenen Zeitalter lebten die Menschen glücklich und ohne Sorgen; sie wurden zu Geistern, die noch über der Erde schweben und Reichtum geben. In einem silbernen Zeitalter waren die Menschen maßlos, ehrten die Götter nicht, in einem ehernen waren sie kriegerisch und trotzig, in einem vierten waren sie Heroen und Halbgötter und durchlebten die Kämpfe der griechischen Sage, besonders um Troja. Ein letztes, schlechtes, eisernes Zeitalter ist das eigene, in dem Gastfreundschaft, Freundschaft, ja selbst Verwandtschaft und der Respekt der Kinder vor den Eltern zugrunde zu gehen drohen, in dem Faustrecht und andere Formen des Unrechtes um sich greifen. Niedergedrückt sind die Menschen von Sorgen. Ein Trost aber besteht: Dike, also Recht und Gesetz, verfolgt das Unrecht und ist die ordnende Macht:

> »Die aber jedem sein Recht, dem Fremden und Heimischen, geben,
> Ganz und gerad und sich nirgends vom Pfad des Rechten entfernen,
> Denen gedeiht die Stadt, die Menschen blühen darinnen,
> Friede liegt über dem Land und nährt die Jugend, und niemals
> Drückenden Krieg verhängt über sie der Weitblick Kronions.

Auch kein Hunger verfolgt gerade richtende Männer,
Schaden bleibt ihnen fern, nur Glück erblüht ihren Werken.«[170]

Es ist also keineswegs nur die Logik des Rechtes selbst, die den Menschen, wenn sie nach dem Recht handeln, Wohlstand und Frieden verleiht, sondern göttliche Macht und menschliche Einsicht wirken gemeinsam; die Natur trägt reichlich:

»Unter der Last ihrer flockigen Wolle schwanken die Schafe«[171],

und es wird den Vätern das Glück, daß die Frauen ihnen ähnliche Kinder gebären. Frevler aber werden bestraft.

Das Recht als irdischer Kern dieser übergreifenden Ordnung ist ein den Menschen Gegebenes; Zeus hat den wilden Tieren gesetzt, daß sie sich fressen sollen, »weil unter ihnen kein Recht ist«.[172] Vom aristotelischen Versuch, den Gegensatz von Nomos und Physis, von gesetztem Recht und der Natur durch eine naturrechtliche Konstruktion zu überwinden, sind wir hier noch weit entfernt. Das Recht ist auch nicht systematisch, sondern Sitte. Die Herren, die in Hesiods Erbstreit mit seinem Bruder gegen ihn gesprochen haben, sind bestochen worden, und das Wort ist δωροφάγοι, »Geschenkefresser«. Schon in der Ilias straft der Gott die falschen Richter:

»Zeus, heimsuchend im Zorn die Freveltaten der Männer,
Welche gewaltsam richtend im Volk die Gesetze verdrehen.«[173]

Und noch bei Aristoteles haben wir ja die Begriffe der Gegenseitigkeit als Teil der Gerechtigkeit, nicht als Teil einer vom Recht abgetrennten Sitte behandelt gefunden.

In der aristokratischen Welt Homers sind Tugenden das individuelle, das Schicksal das überpersönliche Lenkungsprinzip. In der aristotelischen Polis werden die Tugendbilder durch moralische Maximen und Rechtsbegriffe in einem teleologisch geordneten System formal strukturiert. Erst im »Wohlstand der Nationen« kommt es zum Ausgleich der Interessen nach quasi-mechanischer Regelung.

Archaische Lyrik und Lehrgedichte

In Platons Protagoras wird ein Waffengang in der Auseinandersetzung um den Begriff der Tugend mit Ausdeutungen archaischer Spruchweisheiten gefochten. Sokrates weist in seiner Erklärung auf die spartanische Erziehung zur Lebensklugheit hin, die es den Lakedämoniern ermögliche, sich lakedämonisch (lakonisch) kurz auszudrücken. Sie seien so ein Vorbild für die Sieben Weisen geworden, deren Einsichten in Tempelinschriften wie dem »Erkenne dich selbst« und in der Überlieferung fortlebten. In der Tat können wir die vorsokratische Philosophie fast ausschließlich aus den Zitaten Späterer erschließen. Lyrik und Lehrgedicht stehen sich oft nahe und drükken Spannungen zwischen Empfindung und Reflexion, zwischen innerweltlicher und religiöser Erklärung aus. In Solons Elegien sind diese Elemente verbunden.

Weitreichende gesellschaftliche, politische und auch ökonomische Wandlungen in der archaischen Zeit trennen den Geist dieser Epoche vom vorausgehenden homerischen Zeitalter und dem nachfolgenden der Klassik; zu ihnen gehört die Einführung der Münze, beginnend in Lydien im 7. Jahrhundert nach dem Zeugnis Herodots.[174] Die mit der sich verbreitenden Geldwirtschaft verbundene Reichtumsbildung und die davon abhängenden sozialen Spannungen prägen ein neues Denken. Sohn-Rethel hat, George Thomson aufnehmend, behauptet[175], die in die vorsokratische Epoche fallende Idee des Beweises, durch die Rechenkunst und Feldvermessung zur Mathematik wurden, verdanke sich der geistigen Schulung im abstrakten Denken, die mit dem Vordringen der Wertabstraktion in Geld verbunden sei. Meyer meint, die sozialen und ökonomischen Verhältnisse seien von Grund auf umgestaltet worden. Eine Zunahme der Verschuldungen habe viele Existenzen vernichtet. Der Satz χϱήματ' ἄνηϱ[176] – »Geld macht den Mann« – sei der Wahlspruch der Zeit.

»Das Hasten und Jagen nach Gewinn und Genuß, das nie zur Ruhe kommen kann, tritt uns in der Literatur dieser Zeit, der Lyrik, überall als Signatur der Epoche entgegen; den Gegensatz dazu bildet das besonnene Maßhalten der Lyriker und die abgeklärte Lebensweisheit, welche die Lyriker verkünden und die großen Staatsmänner, die Sieben Weisen, im Leben betätigt haben.«[177]

Wie eingangs erwähnt, hielt Bücher – und mit ihm wohl die Mehrzahl der heutigen Althistoriker – die von Meyer behauptete Ausweitung kapitalistischer Verkehrsformen für überzeichnet. Doch werden nur das Ausmaß, nicht der Charakter des Phänomens, bestritten.

Die alte spartanische Lobpreisung edlen Wettstreits und tapferer Kriegsführung finden wir bei Tyrtaios, dessen Werk auf die Zeit um 640 datiert wird; Tod ist besser als ehrlose Flucht:

»Ja, ruhmwürdig erlag, wer, ein tapferer Mann, bei der Streiter
Vordersten fiel, in dem Kampf schirmend das heimische Land.
Aber entflohn aus befreundeter Stadt und gesegneten Fluren
Betteln zu ziehen, fürwahr, das ist das herbste Geschick.«[178]

In einer seiner Elegien feiert Tyrtaios die vom delphischen Orakel angeregte Verfassung Spartas. Die Herrschaft gehe aus von den Königen und der Gerusia, dem Rat der Alten, aber die Bürger sollen die Vorschläge aufnehmen; Sieg und Macht sollen der Volksmasse folgen:

δήμου δὲ πλήθει νίκην καὶ κάρτος ἕπεσθαι.[179]

In der Welt *Sapphos*, der größten Dichterin, finden wir uns in einer verfeinerten Hochkultur. Sie erzog in Freundschaft junge Mädchen, die Tanz, Saitenspiel und Gesang, Sitte und Bildung und den Dienst der Musen lernten.[180] Auf die Liebeslyrik Sapphos einzugehen ist – leider – hier nicht der Raum, aber deutlich genug setzt Sappho in einem berühmten Gedicht sich von der kriegerischen Welt ab:

»Reiterheere mögen die einen, andre
Halten Fußvolk oder ein Heer von Schiffen
Für der Erde köstlichstes Ding, – ich aber
Das, was man liebt hat.«[181]

Und die Liebe ist nicht eine esoterische: Im Fortgang ist Helena, die ihrem Paris folgt, das Beispiel.[182] Spuren in ihren Gedichten beweisen, daß sie vom Leiden der Zeit, nämlich dem Streit zwischen Untergang der Adelsherrschaft und beginnender Volksherrschaft, die wiederholt in die Tyrannis führte, nicht unberührt blieb. In einem fragmentarischen Gedicht an die Tochter Kleis möchte sie dieser einen feinen Schmuck schenken, doch kann sie so schönen, wie sie ihn aus Lydien kennt (seinerzeit oft als Beispiel üppigen Reichtums angeführt), leider nicht geben:

»Keine Bunte hab ich für dich,
Kind! Woher denn auch nähme ich
Solchen Schmuck? Mytilenes Beherrscher, ihm
(Gib die Schuld.)«

Eine weitere Strophe des Fragments lautet:

»Spuren trägt unsere Stadt genug,
Seit der Kleanaktiden Macht
Viele forttrieb: da brach unser Elend an.« [183]

Zu der Gemeinschaft der Kunst und Liebe, die Sappho sich errichtet, gehört ohne Zweifel nicht nur Friede, sondern auch eine Art Reichtum. Nun finden wir die Zeilen:

»Das Geld ohne menschlichen Wert
wohnt, um zu schaden, bei uns.« [184]

Das Original freilich lautet:

»Der Reichtum ohne Tugend
nicht unschädlich beiwohnend.«

Daß Treus Übersetzung eine Überinterpretation darstellt, lassen schon die antiken Scholien vermuten[185]; sie sagen zum Beispiel: »daß der Reichtum mit Tugend weitherrschend sei«. Mit der Verbindung von »weithinkräftigem« Reichtum und Tugend beginnt auch die Fünfte Pythische Ode Pindars. Also ist es nur der Reichtum, wenn ohne Tugend gehandhabt, der im Hause schadet. Gleichwohl trifft Treu das Problem: Daß Reichtum – anders als in den homerischen Epen – nun problematisiert wird, muß man wohl mit den zeitgenössischen politischen Auseinandersetzungen, die ohne Zweifel mit der entstehenden Geldwirtschaft verknüpft sind, in Verbindung bringen.

Alkaios, der Zeitgenosse Sapphos in Mytilene auf Lesbos, läßt die Leidenschaft der politischen Stürme in seinen Gedichten aufscheinen. In Chios soll um 600 die Demokratie schon verwirklicht gewesen sein; Solon bringt sie 594 nach Athen. Alkaios war freilich, auch im Exil, als er Mytilene auf Lesbos hatte verlassen müssen, weit mehr als nur ein politischer Dichter.[186] Alkaios soll sich an einer Verschwörung gegen den Tyrannen Myrsilos beteiligt haben, deren Scheitern die Verbannung nach sich zog. Er konnte triumphierend zurückkehren:

»Jetzt soll man zechen, trinken nach Herzenslust,
Ihr Freunde: Tot ist endlich nun Myrsilos!«[187]

Alkaios empörte sich, daß das Volk selbst Alleinherrscher – hier Pittakos – herbeirief: »Eines Unedlen Sohn, Pittakos, ward unserer alten Stadt zum Tyrannen gesetzt! All ihren Groll hat, vom Dämon verführt, sie vergessen, und laut riefen sogar alle ihm Beifall zu.«[188]

Im Exil sehnt sich Alkaios nach Teilnahme am demokratischen Prozeß, obwohl er sich der Schwächen seiner Mitbürger bewußt ist:

»Karge Nahrung und Schutz suchend, so kam ich her,
Leb', wie Bauern es tun auf ihrem Ackerlos.
Nur eins sehn ich herbei: zu hören
Wie Heroldes Ruf zu der Versammlung lädt,
Wo mein Vater ergraut und meines Vaters Ahn,
Stets nur Böses einander sinnen. –
Mir ist das versagt. Fern an den fernsten Strand
Zog ich, einsam, verbannt. Hauste, wie der gehaust,
Den ein reißender Wolf ansprang: man meidet ihn.«[189]

So ist die Demokratie von ihrer Geburt an mit der Gefahr der Entartung durch schlechte Gesinnung der Bürger verknüpft; in antiken Zeugnissen wird Alkaios das Wort zugeschrieben, »daß also nicht Steine oder Holz oder Baumeisterkunst die Städte bildeten, sondern daß überall da auch Mauern und Städte sind, wo es Männer gibt, die sich zu schützen wissen.«[190]

Dieser Schutz ist nicht nur eine Frage militärischer Verteidigungsbereitschaft.

»Unerträgliche Last ist die Armut: Sie knechtet das große Volk mit der Ratlosigkeit, ihrer grausamen Schwester, im Bund«[191] –

dies sagt der Dichter, dem man das seither wohl in allen Jahrhunderten zitierte »Geld macht den Mann« zugeschrieben hat.

In einsamer Größe, den Vergleich mit Dante und Goethe herausfordernd, verbindet *Solon* in jener Zeit die Kunst des Dichters und Philosophen mit der des Staatsmanns, der den Weg zur Demokratie in Athen eröffnet, indem er dem Volk Grundrechte sichert. Wir beginnen mit seinem Selbstzeugnis, das Aristoteles in seiner in Ägypten wiedergefundenen *Verfassung von Athen* zitiert:

»Weswegen ich das Volk berufen habe,
Was wär' davon nicht treulich ausgeführt?
Dafür sei Zeuge vor dem Richterstuhl
Der Zeit der Himmelsgötter große Mutter,
Die dunkle Erde, deren Laub von vielen
Von Schuld bedeckten Steinen ich erlöste.
Die vordem Sklavin war, jetzt ist sie frei.
Und viele führt' ich nach Athen zurück
Ins gottgeschenkte Vaterland, mit Recht,
Mit Unrecht auch als Sklaven einst verkauft.
Und mancher, von der Schuldenlast gequält,
War selber auch geflohn und hatte schon,
Von Land zu Land gejagt, die Muttersprache
Vergessen, andre trugen hier die Schande
Des Sklaven zitternd vor dem Wink des Herrn:
Frei macht' ich sie! Mit Kraft hab ich gewirkt,
Gewalt und Recht in eins zusammenschmiedend.
Also hab ich erreicht, was ich versprach.
Gesetze schrieb ich dann für hoch und niedrig
und jedem hab ich grade Recht gefügt.
Ein andrer, der den Zügel griff statt meiner,
Ein schlechtgesinnter, eigennützger Mann,
Er hätte nicht das Volk bezwungen, denn
Hätt ich erfüllt, was jene von mir wünschten,
Was diese wieder jenem zugedacht,
Von vielen Männern wär die Stadt verwaist.
Drum hab ich mich gewehrt nach allen Seiten,
In dichter Meute ein gehetzter Wolf.«[192]

Wir hören, wie Solon durch eine Landreform verpfändetes Land zurückgab und, vor allem, die Schuldknechtschaft aufhob. Von da an wurden im Prinzip nur noch ausländische Kriegsgefangene als Sklaven verkauft – in gewissem Sinn wurde so deren Freiheitsverlust zur Vorbedingung der frühen Entwicklung der Demokratie. Schließlich gibt Solon die Gesetze, »Gewalt und Recht versöhnend«, indem er sich über die Vermögensinteressen stellt, einsam wie ein Wolf unter den Hunden.[193] Der Schuldenerlaß, die Aufhebung der Schuldknechtschaft, die Einteilung der Bürger in vier Klassen zu Steuerzwecken, die Beiträge zur Gerichtsordnung und die Gesetze können natürlich nicht im einzelnen Gegenstand der Darstellung in dichterischer Form sein; diese gibt aber den beschwörenden Auftrag zur Gesetzestreue nach der neuen Ordnung in eigentümlicher Verbindung von religiöser Scheu und revolutionärem Bewußtsein wieder. Solon läßt keinen Zweifel, daß nur sein Ethos ihn hinderte, sein Prestige zum Erringen einer Alleinherrschaft einzusetzen, wie es die Tyrannen dann taten. Man höre auf gerechte und ungerechte Gebote der Herrschenden.[194] Eine Stadt wird durch große Männer zerstört, und das Volk fällt in Knechtschaft durch Unwissenheit.[195] Unter dem Titel *Der Gesetzgeber* ist ein erhaltenes Bruchstück wie folgt übersetzt:

»So viel Teil an der Macht als genug ist gab ich dem Volke,
Nahm an Berechtigung ihm nichts, noch gewährt ich zu viel.
Für die Gewaltigen auch und die reicher Begüterten sorgt ich,
Daß man ihr Ansehn nicht schädige wider Gebühr.
Also stand ich mit mächtigem Schild und schützte sie beide
Doch vor beiden zugleich schützt ich das heilige Recht.«[196]

Hybris wird erzeugt, wenn zuviel Reichtum denen zufällt, deren Geist nicht ἄρτιος, »vollkommen« ist.[197] So rät Solon den Reichen, nicht habsüchtig zu sein und sich in ihren Ansprüchen zu mäßigen.[198]

Solon selbst wünscht sich Ruhm und Reichtum; es heißt im Gebet zu den Musen:

»Möchten die seligen Götter mich segnen und möchten die Menschen
Alle nur Gutes von mir denken und sagen allzeit!«[199]

Der Reichtum soll aber nicht gerecht sein, denn wer Unrecht tut, wird schließlich schrecklich gestraft, und wenn nicht der Übeltäter selbst, so Kind oder Enkel:

»Wohlstand aus Frevel geborn, nie ist er Sterblichen treu.«[200]

Indem Solon die Reichtumshoffnungen der Menschen im Gedicht verfolgt, mit ihren vielfach mißgeleiteten Vorstellungen, an denen sie festhalten, bis sie scheitern, beschreibt er die vielfältige Arbeitsteilung. Natürlich beschwört Solon zunächst das Bild vom Gegensatz zwischen dem gewinnsuchenden Seekaufmann und dem, der das Land bestellt:

σπεύδει δ' ἄλλοθεν ἄλλος· ὁ μὲν κατὰ πόντον ἀλᾶται
ἐν νηυσὶν χρήζων οἴκαδε κέρδος ἄγειν
ἄλλος γήν τέμνων πολυδένδρεον ...[201]

Anschließend beschreibt er die handwerklichen Künste Athenes und des Hephaistos, sodann die der Musen und schließlich der Seher. Es ist aber kein rationales ökonomisches Prinzip, das den Gedanken der Arbeitsteilung hier ordnet, sondern Moira, die Schicksalsgöttin, bringt Gutes und Böses in allen Arbeitsbereichen.[202]

Es folgen die Verse, deren erster viel zitiert wurde:

> πλούτου δ' οὐδὲν τέρμα πεφασμένον ἀνδράσι κεῖται[203]

»Des Reichtums kein Ziel (das griechische Wort bezeichnet auch das Ziel im Pferderennen) liegt den Menschen offenbart« (das griechische Wort für »liegt« bezeichnet auch die Setzung in Gesetzestafeln; das Wort für »offenbart« ist das »Aufscheinen«, das in der vorsokratischen Philosophie vorkommt, wenn die Manifestation eines tieferen göttlichen Gehalts als »Phänomen« gemeint ist[204]). Eine etwas flache Übertragung dieses und der beiden folgenden Verse lautet:

> »Ohne Grenzen ist aber die Gier bei den Menschen nach Schätzen:
> Sei einer reich wie er will, lebend in Fülle und Glanz,
> Morgen begehrt er das Doppelte; sättigt denn je sich die Habsucht?«[205]

Die Folge ist, daß, wie im Kampf der homerischen Helden, Ate, das Verhängnis der Götter, strafend erscheint – hier im Reichtumskampf.

Nun hilft Solon nichts an der Einsicht vorbei, daß »viele Reiche schlecht sind, Gute aber arm«[206]; doch will er nicht Reichtum für Tugend tauschen, da sie ja dauert, während die Reichtümer der Menschen immer wieder von anderen besessen werden.

So hat man sich auf den eigentlichen Wohlstand zu besinnen. Nun finden wir die Vorstellung des im aristotelischen Sinne autarken Haushalts, d. h. des Haushalts, der seine wesentlichen Bedürfnisse erfüllen kann, obwohl dieser Terminus nicht vorkommt. Nicht begrifflich, sondern anschaulich wird die Vorstellung vorgetragen:

> »Ebenso reich ist der, dem zu eigen ist Fülle von Silber
> Und von Gold, und von Land weizenbestandene Flur,
> Und Maultiere und Pferde. Und ebenso der, der nur dies hat:
> Wohlgefühl für den Bauch und für die Flanke und Fuß
> Und eines Knaben und Mädchens Blüte, wenn es dahin kommt,
> Eben die Dinge, worin Jugend sich schicklich erfüllt.
> Das ist des Sterblichen Wohlstand, das Überschüssige alles
> Läßt doch ein jeder zurück, der sich zum Hades begibt.
> Niemand noch kaufte sich los von Tod oder bitterer Krankheit
> Oder vom Greisentum, wenn unabweisbar es naht.«[207]

Solon würde nicht so für seine Gesetzgebung zu kämpfen gehabt haben, wenn eine sich mit – in seiner Wertung – skrupelloser Politik verbindende Gewinnlust nicht verbreitet gewesen wäre. Sie hat wenig unmittelbaren literarischen Ausdruck gefunden; immerhin ist von *Bias* – wie Solon einer der Sieben Weisen – aus dem frühen 6. Jahrhundert die Anekdote zitiert, daß er, gefragt, bei welchem Tun der Mensch sich ergötze, geantwortet habe, κερδαίνων – »beim Gewinnen«[208]. In kritischer Form sind die Hinweise häufiger. Von *Pittakos* aus Lesbos, ebenso einem der Sieben Weisen[209], stammt das Wort von der »unersättlichen Gewinnlust«[210]; bei ihm findet sich auch die älteste Erwähnung des Worts οἰκονομία – »Hauslehre«[211]. *Phokylides* aus Milet, in der zweiten Hälfte des 6. Jahrhunderts, erwähnt wohl zuerst den Ökonomen. Und zwar vergleicht er in einem elegischen Gedicht die Frauen mit Tieren: mit Hündin, Biene, Wildschwein und mit langmähniger Stute, denen je verschiedene Eigenschaften zugeordnet sind. Natürlich ist die Biene die beste:

> οἰκονόμος τ' ἀγαθὴ καὶ ἐπίσταται ἐργάζεσθαι·[212]
> »Hausverwalterin, gute, und sie versteht es zu werken.«

– der Dichter betet, daß sein Freund so eine zur erfreulichen Hochzeit führe.

In *Theognis*, dessen Blütezeit für das Ende des 6. Jahrhunderts angenommen wird, haben wir einen Lyriker vor uns, dessen Elegien, soweit es nicht Trink- und Liebesgedichte sind, belehrende Reflexionen über Freundschaft, gesellschaftliche und wirtschaftliche Schicksale enthalten. Theognis entstammte vermutlich dem attischen Megara, wo er den Niedergang der Adelsherrschaft, der er sich zugehörig fühlte, erlebte. So hören wir häufig von ihm Klagen, daß die Edlen nichts mehr gelten. Er lehrt die Adelsmoral, rät aber auch zur Anpassung. Die Gedichte sind zumeist an einen Freund gerichtet:

> »Doch dir will ich in Liebe verkündigen, was ich, oh Kyrnos,
> Selber von Edlen gelernt, als ich ein Knabe noch war.«[213]

Die Veränderungen schlossen wohl, neben neuem Reichtum vom Handel und einfachem Gewerbe, auch neue Besitzverhältnisse in der Landwirtschaft, wie sie Aristoteles im »Staat der Athener« beschreibt (II, 2–3), mit ein.

»Unser Staat ist noch, Kyrnos, ein Staat, doch das Volk ist ein andres:
Jene, die früher nicht wußten von Recht und Gesetz,
Die, ihre Blöße bedeckend mit alten, haarigen Fellen,
Draußen auf offener Flur hausten wie Rotwild am Berg,
Sie sind die »Guten« jetzt, und sie, die früher als vornehm
Galten, jetzt sind sie Pack. Nicht zu ertragen ist das.
Jeder legt jeden andern hinein, hohnlachend, Gedächtnis
Haben sie nicht, das treu Schlechtes und Gutes vergilt.
Nimm dir von diesen Bürgern nicht einen zum Freunde von Herzen,
Kyrnos, was auch der Zweck sein mag, und was du auch planst.
Pflege statt dessen mit allen die scheinbare Freundschaft der Zunge,
Aber mit keinem je lasse im Ernste dich ein
Auf ein Geschäft. Sonst zeigt sich dir bald ihre schnöde Gesinnung:
Kommt es zu Taten, so ist nicht der geringste Verlaß
Auf die Gesellschaft. Wie alle, die nichts zu verlieren mehr haben,
Sind sie nur aus auf Betrug, Doppelspiel, wendige List.«[214]

Viele Aristokraten wurden vertrieben und lebten, wie auch Theognis, im Exil. Wer im Exil lebt, hat keine Freunde, was bitterer sei als das Exil selbst, schreibt er.[215] Sein Herz schwärzt sich beim Gedanken, daß andere seine blühenden Felder besitzen und nicht für ihn die Maultiere unter dem Joch gehen.[216] Korruption, private Gewinn- und Machtlust führen zum Bürgerkrieg, und der zur Tyrannis – das ist das wiederkehrende Erklärungsmuster.[217] So soll man sich nie den Schlechten zum Freund machen[218], und er rät Kyrnos, lieber mit wenigen Gütern in Frömmigkeit zu leben, als mit ungerechtem Besitz reich zu sein. Der Mensch soll maßvoll und besonnen leben:

»Hoffart wächst aus Ersättigung auf, wenn dem frevelen Manne
Segen gefolgt und ihn nicht sinniger Geist auch beseelt.«[219]

An mehreren Stellen des Textes finden sich Zitate aus Solon mit geringfügigen Abwandlungen, darunter auch jenes von der Grenzenlosigkeit des Reichtums, das wir schon kennen. Die Gelehrten sind sich nicht einig, wie der Mischcharakter der Sammlung entstanden ist, deren Kernbestand Theognis zugerechnet wird.[220] Originell klingen die ironischen Verse

»Plutos, du anmutvollster und lieblichster unter den Göttern,
Mit dir wird auch ein Schelm bald zum vortrefflichen Mann.«[221]

Eigentlich meint er: »Nimmer zuviel anstreben!«[222] Die aristokratische Haltung verbindet sich mit Verachtung für Sklaverei; nie hält diese ihren Kopf hoch, sondern ihr Nacken ist krumm, und das Kind der Sklavin niemals frei im Geist, gerade so, wie keine Rose je einer Zwiebel entwächst.[223]

»Jeglicher ehrt den begüterten Mann und verschmähet den Armen,
Und kein Sterblicher denkt anders als andre darin.«[224]

Vor allem lebt er selbst in dieser Spannung, denn die Armut lastet auf seinen Schultern und lehrt ihn ehrloses Handeln, obwohl er doch das Gute weiß.[225] So wünscht er sich und erbittet sich von den Göttern vor allem eines: Glück – Eudaimonie.[226] Den Edlen drückt die Armut mehr als jegliche Bürde:

»Sterben, du trautester Kyrnos, ist besser dem darbenden Manne
Als in der Armut Qual fürder das Licht zu erschaun.«[227]

So stammt von ihm der berühmte, oft zitierte Vers:

»Nicht geboren zu sein ist Erdenbewohnern das Beste.«[228]

Neben der Strenge der archaischen Dichter ertönt auch ein leichterer Ton. Den Zwängen der Geldwirtschaft, den Gefahren der Verschuldung und der hitzigen politischen Auseinandersetzung entfloh man nur zu gern beim Gastmahl, von deren Geselligkeit *Anakreon* und die anakreontischen Trinklieder zeugen:

»Wenn den Wein ich trinke,
Ist dieses Gewinn mir allein.«[229]

Und ein Lied für viele:

»Wenn unser sterblich Leben
Mit dargewognem Golde
Der Reichtum könnte fristen,
Ich wollt' ihn fleißig hüten,
Daß, wenn der Tod nun käme,
Er nähme was und ginge.
Doch weil ja nie kann kaufen
Ein Sterblicher das Leben,
Was mag das Gold mir frommen.
Denn ist mein Los, zu sterben,
Wozu deshalb mich quälen?
– Darum so will ich trinken,
Des süßen Weines trinken,
Bei trauten Freunden weilend.«[230]

Hinter allen diesen frommen, ernsten, zornigen, bitteren, traurigen, freundschaftlichen, liebenden und spielerischen Liedern sehen wir im Hinblick auf unsere Fragestellung das Suchen nach Recht und Ordnung in der Berufung auf alte Sitte und Aristokratie oder die Hoffnung auf einen neuen Ausgleich und die Bestätigung der Ansprüche des Volks. Die lyrischen Stimmen schwanken zwischen Leidenschaft und Sittlichkeit. In deren Spannung werden Erklärungen für die Umwälzungen und Leitbilder für die Zukunft gesucht. Rationale Analysen fehlen. Selbst die Hauswirtschaft, wo rationale Allokation zuerst aufkeimt, bewegt sich zwischen Maß und Sitte einerseits, Besitzlust und Verschwendung andererseits. Angesichts dieser Tradition ist den Philosophen nicht die Aufgabe gestellt, kausale Erklärungen zu suchen, wo sich Rationalität noch kaum herausbildet, sondern die Normen, die sittlichen Haltungen und die Gesetze zu ordnen, um damit für das Leben den Rahmen zu finden, in dem es sich auch als wirtschaftliche Tätigkeit entfalten kann. Diese Thematik bestimmt, nur wenig abgewandelt, noch die klassische Periode.

Aus der klassischen Lyrik sei zum Abschluß dieses Kapitels ein Vers *Pindars* zitiert, weil Aristoteles die Worte, daß »Wasser« »das Beste« sei, als Beleg dafür anführt, daß das Reichlichere wegen seiner Gebrauchsmöglichkeiten über dem Selteneren stehen könne.[231] So beginnt die erste Olympische Ode:

Ἄριστον μὲν ὕδωρ · ὁ δὲ
Χρυσὸς αἰθόμενον πῦρ
Ἅτε διαπρέπει νυ –
    κτὶ μεγάνορος ἔξοχα πλούτου·

Ich versuche eine wörtliche Übersetzung:

Bestes einerseits Wasser. Andererseits
Das Gold: entflammtes Feuer
Gleichsam leuchtet es durch Nacht hervor
Am meisten unter dem männerehrenden Reichtum.

Die dichterische Gegenüberstellung weckte bei mir früher nur die Assoziation köstlichen, klaren Quellwassers an einem heißen Tag im Süden, und eines griechischen Goldschmucks, der im Dunkel schimmert. Aber wenn Aristoteles den Vers sprichwortartig anführt, muß er für die Zeitgenossen auch als Ausdruck des Gegensatzes zwischen einem Reichtum, der, obwohl überall zu haben, keinem gehört, und einer »großmannesgemäßen«[232] Kostbarkeit gegolten haben. Zugleich ist Wasser gut, sogar »das Beste« – die Brauchbarkeit überwiegt, sagt Aristoteles.[233]

Insofern deutet sich wirklich das Wertparadoxon an. Pindar sucht ein Gleichnis für den Sieg im Wettkampf – der Auszeichnung des »Besten« – und findet in den folgenden Zeilen eines, das Tageslicht, das, frei gegenwärtig und strömend wie Wasser, strahlend wie Gold, beide Bilder zusammenführt. In Hölderlins freier Übertragung mit ihrem schwingenden Rhythmus klingt ferner der mythische Kontrast an zwischen Helios am Firmament und dem mit dem Reichtum griechisch synonymen Unterweltsgott Pluto:

> »Das Erste ist wohl das Wasser; wie Gold
> Leuchtet das lodernde
> Feuer bei Nacht
> Die Gaabe des Pluto.
> Doch kömst du, Siege zu singen
> Liebes Herz!
> So suchend kein ander
> Blühender leuchtend Gestirn,
> Als die Sonne am Tage
> Im einsamen Aether.«[234]

Bemerkungen zur klassischen Tragödie und den Lustspielen des Aristophanes

Es wäre vermessen, der ungeheuren Welt des klassischen Theaters hier auf engem Raum gerecht werden zu wollen, das so viele Nachwirkungen hatte – man denke nur an die vielen Dramen über das Schicksal Elektras in der antiken und neuzeitlichen Literatur. Und doch ist im Hinblick auf Wirtschaftsfragen so viel nicht zu sagen, da im 5. Jahrhundert eine spezialisierte Literatur zumindest der Hauswirtschaftslehre sich schon bemächtigt hat und das Drama zwar viele Daseinsaspekte berührt, aber dem in archaischer Zeit vorgezeichneten Wirtschaftsdenken wenig neue allgemeine Gesichtspunkte hinzufügt, auch sich von diesem – soweit ich sehe – nicht grundsätzlich unterscheidet, während die philosophische Literatur schon eine Systematisierung versucht. Der neue Realismus der Komödie bei Aristophanes, der in parodierender Form Alltagskonflikte auf die Bühne bringt, ist allerdings an Hinweisen zu wirtschaftlichen Fakten reich, die zumindest für die Wirtschaftsgeschichte von hohem Interesse sind. Wieweit sich damit wesentliche Varianten des Wirtschaftsdenkens abzeichnen, ist mir als Frage offengeblieben.

Ohne Zweifel führt die Tragödie zu einer Vertiefung der Wahrnehmung der politischen Konflikte, die etwa in der Orestie des Aischylos, der einzigen erhaltenen Trilogie, deutlich werden. Hier wird ein von Athene geheiligtes Volksrecht, das Orest von der Schuld des Muttermords befreit, dem alten Rachegedanken siegreich gegenübergestellt. So großartig dieser Konflikt nun geschildert ist, und so bedeutsam das Aufgreifen und Variieren der Thematik durch die nachfolgenden Tragiker Sophokles und Euripides: Ich sehe mich kaum imstande, das Verständnis für politische Entwicklung, das daraus gewonnen wird, für eine veränderte Interpretation des Wirtschaftsdenkens umzusetzen.[235] Der bei Solon oder Theognis direkt und naiv wahrgenommene Konflikt der Klassen erscheint mythologisch überhöht. Während jedoch in Homers Epen die Sphären des Lebens so miteinander verwoben sind, daß die Schilderung des abstrakt-göttlichen Schicksals, einer übernatürlichen Märchenwelt, der Kämpfe der Heroen und der Daseinsform des einfachen Volkes ineinander übergehen, so daß aus dem letzteren Zusammenhang die Gestalt der Wirtschaft, aus den ersteren aber Vorstellungen wirtschaftlichen Denkens erschlossen werden können, bewegt sich die Tragödie zumeist auf solcher dichterischen Höhe, daß der Rückschluß auf materielle Gegebenheiten nicht leicht anders als dogmatisch konstruiert werden kann. Bei Aristophanes verschwindet umgekehrt der allgemeine Zusammenhang hinter der direkten konkreten Aktion. Wir sehen, wie Sklaven gelobt und gescholten werden, sie treten uns als ganz lebendige Menschen gegenüber, dennoch wird das Sklavenschicksal als solches nicht wie bei Homer in wenigen großen Linien thematisiert.

Möglicherweise kann es einer tiefer schürfenden Hermeneutik gelingen, im Drama von mir nicht bemerkte Schichten freizulegen – vielleicht sogar in der klassischen Lyrik, obwohl ich Pindar im Hinblick auf unser Thema wiedergelesen und bedauernd zur Seite gelegt habe (bis ich durch Aristoteles auf die eben wiedergegebene Deutung der ersten Olympischen Ode geführt wurde). Für den Bereich des

Theaters muß ich mich mit Bemerkungen zu den erhaltenen Teilen des Prometheus von Aischylos, zur Antigone des Sophokles, zur Elektra des Euripides und zum Plutos des Aristophanes begnügen.

Der Gott Prometheus, dessen Gestalt uns durch Goethes Gedicht und sein Dramenfragment gegenwärtig ist, erscheint im ersten, allein einigermaßen vollständig erhaltenen Stück der Trilogie des *Aischylos* als Gefesselter auf der Bühne. Er, vom alten Titanengeschlecht, wird im Auftrag des Zeus von Hephaistos, der dieses Geschäft unwillig verrichtet, an den Felsen geschmiedet, weil er vom Himmel das Feuer entwendet und den Menschen gegeben hat. Zugleich nahm der Titan den Menschen die Voraussicht und schenkte ihnen dafür die Hoffnung.

> »Vordem ja, wenn sie sahen, sahn sie ganz umsonst;
> Vernahmen, wenn sie hörten, nichts, nein: nächtgen Traums
> Wahnbildern gleich, vermengten all ihr Leben lang
> Sie blindlings alles.«[236]

Vordem nahmen die Menschen nicht einmal die Jahreszeiten wahr, nunmehr aber zeigt Prometheus ihnen den Gang der Sterne, »die Zahl, den höchsten Kunstgriff geistiger Kraft«[237], die Schriftzeichen als »Mutter allen Musenwerks«[238], das Anspannen der Tiere, damit den Menschen Arbeitsmühe abgenommen werde, schließlich die Schiffahrt. Vor allem aber, indem die Menschen Herren des Feuers wurden, werden sie einst viele Künste erfinden.[239] Zu diesen Künsten gehören die Heilkunst, die Seherkunst, endlich gar aufzudecken, »was der Erdenschoß verbarg«[240], die Metalle, Erz, Eisen, Silber, Gold.

Barry Gordon hat dies als Fortschrittsglauben interpretiert[241], und zweifellos wird hier stärker noch als in den vorangegangenen Jahrhunderten, welche doch auch Feuer, Schiffbau, Metallbearbeitung kannten, die titanische Kraft einer menschlichen Erfindungskunst bewundert, die von Hoffnungen geleitet wird, aber entwickelt von Menschen, die bei aller Erforschung der Zukunft ihr wirkliches Schicksal doch nicht erkennen. Das eigentliche Thema des Dramas ist deshalb nicht vorbehaltlose, sondern schaudernde Bewunderung für den Titanen, der den größten Gott, Zeus, herauszufordern wagt, selbst auf die Strafe ewiger Fesselung hin nicht nachgibt und sich im Konflikt mit dem Himmelsbeherrscher, den wir hier nicht weiter schildern können, zu unterwerfen weigert.

Das erste Drama der Trilogie endet damit, daß Prometheus und sein Fels vom Blitz getroffen im Meer untergehen. Im zweiten Drama der Trilogie bekennt Prometheus sein Leiden, da er nun nicht nur an den Kaukasus geschmiedet ist, sondern auch der Geier seine immer nachwachsende Leber, in den lebendigen Eingeweiden wühlend, frißt. Er wünscht sich den Tod.[242] Aus der Sage wissen wir, daß ihn Herakles befreit. Es wird vermutet, daß das dritte Stück »Der Feuerträger Prometheus« die Einsetzung des Prometheuskultes mit seinen Fackelläufen in Athen brachte, wobei sich Hephaistos nun als Freund und Verwandter des Prometheus erweisen konnte. Aus dem auf sein Recht pochenden Titanen wird der weisheitsvolle, an der Seite des Hephaistos höchste Verehrung genießende Feuer- und Töpfergott Prometheus, und aus dem mißtrauischen, grausamen Tyrannen der gerechte, milde Weltenlenker Zeus.[243] Wie in dem Stück die irenische Wendung vollzogen wurde, wissen wir nicht; es muß uns genügen, zu sehen, daß die athenische Frömmigkeit sie verlangte. Der »Fortschritt« erscheint als frevlerisches Beginnen, vom Aufruhr des Titanen hervorgebracht; er muß für Aischylos in eine neue Weltenlenkung und in eine kultische Ordnung eingebunden werden.

Nach dieser Vorbereitung wird es uns leichter, das berühmte Chorlied aus der Antigone des *Sophokles* zu verstehen, das

πολλὰ τὰ δεινὰ κοὐδὲν ἀνθρώπου δεινότερον πέλει[244],

uns erinnerlich durch Hölderlins Übersetzung »Ungeheuer ist viel«, das ich aber für unser Verständnis in der Übersetzung G. P. Landmanns wiedergeben möchte:

»Mächtiges gibt es vielerlei – nichts ist mächtiger als der mensch.
Nicht nur über das graue meer fährt er quer durch den regensturm
Vom wogenschwall überflutet:
Er dringt hindurch. Und Mutter Erde, aller götter höchste,
Ewige nimmer ermüdete furcht er und mergelt sie aus mit dem wendenden pflug und der
Zucht der rosse jahr um jahre.
Flatternder vögel leichtes volk geht ihm in das gestellte netz.
Tiere der wildnis art um art und des salzigen meeres brut
Umgarnt mit maschengespinsten
Der überkluge mann. Er zwingt mit fallen unbehauste
Tiere die schweifen am berg, und den zottigen nacken des rosses gewöhnt er ins schwingende

Joch, sogar die kraft des bergstiers.
Und sprache und schnell wie der wind gedanken und städtischen sinn
Erlernt er und meiden die nacht im freien
In offnem Feld reifbestreut und regenguss windgepeitscht
Immer weiss er sich rat und ratlos trifft ihn nichts
Was kommen mag – nur dem tod zu entrinnen lernt er nie –
Zu heilen hoffnungslosen schmerz fand er auskunft.
Sein kluger erfindrischer sinn mit kunst über hoffen und traum
Führt bald ihn zum heil, aber auch zum unheil.
Solange er ehrt erdgesetz und eidestreu götterrecht
Blüht er in hohem staate; doch staatlos wer sich dreist
Dem unguten beigesellt. Sei mir der nicht herdgenoss
Noch auch gesinnungsfreund wer so handelt.«[245]

Antigone steht im Konflikt mit dem willkürlich gesetzten Recht des Königs Kreon, der ihr frevlerisch den Bruder zu bestatten verbietet. Der Chor macht die großen und gefährlichen Möglichkeiten des freien menschlichen Handelns im Kampf mit der Natur in seinem Lied bewußt. Seine Lösung ist, sich der Gemeinschaft einzufügen. Antigone, zur Strafe für die doch durchgeführte und entdeckte Bestattung von Kreon mit dem Tode bedroht, beruft sich auf uralte, gottgegebene Pflicht. Mit Argumenten eines ursprünglichen Götterrechts, der menschlichen Liebe und der Politik – denn das Volk verurteilt Kreons Haltung heimlich – wird versucht, für Antigone Gnade zu erwirken. Endlich prophezeit der Seher Rache und Bürgerkrieg. Nun ist Kreon zum Nachgeben bereit, doch umsonst; sein Sohn, der Antigone liebt, hat sich umgebracht, und das weiter fortschreitende Unheil bringt Kreon schließlich – zu spät – zur Einsicht in die Verfehlungen seiner Willkür. Die im Chorlied beschworene, technisch-ökonomische Macht des Menschen, die zum Heil oder Unheil führen kann, die es dem Griechen also notwendig macht, daß der Mensch sich unter eigenes und göttliches Recht stellt, ist so ein Gleichnis für politische Macht, die durch Anmaßung ein Verhängnis heraufbeschwört.

Kreon freilich stellt sich nicht bewußt außerhalb des Rechts; er beruft sich vielmehr selbst auf Zeus, den Herrscher, und seiner so abgeleiteten rechtsetzenden Gewalt gegenüber erscheint ihm private Gewinnsucht als Gefahr. Kreon sagt:

»Kein schlimmres Gut erwuchs den Menschen als
Das Geld. Es äschert ganze Städte ein,
Treibt die Bewohner fort von Haus und Hof,

Es lehrt und wirrt auch unverdorbnen Sinn,
Es weist die Menschen auf den bösen Weg,
Zeigt ihnen alle Schurkerei und nährt
Den Frevelmut zu jeder schlechten Tat.«[246]

Hier wird also deutlich die Gewinnsucht (κέρδος) in Verbindung nicht mit beliebigem Erwerb, sondern mit der Geldanraffung (Chrematistik) denunziert.[247] Und immerhin können wir in der Wortwahl nun den Reflex institutioneller Veränderungen erkennen. Während in der archaischen Lyrik, soweit ich sehen konnte, nur solche allgemeinen Ausdrücke wie »Gold« und »Reichtum« vorkommen, wird hier das »üble Silbergeld« benannt, mit einem Ausdruck, der auf ein nominalistisches Geldverständnis zu verweisen scheint: ἄργυρος κακὸν νόμισμα (Verse 295–296). Doch spielt im Zusammenhang die besondere Form des Geldes als Münzgeld keine Rolle – in der Tat ist es von Sophokles ein Anachronismus, dem Kreon der Heroenzeit auch nur die Kenntnis gemünzten Geldes zu unterlegen.

Das klassische Drama wiederholt so die großen Themen des Wirtschaftsdenkens der archaischen Epoche. In der Demokratie des perikleischen Athen hat ein aufgeklärteres Denken den traditionellen Konflikt zwischen individueller Freiheit und menschlicher Setzung des Rechts einerseits, den tradierten Werten von Gemeinschaft und Sitte andererseits keineswegs aufgehoben, obwohl die Persönlichkeit sich im Drama immer deutlicher als individueller Charakter entfaltet.

In der Orestie des Aischylos ist Orestes die überall präsente Hauptperson, seine Schwester Elektra eine weit weniger wichtige Rolle. In der handlungsmäßig komplexeren *Elektra* des Euripides werden die individuellen Leidenschaften und die Wechselfälle des Schicksals dramatischer hervorgehoben. Das Drama greift räumlich und gesellschaftlich weiter aus als seine Vorgänger. Deshalb sehen wir, für uns interessant, Elektra eingangs, verstoßen aus dem Königshaus, als Gattin eines armen Bauern vor dessen Hütte. Diese Situation gibt Anlaß zu einer für die Haupthandlung peripheren Reflexion über den Gegensatz von Reichtum und Armut, von Adel und bäuerlichem Leben, von den Rollen der Geschlechter. Da das tragische Erleben nach der Tradition des griechischen Dramas den Angehörigen der Heroenfamilien vorbehalten bleibt, mag man diese Exposition an sich schon als Ausdruck einer demokratischen Entwicklung sehen. Sie unterstreicht, freilich in den engen Grenzen des tragischen Stils, die Trauer und das Elend der Tochter Elektra, die es hat erleben müssen, wie ihre Mutter Klytaimnestra mit Hilfe eines anderen Mannes den heimkehrenden Gatten Agamemnon erschlug.

Elektra leistet klaglos, ja bereitwillig, die Dienste, die sie im bäuerlichen Haushalt schuldet. Der Bauer aber berührt sie nicht, ihren Adel achtend. Elektra will trauern und nicht im Reigen der Bauernmädchen tanzen. So wird dem Zuschauer der Tragödie eine innere Situation anschaulich; wir aber sehen, daß hier der Niedere, nämlich der Bauer, durch einen Adel der Gesinnung ausgezeichnet wird, weil er seine Leidenschaft beherrscht, während die Königin Klytaimnestra gefrevelt hat und auch gestraft wird.

»Im reichen Manne ein leerer Verstand
Und große Gesinnung im Ärmsten!«[248]

sagt Orestes, der nun fragt, was den Adel überhaupt noch auszeichne. Reichtum und Mangel können gleichermaßen zum Unrecht führen. Auch die Lanze verbürgt den Adel nicht mehr. Nicht alter »Umgangsbrauch« macht den Edlen kenntlich, nein, »solche wie der sind Bürger von Rang«.[249] Dies ist nun allerdings die Idee der Demokratie, die Orestes deutlich wird angesichts des »Elends« und des »ärmlichen Dachs« der »fürstlichen Tochter«, die sich am Webstuhl müht und das Wasser trägt, den Festen fern und der Reigen beraubt.[250]

Als Orestes bei Elektra erscheint und sie ihn, den Fürstensohn, zum Mahle laden will, fällt dem Bauern ein, wie er dafür seinen Vorrat strecken kann. Er fügt hinzu:

»Was der Reichtum vermag: zu geben dem Freund
Und zu retten den Leib, der in Krankheit verfiel.«[251]

Das vermag, der wenig besitzt, auch, denn selbst der Reiche kann nur satt werden.

Die Demokratie, obwohl von neuem Geist, beruft sich auf die Tradition; sie nimmt in dieser Tragödie die alte Bewertung des Reichtums wieder auf, indem der Reichtum in der Hand des Frevlers zerrinnt.[252] Und die häusliche Ordnung bleibt erhalten

»Wie übel, wenn Weiber beherrschen das Haus.«[253]

Es ist die schuldbeladene Mörderin ihres Mannes Klytaimnestra, die dagegen aufbegehrt, indem sie auf vorangehende Verfehlungen des getöteten Agamemnon verweist:

»Der schuldvolle Mann bleibt immer im Recht!«[254]

Orestes rächt seinen Vater, indem er Klytaimnestra erschlägt. Die Schuld des Muttermords, die er hier trotz des Rechts der Rache auf sich lädt, werden – dies ist bei Euripides aber nur ein fern für die Zukunft gegebenes Versprechen – erst die Götter lösen.

In der zwar phantastisch und parodistisch überhöhten, doch im Grunde ganz bürgerlichen Alltagswelt des *Aristophanes* wird, wie es für Satire charakteristisch ist, mit aktuellen Konflikten für seine Zeit modernes Gedankengut kühn auf die Bühne gebracht, bis nach allerhand Verwicklungen schließlich doch die Sitte sich bewährt. Als Beispiel sei die Behandlung des Wuchers in den *Wolken* erwähnt. Ein Bauer, der sich wegen des gesellschaftlichen Ehrgeizes seines Sohnes verschuldet hat, sucht ausgerechnet bei Sokrates Hilfe, um die sophistischen Redekünste zu erlernen, mit denen er seine Schuldiger vor Gericht abzuwehren hofft. Sein »Weh! Heult ihr Wucherer!«[255] scheint eine Parodie auf Euripides zu sein. Aber die erlernten Sophismen werden dem Bauern nichts nützen, da sein Sohn sie anwendet, um seinem Vater den Generationenvertrag aufzukündigen, und schließlich kehrt sich der allgemeine Zorn gegen Sokrates selbst, dem Feuer ans Haus gelegt wird.

Im Plutos, dem letzten erhaltenen Stück des Aristophanes, früher beliebt, aber heute oft als dramatisch schwächer empfunden, begegnen ein sehr menschlich gezeichneter Diener und sein gerechter Herr Chremylos dem erblindeten Reichtum Plutos. Es gelingt ihnen, diesen wieder sehend zu machen, und die Folge ist, daß der Reichtum nun das Geld gerecht, d. h. an die Gerechten, verteilt. Zwar gibt es, sagen Herr und Diener wechselnd, von allem Sättigung, von Liebe und Brot, von Ehre und Kuchen, von Ehrgeiz und Haferbrot, aber nicht vom Reichtum.[256] Doch Plutos gibt nun allen, die arm waren, und erzeugt bei den Bauern Zufriedenheit. Es bleibt damit ein Widerspruch zwischen den Vorstellungen von Sättigung und Nichtsättigung bestehen, den das Märchenstück überspielt.

In ähnlicher Weise wird ein sehr wichtiger Einwand der als Person auftretenden Armut sozusagen mit dieser selbst verbannt. Die Armut droht mit Unglück, da man sie aus ganz Hellas vertreiben will. Sie sagt, daß allgemeiner Reichtum nicht möglich sei, denn wer wollte dann noch arbeiten, wer Schiffe bauen, nähen, das Feld bestellen?[257] Chremylos entgegnet ihr, daß alle diese Arbeiten von Sklaven erledigt würden. Woher die Sklaven denn kommen sollen, fragt die Armut. Chremylos antwortet: »Aus Thessalien, aus dem Ausland.« Da die Überwindung der Armut durch allgemeines Wachstum als Möglichkeit hier gar nicht gedacht wird – sie ist ja eine moderne Idee – muß man in der Tat wohl unvermeidlich auf die importierten Sklaven zurückfallen; dies ist aber doch ein zu häßlicher Gedanke, um in der Komödie weiter verfolgt zu werden. Die Armut wendet sich zu einem anderen Argument: Sie bringe Sparsamkeit und Tugend, bei ihr seien Anstand und Moral.[258] Auch würden sich nur die reichen Redner, bestochen, gegen Volk und Demokratie verschwören.[259] Es ist die bekannte Normvorstellung von der Politik, die mit bescheidenen Mitteln betrieben werden soll. Chremylos, der ja selbst gerecht ist, scheint um Antwort verlegen. Ihm bleibe eigentlich nur übrig, sagt er, sich nicht überreden zu lassen, selbst wenn er überzeugt worden sei, und damit verjagt er die Armut. Diese schimpft noch, man werde sie zurückrufen müssen, doch ihre Drohung wird in diesem glücklichen Stück nicht mehr wahr.

Und so werden verarmte Gerechte wieder reich. Andere leiden zunächst: eine Alte, die sich mit Geld einen jungen Mann unterhalten hatte, muß sehen, wie der ihr davonläuft; selbst der Gott Hermes erscheint unglücklich, weil ihm niemand mehr opfert, da man seiner zweideutigen Dienste nicht mehr bedarf. Aber es wird ein neuer Kult des Plutos eingerichtet, Hermes soll zum Ersatz für entgangene Gaben als Kampfspielrichter agieren, und auch die Alte darf in der Prozession mitwirken.

Wir sehen also, daß Aristophanes die Spannung zwischen Knappheit und Bedürfnis, Ersparnis und Gratifikation durchaus erkennt und thematisiert. Freilich wird der Nutzen nicht als ein dem Individuum Gegebenes behandelt, sondern er richtet sich, wie der aristotelisch abgeleitete, nach den Umständen. So wünscht ein Waffenhändler, daß es Schlachten geben möge.[260] Solche Änderungen im Gebrauch der Waren werden bei Aristophanes mehrfach mit der Beobachtung schwankender Preise verknüpft; dasselbe Phänomen auch bei Löhnen angesprochen.[261] Viele Stellen verraten einen sicheren Blick für ökonomische Zusammenhänge, so der Hinweis, daß der Gebrauch des schlechteren Kupfergeldes – weil schlechtes Geld gutes verdrängt – nur durch ein Dekret, das dieses als legales Zahlungsmittel außer Kraft setzt, unterbunden werden kann.[262] Andererseits gibt es Hinweise, daß man nicht hoffen darf, die mit einem Kriegszustand verbundenen Restriktionen bei Ausfuhr und Einfuhr aufrechterhalten zu können, ohne daß versuchte Preiskontrollen versagen.[263]

Urbain hebt die »absence de contradiction dans l'ensemble des idées et faits présentés par l'auteur« (Aristophanes) hervor.[264] Doch setzt dies nicht mehr als scharfe Beobachtungsgabe und einen nüchternen Geist voraus, nicht aber die explizite, geschriebene oder mündlich tradierte Formulierung ökonomischer Gesetze als einzelner Hypothesen oder gar als System. Dies wird von Urbain auch nicht behauptet, der den Wert von Aristophanes für die Wirtschaftsgeschichte, nicht die Dogmengeschichte[265], betont. In seinen wirtschaftsethischen Vorstellungen überschreitet er den von der griechischen Philosophie vorgegebenen Rahmen nicht.

IV. Schlußfolgerungen

Sucht man nun die Leistungen der platonischen und aristotelischen Philosophie in den Wissensbereichen, für die die Ökonomen sich gewöhnlich zuständig erklären, zu bemessen, muß die Antwort nach diesem Überblick doch wohl ganz anders ausfallen, als wenn man mit den modernen Vorstellungen von Theoriebildung an sie herantritt. Die schon auf hesiodische Zeit zurückgehenden Ordnungsvorstellungen haben sie, jeder in seiner Weise, kraftvoll in Systeme gebunden.

Man könnte einwenden, daß wir hier mit ungleichen Ellen messen, da wir doch die Wirtschaftswelt Homers mit den Vorstellungen von Handwerk und Arbeitsteilung, von Tausch und Gegenseitigkeit in vielen Einzelheiten zu veranschaulichen gesucht haben, während wir den in seiner Weise gewiß nicht weniger anschaulichen Aristophanes mit seinen Bauern, deren Gärten und Ackerbau, mit seinen Gemüseverkäufern und Wucherern vernachlässigt haben. Zunächst bedeutet das Bestehen solcher Beschreibungen bei beiden nicht, daß bei den

Dichtern ein irgendwie modernes wissenschaftsähnliches Verstehen der ökonomischen Vorgänge vorausgesetzt werden dürfte. Homer konnte, um einen Vergleich zu wagen, den Gebrauch der Lanze unvergeßlich schildern: Wie sie drohend geschüttelt wird, wie sie unheilbringend heranfliegt, wie sie, ihr Ziel verfehlend, neben dem erschrockenen Helden in den Boden dringt und nachzittert. So wie zur Schilderung dieses kriegerischen Vorgangs kein Verständnis der Ballistik erfordert wird, bedarf selbst Aristophanes nicht mehr als guter Beobachtungsgabe und Darstellungskraft, um kriegsmäßige Teuerung vorzuzeichnen.

Anders steht es mit der Darstellung des menschlichen Verhaltens zur gegebenen wirtschaftlichen Ordnung. Hier sehen wir, daß der Erzähler des Mythos in seiner Weise sogar aufklärend wirkt, wenn er dem Schrecken des Kriegs den Frieden des Haushalts gegenüberstellt, wenn er den tapferen Odysseus trotz seiner verhängnisvollen Schicksale sein Ithaka wiedergewinnen läßt, daher auch, wenn er die Wunder kunstfertiger Arbeit vor Augen führt. Dem Hörer läßt er vor allem die Akte der Gegenseitigkeit in ihren komplexen Formen bedeutend erscheinen.

Homer bereitet vor, was Hesiod mit seiner Sage von der Gabe des Rechts und Solon mit dem stolzen Bericht von seiner staatsbildenden Kunst deutlich machen. Aus uralten Denkformen, die an überlieferten Sprachformen teilweise noch abgelesen werden können, bilden sich im Wandel der Geschichte Rechtsbegriffe heraus, die allmählich in eine geschaffene Ordnung eingebunden werden und sich in der Fixierung von Gesetzen konkretisieren, ohne vollständigen Bruch mit den religiösen Mächten und der alten Sitte.

Das erste wirtschaftliche Problem, das deshalb wissenschaftlich – d. h. zunächst einfach: in systematischer Darstellung der Zusammenhänge – zu behandeln war, bestand in der Festlegung des »rechten« Verhältnisses von Haushalt und Staat. Um das Primat des politischen Zusammenhalts zu sichern, stellte man diejenigen wirtschaftlichen Verhältnisse in den Vordergrund, bei denen ein einfaches patriarchalisches Familienleben von der Subsistenz her gesichert und in die Kommunikation der Gemeinschaft eingeordnet werden konnte. So entstand die »Alte Ökonomik«, deren »Verlust«[266] nachgezeichnet worden ist. Wie Wagner[267] feststellt, bestimmte diese Ökonomik so gut wie das ganze Wirtschaftsdenken der Antike, soweit es uns überliefert ist, und wirkte durch die kirchliche Tradition, die Hausväterliteratur und den Kameralismus lange nach.

Schon die hellenistische und römische Rezeption, noch mehr die Kirche haben die Alte Ökonomik aber verändert und dogmatisch verengt. Indem man das einfache Bild der Alten Ökonomik zur rigiden Norm machte, bis hin zum Zinsverbot, legte man den Grund für solche Erscheinungen wie die fatale Festlegung der Juden auf den Geldhandel und die hoffnungslose Diskrepanz, die sich zwischen kirchlichem Anspruch und kapitalistischer Wirklichkeit in der frühen Neuzeit herausbildete.

Die Entwicklung des griechischen Wirtschaftsdenkens war bei weitem offener, wie die Ausgleichsbemühungen Solons zwischen den Klassen und die allmähliche Aufnahme demokratischer Vorstellungen belegen. Das Altertum selbst war stolz auf seine Verfassungsentwicklung und führte die Erfolge der griechischen und römischen Kultur in ihrem über militärische Eroberungen hinausreichenden Einfluß darauf zurück.[268]

Die deutsche ökonomische Wissenschaft nutzt einen Begriff, den der Ordnungspolitik, der diese intellektuelle Entwicklung verdeutlichen kann. Die angestrebte Ordnung wird zwar nicht als Rückführung des Staats auf seine liberale Form gedacht, doch ist der Markt das tragende Organ für die Vermittlung des Austauschs der Produkte in einer arbeitsteiligen Gesellschaft außerhalb des Haushalts, d. h. innerhalb der Stadt und zwischen den Staaten. Den Gegensatz bilden die hierarchischen Allokationsprinzipien einer östlichen Theokratie.

Andererseits werden die Grenzen dieser Ordnung deutlich empfunden: im Verhältnis zur Sklaverei und in den Gefahren, die von den ökonomisch bedingten Machtverschiebungen, dem Aufkommen des Handels und der Geldwirtschaft usw. drohen. Denn diese machen die alten Formen der Gegenseitigkeit überflüssig oder stören sie.

Soweit Wissenschaft also hier im Versuch, eine Ordnung zu begreifen, entsteht, ist die sonst für den Ökonomen so informative Stimme des Aristophanes nur eine unter mehreren. Die hohe und späte Klassik ist damit der Zeitraum, in dem die Ordnungsvorstellungen durch die Philosophen zum System gefügt werden, das – und dies ist entscheidend – vor allem die Aufgabe hat, das griechische Menschenbild, die Vorstellung vom richtigen Leben, soweit als möglich mit den wirtschaftlichen Kräften in Einklang zu bringen.

Es ist daher ausgeschlossen, daß hier eine Nutzentheorie entwickelt wird, mit gegebenen Präferenzen als Bestimmungsgründen der Nachfrage. Wie wir gesehen haben, ist eine solche Nutzentheorie zwar denkmöglich, wenn ein Demokrit der Wahrheit einen, dem Geschmack einen anderen Platz zuweist, ganz im Sinne der modernen Vorstellung. Der Utilitarismus, mit dem sich Platon und Aristoteles in der Form des Hedonismus kritisch auseinandersetzen, ist in der Alten Ökonomik vom institutionellen Rahmen und von der Fragestellung her aber fehl am Platze, da es ja primär um die Handlungsmaximen für die im Ideal weitgehend selbstversorgenden Haushalte geht, nicht um eine Wahltheorie für die Verausgabung eines gegebenen, am Markt erworbenen Einkommens. Als eine Handlungstheorie wird das Lustprinzip in der sokratischen Philosophie verworfen, es findet sich bei Platon jedoch im Philebos diskutiert und ist durchaus nicht ohne Echo in der Dichtung, etwa den Anakreontischen Liedern. In der Schule Epikurs andererseits wird der Hedonismus soweit verfeinert, daß, damit das menschliche Gemüt Gleichmut erlange, gefordert wird, das Triebleben und das Anspruchsniveau zu beherrschen. Infolgedessen wird schließlich auch dort das Bild des guten Lebens auf begrenztem Niveau, nicht etwa unbegrenztes Reichtumsstreben idealisiert. Dabei ist nicht wie in der neoklassischen Haushaltstheorie das Arbeitsleid bzw. die Mußepräferenz das Gegengewicht zu Bedürfnissen ohne Sättigung – Arbeit kann nicht die Schranke des Konsums sein, weil sie vom reichen freien Bürger ja dem Sklaven überlassen wird. Vielmehr soll man sich auch im nicht auf eigene Arbeit gestützten Erwerb und in der Nutzung des Vermögens bescheiden, um das Gute Leben zu führen. Dazu muß der Bedarf aus sich selbst beschränkt sein, nicht aus zu erbringenden Leistungen.

Außerdem soll ein reichliches Einkommen nicht bis an die Grenzen der modernen Budgetbeschränkung konsumiert, ja nicht einmal gespart, sondern – was die neuere Theorie nicht vorsieht und uns idealistischer klingt, als es gemeint ist – an Freunde und Staat verteilt werden. Hinter dem jüngeren Imperativ, ein bescheidenes Leben im Hinblick auf die kulturelle Entfaltung der Person zu führen, stehen die älteren Motive der Gegenseitigkeit und der Selbstdarstellung durch Freigebigkeit.

In Vorformen ist die Nutzentheorie also denkmöglich und wird erwogen, aber von den Hedonisten über den individuellen Konsum hinaus erweitert und von den Sokratikern zurückgewiesen – eine ausgebildete Form der Nutzentheorie in Form der Grenznutzenlehre dagegen ist den Griechen aus konzeptionellen Gründen nicht zuzumuten, da ja der Funktionsbegriff erst dem 17. Jahrhundert angehört und überdies nicht einzusehen ist, weshalb die strengen Denker des Altertums das fiktive Konzept eines Grenznutzens gebildet haben sollten, das die ordinalistischen Nutzentheoretiker heute durch die konkaven Indifferenzkurven ersetzt haben.

Nicht einmal denkmöglich für die Griechen scheint mir dagegen die Vorstellung einer Selbstregulierung der Märkte. Diese setzt doch wohl eine Vorstellung von mechanischen Abläufen voraus, wie sie zuerst in der Mechanik selbst entwickelt wurde – fest steht jedenfalls, daß die Erfindung der selbstregulierten Uhr und die Newtonsche Himmelsmechanik der Übertragung des der Astronomie entnommenen Bilds von der »unsichtbaren Hand« auf das ökonomische Geschehen vorausgingen. Eine nicht schlechtere Analogie als zwischen neuzeitlicher Naturwissenschaft und klassischer Ökonomie mag man zwischen Aristoteles' Naturlehre mit ihrer Zweckbestimmung etwa des organischen Wachstums und seiner Wirtschaftsethik konstruieren, die zeigt, welchen wirtschaftlichen Ordnungszielen wirtschaftliche Institutionen unter bestimmten historischen Bedingungen, etwa von Königtum oder Demokratie, dienen oder nicht dienen.

Zwischen den in der frühen griechischen Dichtung bei nachdenklicher Lektüre aufzudeckenden Bildern von wirtschaftlichen Tätigkeiten und Verkehrsformen einerseits und der von den sokratischen Philosophen vollzogenen Integration der ethischen Philosophie und einer Lehre von den wirtschaftlichen Institutionen andererseits besteht ein bemerkenswerter und zum Teil recht geheimnisvoller Zusammenhang. Grundideen wie die der Gegenseitigkeit und ihrer symbolischen oder sakralen Repräsentation durch die Chariten sind von Homer bis Aristoteles präsent, obwohl sich die Tradition allmählich verdünnt, bis der Imperator den staatlichen Anspruch durchsetzt, nachdem längst der perikleische Reichtum des demokratischen Staats öffentlicher Armut bei privater Vermögenskonzentration Platz gemacht hat. Auf dem Weg dahin radikalisieren sich die sozialkritischen Vorstellungen schon in der späten Klassik. Dieser Dekadenzprozeß gehört jedoch nicht mehr hierher. Von den Ordnungsvorstellungen der demokratischen griechischen Stadtgemeinschaft und ihrer ökonomischen Basis bleiben schließlich sozusagen nur die Feindbilder übrig; wenn Horaz sagt

»Quid leges sine moribus
Vanae proficiunt«[269],

ist der Gegensatz von starkem Staat und schwacher Gesellschaft ausgesprochen. Wenn wir bei ihm die Strophe finden:

»Cum periuria patris fides
Consortem socium fallat et hospitem
Indignoque pecuniam
Heredi properet. Scilicet improbae
Crescunt divitiae, tamen
Curtae nescio quid semper abest rei.«[270],

wird der in der archaischen und klassischen Zeit als gesellschaftliches Problem empfundene betrügerische und schrankenlose Gelderwerb aus der Perspektive der individuellen Schicksale gesehen. Wenn wir schließlich im Mittelalter das Gedicht vom Geizhals lesen, dessen Akkumulation sündig ist, weil sinnlos,

»Dives avarus eget. Per quid? Quia cum petit usus
Tangere parta timet. Cur? Ne miniatur acervus.
Cur metuit minui? Quia mavult crescere. Quare?
Non esset vitium, si non ratione careret.«[271],

haben wir den Störenfried der mittelalterlichen Kirche vor uns, der als literarischer Charakter bald mehr lächerlich als gefährlich fortlebt, bis sich die Spielregeln durch das Auftreten neuer Figuren, insbesondere des Unternehmers und des Arbeiters, von Grund auf ändern.

Die historische Bedeutung der Einordnung des griechischen Wirtschaftsdenkens in die Philosophie durch die Sokratiker kann kaum bestritten werden, und unbestreitbar scheint mir auch der Rang, den sie unter ihren eigenen Vorläufern – den Dichtern unter ihnen sind wir nachgegangen – einnehmen und gegenüber Nachfahren bis ins Mittelalter behaupten. Wie bedeutend andere antike Denker über wirtschaftliche Fragen waren, die vielleicht neuzeitlichen liberalen Auffassungen näherstanden, läßt sich nicht leicht mit Sicherheit entscheiden. Man darf aber vermuten, daß, wenn die bei Vorsokratikern wie Demokrit sich abzeichnenden Alternativen gleiche systematische

Kraft besessen hätten, doch zumindest breitere Spuren bei Autoren wie Cicero erhalten wären.

Sollen wir nun sagen, daß bei Aristoteles – um nur ihn zu nehmen – das Glas sozusagen halb voll ist, weil er uns zwar keine ökonomische Theorie – oder recht wenig –, dafür aber eine folgenreiche Wirtschaftsethik liefert? Besser wäre es wohl, hier von getrennten Gefäßen zu sprechen. In der Wirtschaftstheorie bei Aristoteles einige Tropfen, heute ein überlaufendes Faß. In der Wirtschaftsethik aber finden wir seinen Krug gefüllt, während wir, wie McIntyre hübsch bemerkt hat[272], mit alten Tugendbegriffen unwissend operieren, ohne auch nur »Weisheit« und »Besonnenheit« recht unterscheiden zu können – gerade wie einer, der Physik vergessen hat, aber noch mit Begriffen von Elementarteilchen um sich wirft. Demzufolge bestünde der Verdacht, daß aus dem Gefäß »Wirtschaftsethik« einiges verschüttet wurde.

Wie immer man nun aber den Wert des griechischen Erbes für unsere Zeit und ihre ganz anderen Voraussetzungen beurteilen möge: Wir sehen, daß das Wirtschaftsdenken der antiken Philosophie in der Dichtung vorausgehend geprägt worden ist. Dieses Resultat steht fest, auch wenn sich nicht so klare Abstufungen des griechischen Wirtschaftsdenkens in seinen literarischen Spiegelungen ergeben haben, wie sie für andere Bereiche des griechischen Lebens, vor allem für die Politik, gefunden worden sind. Die Verbindung zwischen den Entwicklungen des Wirtschaftsdenkens und der Politik wird durch die des Rechts hergestellt. Mit der Umformung der aristokratischen Ideale und der Herausbildung der Demokratie wird der in den alten Epen trotz der Bescheidenheit des fürstlichen Lebens gepriesene Reichtum zunehmend in Frage gestellt. Im Wirtschaftlichen treten jeweils nur wenige Elemente als neue hervor: so das Lob der Arbeit bei Hesiod gegenüber Homer, die Kritik an der nicht tugendgeleiteten Reichtumssuche in der archaischen Epoche oder die bange Frage nach der Beherrschung der Fortschrittskräfte in der Klassik. Gesellschaftliche Bindungen bedrohende Wirkungen des Geldwesens werden seit seiner Einführung benannt, erst in der frühen Lyrik, dann im Drama. Bei Aristophanes finden wir die Wucherkritik und eine Vertrautheit mit der Wirkungsweise der Geldwirtschaft, wie sie vorher literarisch nicht in Erscheinung tritt. Aber bei allem Wandel behaupten sich die zentralen Denkkategorien, sogar das bis auf das Stammesleben zurückführbare Prinzip der Gegenseitigkeit. Um so bemerkenswerter ist hier der Eindruck der Kontinuität: in der Auffassung der Institutionen von der Klassik über Solon hinaus bis in homerische Zeit, im Kontrast zu der ganz anderen Ordnungsvorstellung und Analyse der Moderne.

Anmerkungen

1 Der vorliegende Aufsatz entstand als Beitrag zu einer Tagung des Vereins für Socialpolitik, die dem Thema »Die Darstellung der Wirtschaft und der Wirtschaftswissenschaft in der Belletristik« gewidmet war. Verschiedene Anmerkungen greifen die Diskussionen der Tagung auf und versuchen, auf die Hinweise und die Kritik anderer Teilnehmer zu antworten. Auf andere Beiträge der Tagung wird nur durch den Namen des Autors verwiesen; sie sind im gleichen Band wie dieser erschienen und dort leicht aufzufinden. Besonderen Dank für Anregungen bei der Vorbereitung des Referats schulde ich C. Baloglou und L. Slatkin. H. Patzer und K. Schefold danke ich für ausführliche Gespräche über den Text.

2 R. F. Harrod, *The Life of John Maynard Keynes*, Harmondsworth 1972 (1951), S. 106.

3 Zitiert bei Friedrich Wolters, *Stefan George und die Blätter für die Kunst*, Berlin 1930, S. 57.

4 Vgl. die Zitate zu Sophokles in Teil III, aber auch die vorhergehende Bemerkung zu Sappho und der archaischen Epoche.

5 Vgl. K. Bücher, *Arbeit und Rhythmus*, Leipzig 1896.

6 Die Antwort fiel – wie anhand der im Tagungsband versammelten Aufsätze festgestellt werden kann – nicht eindeutig aus. Goethe vermochte noch Kunst und individuelles Erleben in eine Perspektive staatswirtschaftlicher Entwicklung einzuordnen, gestützt auf Erfahrung und die Reflexion über Physiokratie und ökonomische Klassik, wie das Referat von H. C. Binswanger zeigt. H. Scherf kommt für den modernen deutschen Roman zum – bei aller Wertschätzung der künstlerischen Leistung – doch negativen Verdikt, daß die Wirtschaft dort zumeist abwesend bleibt oder verfehlt wird. Herr Eisermann und Herr Kloten haben die überaus reichen soziologischen Einblicke im französischen Roman des 19. Jahrhunderts und in Lampedusa als einem großen Nachfahren hervorgehoben. So scheint es in der Tat zunehmend schwieriger, die wirtschaftliche Ordnung im literarischen Kunstwerk zu erfassen; dafür werden andere Dimensionen entdeckt. Manche Tagungsteilnehmer waren freilich geneigt, im Zurückweichen vor der Behandlung eines gesamtwirtschaftlichen Zusammenhangs weniger eine allgemeine als eine deutsche Entwicklung zu sehen. Und es ist denkbar, daß Literatur schon neue wirtschaftliche Aspekte -

sieht, die von einem bestehenden Verständnis der Wirtschaftswissenschaften noch ausgeklammert und daher von uns nicht wahrgenommen werden. Jedenfalls läßt sich die Dichtung von der Ökonomie nicht schulmeistern.

7 Aristoteles, *Hauptwerke*, übersetzt von W. Nestle, Leipzig 1934, S. 350.

8 Die folgende Zusammenfassung der aristotelischen Ökonomik habe ich im einzelnen belegt in: B. Schefold, ›Platon und Aristoteles‹, in: *Klassiker des ökonomischen Denkens*, hrsg. v. J. Starbatty, München 1989, S. 19–55 (vgl. den vorausgehenden Aufsatz in diesem Band).

9 Es gab den Gegensatz von Gefangenen und Freien, Dienenden und Freien, Sklaven, soweit über sie wie als Sachen verfügt werden konnte, im Gegensatz zu solchen in mehr persönlicher Abhängigkeit; es gab zuzeiten Schuldsklaverei usf.

10 Vgl. K. Marx, »Die Heiden... entschuldigten... die Sklaverei des einen als Mittel zur vollen menschlichen Entwicklung des andern.« (*Das Kapital*, *MEW* Bd. 23, Berlin 1974, S. 43). Im Fortgang des Texts wirft Marx dem Christentum vor, einen ähnlichen Konflikt – den Gegensatz von Lohn und Kapital – zu verbrämen. Aber das grundsätzliche Dilemma von Leistung und Gleichheit hat er selbst übertüncht. Ideologie entspringt nicht nur der Apologetik, sondern auch dem Wunschdenken.

11 Vgl. K. Vorländer, *Philosophie des Altertums* (Geschichte der Philosophie I), S. 139–146.

12 Xenophon schildert sie in seinem Dialog *Oeconomicus* im Verhältnis zur Landwirtschaft.

13 Was hier gemeint ist, möge das folgende Zitat verdeutlichen: Theokrit, der schon dem Hellenismus angehört und insofern aus dem zeitlichen Rahmen dieser Arbeit herausfällt, ruft die Chariten an, daß man auch dem Dichter spenden möge. Er schilt die Geizigen:

»Toren, was nützen euch denn im Kasten die Haufen des Goldes?
Das ist nicht der Gebrauch, den Verständige machen vom Reichtum;
Sondern dem Herzen ein Teil und ein Teil den befreundeten Dienern!
Gutes an vielen Verwandten und vielen der anderen Menschen
Tun; allzeit auch mit Opfern der Götter Altäre besuchen;
Nimmer dem Gast ein kargender Wirt sein, sondern ihn reichlich
Pflegen am Tisch und entlassen, wann selbst er zu gehen verlanget.
Aber in Ehren zuerst die heiligen Priester der Musen!«

(Theokrit, *Die Chariten*, aus: *Griechische Lyrik*, übertragen v. Eduard Mörike, hrsg. v. M. Ninck, Basel 1949, S. 96.)

14 *Protagoras*, 353 B.

15 *Politikos*, 302 B ff.

16 Die hier angedeutete Antwort habe ich vertieft in: ›Aristoteles: der Klassiker des antiken Wirtschaftsdenkens‹, in: H. Feshar/O. Issing/S. T. Lowry/B. Schefold, *Vademecum zu einem Klassiker des antiken Wirtschaftsdenkens. Kommentar zur Faksimileausgabe der aristotelischen Politik* (Reihe Klassiker der Nationalökonomie), Düsseldorf 1992.

17 *Met*. 983 a 33.

18 Hans-Georg Gadamer, *Die Idee des Guten zwischen Plato und Aristoteles*, Heidelberg 1978, S. 100f.

19 *Eth. Nic.* iv–viii, insb. 1098 a 18.

20 Ebd., 1099 b 28.

21 B. Gordon, *Economic Analysis Before Adam Smith*, London/Basingstoke 1975, S. 58f.

22 Ebd., S. 58.

23 Aristoteles, *Topica*, 124 a 15–20.

24 Aus der Ethik zitiert er (*Eth. Nic.* 1156 a 11) eine Stelle, wo das Nützliche wechselnd ist, um den subjektiven Charakter des Nutzwerts zu beweisen. Doch geht es an der betreffenden Stelle nicht um den Nutzwert von Dingen, sondern um die Freundschaft, ob sie auf die Suche wechselseitigen Nutzens oder Vergnügens (wenn sich die Freunde etwa gegenseitig ihres Witzes erfreuen) oder ob sie auf eine den Freunden gemeinsame Suche nach der Tugend gegründet ist. Erst im letzteren Fall ist die Freundschaft vollkommen (ebd., 1156 b 7) und dauerhaft (ebd., 1156 b 12). So beruht hier der Nutzen tatsächlich auf subjektivem Verhalten, aber diesmal fehlt der Gütertausch. (Ähnlich der Stoiker Zenon: »... es [ist] die natürliche Aufgabe der Menschen, denjenigen Menschen, von denen ein Nutzen zu erwarten ist, sich gefällig zu bezeigen und sich um diese am meisten Mühe zu geben... So müssen wir uns... den Menschen, von denen wir Gutes zu erfahren wünschen, nützlich erweisen mit der Tat...« Der Verkehr der Menschen ist also auf Gegenseitigkeit gegründet. [Nestle, *Nachsokratiker* II, S. 10, Zenon, Frag. 68]. Etwas wie abnehmende Nützlichkeit scheint Aristoteles zu meinen, wenn er sagt, daß äußere Dinge für die sie Besitzenden begrenzt sind (*Pol.* 1323 b, 8: τὰ ἐκτὸς... ἔχει πέρας). Doch eine so allgemeine Vorstellung kommt schon bei Homer vor und ist auch mit der der Nutzentheorie entgegengesetzten griechischen Vorstellung verträglich, wonach es für die Dinge des äußeren Lebens ein göttlich oder geschichtlich bestimmtes Maß gibt – der Wortlaut deutet darauf hin.

25 Oskar Kraus, ›Die aristotelische Werttheorie in ihren Beziehungen zu den Lehren der modernen Psychologenschule‹, in: *Zeitschrift für die gesamte Staatswissenschaft* 61, 1905, S. 573–592.

26 ὅτι ἡ χρῆσις ὑπερέχει. Ebd., S. 588, bzw. *Rhet.* I, 1364 a 23.

27 *Eth. Nic.* 1099 a 5–15.

28 B. Gordon, a. a. O., S. 59.

29 *Pol.* 1338 b 3–4.

30 Xenophon, *Erinnerungen an Sokrates*, griechisch u. deutsch, hrsg. v. Peter Jaerisch, München 1987.

31 Ebd., III 6 vi, S. 186ff.

32 Ebd., III 11 ix, S. 220ff.

33 *Pol.* 1259 a 7.

34 Hermann Diels, *Die Fragmente der Vorsokratiker*, griechich u. deutsch, 5. Aufl., Bd. 1, Berlin 1934, S. 135, Fragment 27.

35 Vgl. ebd., S. 130, Fragment 4.
36 Ebd., S. 129f., Fragment 3.
37 *Athen.*, XII 526 A.
38 Diels, a. a. O., S. 162.
39 Ebd., S. 171.
40 *Paulys Realenzyklopädie*, 9. Halbbd., 1903, Spalte 136.
41 Diels, a. a. O., Bd. 2, S. 150.
42 Ebd., S. 159.
43 Vgl. B. Gordon, a. a. O., S. 15, u. H. W. Spiegel, *The Growth of Economic Thought*, Durham 1971, S. 13.
44 Diels, a. a. O., S. 204, Bd. 2, Fragment 284.
45 Ebd., S. 204, Fragment 282.
46 Ebd., S. 203, Fragment 297.
47 Ebd., S. 187, Fragment 208.
48 Ebd., S. 181f., Fragment 181.
49 Ebd., S. 188, Fragment 210.
50 Ebd., S. 195, Fragment 251.
51 Ebd., S. 156, Fragment 49.
52 Ebd., S. 194, aus Fragment 245.
53 Ebd., S. 194f., aus Fragment 248.
54 Da Adam Smith in seiner *Theorie der moralischen Gefühle* von der Stoa beeinflußt war, sollte betont werden, daß die stoische Vorstellung von der Weltordnung, die den Individuen die Verfolgung des recht erkannten Eigeninteresses erlaubt, zwar die These von der »Unsichtbaren Hand« tatsächlich vorbereitet, daß aber in zwei wesentlichen Belangen diese in der Spätantike verbreitete Philosophie doch nicht auf die ökonomische Klassik vorausweist: Das recht verstandene Eigeninteresse führt den Stoiker zur Askese, nicht zur Entfaltung der Konsumnachfrage, und es wird auch nicht gefragt, wie das Eigeninteresse über Angebot und Nachfrage den Markt regulieren könnte.
55 Wie der im Tagungsband enthaltene Aufsatz von K. Reichert sehr schön zeigt, wird der Topos des Wucherers in der Renaissance zu merkwürdig komplizierten Systemen ausgebaut, die sich von der Realität mit ihren Kreditbeziehungen längst abgelöst haben. Man könnte meinen, schon die aristotelische Chrematistik sei eigentlich ein anachronistisches Konzept, wie Meyer in Konsequenz seiner Parallelisierung von griechischer Wirtschaftsentwicklung im 4. Jahrhundert und dem frühen Merkantilsystem glauben mußte. Aber selbst wenn man schon Aristoteles ein Verkennen der Zinsfunktion vorwirft, ist es doch zweierlei, ob die monetären Kreditbeziehungen erstmals in ihrer gesellschaftlichen Wirkung untersucht werden oder ob die Literatur auf einer zweitausendjährigen Tradition dieses Topos aufbaut. Wenn es bei Aristoteles einen bloß ererbten, nicht originell entwickelten Topos gibt, ist dies eher die Charis als die Gegenseitigkeit beflügelnde Huld, die seit Homer nachzuweisen ist, als die Vorstellung vom Wucherer, die uns erst später bekannt wird.

56 Vgl. z. B. das Evangelium des Lukas, I. 30.
57 Vgl. Schefold, ›Platon und Aristoteles‹, a. a. O.
58 *The Bücher-Meyer Controversy*, hrsg. v. M. I. Finley, New York 1979 (darin insb. nachf. zit. Aufs.: Bücher, ›Entstehung der Volkswirtschaft‹; Meyer, ›Wirtschaftliche Entwicklung des Altertums‹).
59 H. C. Binswanger bekannte in der Diskussion, der modernistischen Deutung näher zu stehen, und er behauptete auch, sie ließe sich durch Aristoteles selbst stützen.
60 Finley, a. a. O., S. 103.
61 *Erinnerungen an Sokrates*, a. a. O., II 7, 6.
62 A. a. O., II 7 (S. 138ff.).
63 Vgl. die Nachweise in B. Schefold, ›Karl Bücher und der Historismus in der Deutschen Nationalökonomie‹, in: N. Hammerstein (Hrsg.), *Deutsche Geschichtswissenschaft um 1900*, Stuttgart 1988, S. 239–268.
64 So wollte schon Edgar Salin in seinem Aufsatz über ›Staat und Handel in Hellas in archaischer und klassischer Zeit‹ (*Zeitschrift für die ges. Staatswissenschaft*, 1930, S. 353–361) gegen den mit der Stufentheorie implizierten Bücherschen Fortschrittsglauben und gegen die Meyersche Modernisierungsthese die Eigenart der antiken Wirtschaft und ihrer Entwicklung charakterisieren. »Aber eine stichhaltige und umfassende Wirtschaftsgeschichte von Hellas ist erst noch zu schreiben« (S. 361). Sie fehlt noch immer.
65 Raymond W. Goldsmith, *Premodern Financial Systems*, Cambridge 1987, S. 16–33.
66 E. Streissler äußerte in der Diskussion die Vermutung, es habe zur Betonung der individuellen Reichtumsakkumulation an Voraussetzungen gefehlt, insbesondere die Sicherheit der Vermögensbildung betreffend, so daß ein starker Anreiz gegeben gewesen sei, sich staatlich zu betätigen. A. Bürgin erinnerte an die von Perikles hervorgehobenen Beschäftigungswirkungen der Bauten auf der Akropolis aus den Tributzahlungen (vgl. Plutarch, *Leben des Perikles*, 12, 4, 5).
67 Jakob Burckhardt, *Griechische Kulturgeschichte*, Einleitung, S. 5.
68 Auch Schmoller schreibt: »Die Keime aller Wissenschaft liegen in der älteren Volkspoesie, in welcher Glaube und Ideale der Menschen ihren ersten Ausdruck fanden, und in den Regelsammlungen, welche Priester und Richter veranstalteten und erklärten.« (*Grundriß der Allgemeinen Volkswirtschaftslehre*, Leipzig 1908, Bd. 1, S. 76.).
69 K. Schefold hat dagegen in seiner mehrbändigen Geschichte der griechischen Sagenbilder die Hypothesen der Homeranalyse durch einen umfassenden Vergleich der verschiedenen, von Homer und jüngeren homerischen Dichtern verfolgten Thematiken durch einen Vergleich mit der zeitlichen Entwicklung der Inhalte der griechischen Vasenmalerei zu untermauern und differenzieren gesucht (vgl. Karl Schefold/Franz Jung, *Die Sagen von den Argonauten, von Theben und Troja in der klassischen und hellenistischen Kunst*, München 1989, Einl., S. 7–14).

70 Nachwort von W. H. Friedrich zu der im folgenden benutzten Ausgabe von *Ilias* und *Odyssee* in der Übertragung von Johann Heinrich Voß, Zürich 1957.

71 Goethe, hierüber auch beunruhigt, läßt die Myrmidonen in seiner Achilleis wenigstens graben und schaufeln, wie im Aufsatz von H. C. Binswanger im Tagungsband beschrieben.

72 *Ilias* XXIII, 115–127; XXIV, 782–784.

73 *Staat*, 606 E.

74 H. Patzer, *Die dichterische Stilisierung der Lebenswirklichkeit im homerischen Epos* (Mimeo), S. 3, und mündl. Mitteilungen.

75 Ebd., S. 11.

76 *Odyssee*, XVII, 382–385.

77 Ebd., XX, 107–108.

78 Ebd., XV, 79–84.

79 P. Vidal-Naquet, *Le chasseur noir. Formes de pensées et formes des société dans le monde grec*, Édition revue et corrigée, Paris 1983.

80 G. Eisermann hielt die These von Vidal-Naquet in der Diskussion für überzeichnet: Das Ideal des Freien bleibe bei den Griechen die vielseitige Bildung, die Arbeit sei unterbewertet, und die Existenz der Sklaverei habe die Entwicklung der wirtschaftlichen Rationalität verhindert.

81 Es sind dies eigentlich zwei verschiedene Fragmente, die in meiner alten Homerausgabe von 1807 (Leipzig: Göschen) griechisch so zusammengestellt sind und die ich hier fortlaufend übersetzt habe:

Πόλλ' ἠπίστατο ἔργα, κακῶς δ' ἠπίστατο πάντα.
τὸν δ' οὔτ' ἂρ σκαπτῆρα θεοὶ θέσαν, οὔτ' ἀροτῆρα,
οὔτ' ἄλλως τι σοφόν · πάσης δ' ἥμαρτανε τέχνης.

Vgl. *Homeri Opera*, rec. T. W. Allen, Bd. V (Hymni, Cyclus, Fragmenta, ...), Oxford 1911, S. 156f., frg. I–III.

82 Platon, *Alc*. II, 147b; Aristoteles, *Eth. Nic*. 1147 a 15. Vgl. auch M. Forderer, *Zum homerischen Margites*, Amsterdam 1960.

83 An Aphrodite 12–15, S. 94f. Im folgenden zitiert aus: *Homerische Hymnen*, griechisch u. deutsch, hrsg. v. A. Weiler, 5. Aufl., München 1986.

84 *Ilias* XVIII, 372–377.

85 *Ilias* XV, 410–413.

86 *Odyssee* XXIII, 197.

87 *Ilias* XVIII, 410.

88 *Ilias* XI, 514.

89 *Ilias* IX, 318–320.

90 Diese Bemerkung und die folgenden Nachrichten aus Gottfried Gruben, *Die Tempel der Griechen*, München 1966, 2. Ausgabe 1976, S. 203ff.

91 Es gehört zu den heute aufgedeckten Geheimnissen griechischer Baukunst, daß die geometrischen Formen der Tempel nur scheinbar einfachen mathematischen Gesetzen folgen. So sind Boden und Decke nicht mathematisch genaue Ebenen, von Geraden begrenzt, sondern schwach gewölbt (die sogenannten Kurvaturen), so daß für den Betrachter keine bewußt sichtbare Abweichung

von der strengen Geraden entsteht, aber ein unbewußtes Gefühl eleganter Bewegung erzeugt wird, das den Unterschied der Wirkung zwischen dem griechischen Original und der geometrisch pedantischen Nachbildung in klassizistischen Bauten der Neuzeit, die diese Kurvaturen nicht erkannten oder nicht beherrschten, erklärt. Auch in der Ornamentik gibt es subtile Abweichungen von den strikt geometrischen Formen. Damit mag zusammenhängen, daß eine auf Qualität orientierte Arbeitsteilung diese eben nicht so weit vorantrieb, bis schematische Tätigkeit sich von künstlerisch freier ablöste.

Gleichwohl erstaunt uns die Uniformität des Tagelohns von einer Drachme. Denkbar wäre, daß höhergestellte Arbeiten wenigstens mit mehr Freiheiten in der Arbeitszeit verbunden waren. Wir sind ja gewohnt, Wechsel der Marktbedingungen im sich ändernden Preis einer Ware gegebener Quantität abzubilden. Kula zeigt jedoch, daß im Mittelalter oft der Preis fest blieb, während sich die Menge änderte, also etwa bei ungeändertem Brotpreis das Gewicht des Brotlaibs variierte (Witold Kula, *Measures and Men*, Princeton 1986, S. 102).

92 *Odyssee* XXI, 6–7.

93 Jakob Burckhardt, *Griechische Kulturgeschichte*, hrsg. v. J. Oeri, Berlin, 2. Aufl. o. J., Einleitung, S. 1–12.

94 *Ilias* XII, 433–435.

95 *Ilias* XVIII, 421.

96 *Ilias* XXI, 35–127.

97 *Ilias* VI, 458.

98 *Odyssee* XVII 322–323.

99 *Ilias* VI, 499–501.

100 *Ilias* XIII, 636–639.

101 *Ilias* IX, 121–156.

102 *Ilias* XXIV, 317–320.

103 *Ilias* XV, 106f.

104 *Ilias* XVIII, 288–292.

105 *Ilias* XVII, 220–226.

106 *Ilias* XVI, 833–835.

107 *Ilias* XV, 497f.

108 Vgl. A. Andreades, *Geschichte der griechischen Staatswirtschaft*, Hildesheim 1965.

109 Emile Benveniste (*Le vocabulaire des institutions indo-européens*, Paris 1969, 2 Bde.) versucht, Gemeinsamkeiten indo-europäischer Institutionen sprachgeschichtlich zu rekonstruieren. Hier erscheint die Komplexität der Gabenbegriffe in historischem Licht – dem einen deutschen Terminus entspricht eine ganze Reihe inhaltlich differenzierter im Griechischen (S. 66–70). Dagegen heißt das Kapitel über den Handel bezeichnenderweise: Un métier sans nom.

110 *Ilias* XXIII, 702–705.

111 *Ilias* XXIII, 750f.

112 *Ilias* XIX, 247.
113 *Ilias* XXIII, 834.
114 *Ilias* XXIII, 744–745.
115 C. A. Gregory, *Gifts and Commodities*, London 1982.
116 Ein ausführlich geschildertes Beispiel wird in *Odyssee* XXIV, 265–285 gegeben.
117 *Ilias* XI, 243.
118 *Odyssee* XV, 79–84.
119 *Ilias* VI, 234.
120 Vgl. die oben angegebene, Äquivalenz und Statusproportion in Verbindung bringende Formel nach *Eth. Nic.* 1133 a8.
121 *Ilias* XI, 124.
122 Vgl. Andreades, *Geschichte*... a. a. O., erstes Buch.
123 *Odyssee* XIII, 173–174.
124 *Ilias* VII, 472–475.
125 Vgl. den Hinweis bei Andreades, *Geschichte*... a. a. O., S. 15, Fn. 2.
126 *Ilias* XV, 378.
127 *Ilias* VI, 311.
128 *Ilias* XXII, 209–212.
129 *Ilias* XXII, 261 f.
130 *Ilias* XXIV, 471–691.
131 *Ilias* XXIV, 527.
132 Laura Slatkin, *The poetics of exchange in the Ilias*, Mimeo.
133 *Odyssee* I, 184.
134 *Odyssee* VIII, 161–164.
135 Homerische Hymnen: *An Hermes*, 516f.
136 *Odyssee* XIX, 396.
137 *Ilias* XXIII, 515.
138 Zu dieser Deutung des Begriffs »Wirtschaftsgeist« vgl. W. Hennis, *Max Webers Fragestellung*, Tübingen 1987, bes. Abschn. 2 u. 3.
139 Albert von Schirnding, Nachwort, S. 68, in: Hesiod, *Werke und Tage*, griech. u. dtsch. übers. v. A. v. Schirnding, München 1966. Sonderausgabe Langewiesche-Brandt 1985 (die im folgenden zit. Übers.).
140 *Ilias* XII, 421–423.
141 Hesiod, *Werke und Tage*, 778.
142 Ebd., 405.
143 Ebd., 601.
144 Ebd., 501 f.
145 Ebd., 607.
146 Ebd., 288.
147 Ebd., 310.
148 Ebd., 318.
149 Ebd., 470 f.
150 Ebd., 427.

151 Ebd., 442ff.
152 Ebd., 629ff.
153 Die Verse 621–622 raten, die Schiffahrt mit bäuerlicher Tätigkeit zu verbinden.
154 Ebd., 688f.
155 Ebd., 347.
156 Ebd., 400f.
157 Ebd., 497–500.
158 Ebd., 356f.
159 Ebd., 721f.
160 Ebd., 351.
161 Ebd., 362.
162 Ebd., 375.
163 Ebd., 403.
164 Ebd., 409.
165 Ebd., 25f.
166 Ebd., 28f.
167 West kommentiert (Hesiod, *Works and Days*, ed. with Prolegomena and Commentary by M. L. West, Oxford 1978, hier zu Vers 125): »ἀγορῆς: the scene of judicial disputes, as in Ilias XVIII, 497f. ... They were attended by crowds of spectators, who, contrary to modern ideas of proper conduct in court, were vociferous in support of the side they favoured.« Der Rat, sich von solchen Gerichtsplätzen fernzuhalten, sei, wie viele der Weisheiten Hesiods, schon altorientalisch.
168 *Werke und Tage*, 23.
169 Ebd., 47f.
170 Ebd., 226–230.
171 Ebd., 233.
172 Ebd., 277.
173 *Ilias* XVI, 386–387.
174 Herodot I, 94.
175 Alfred Sohn-Rethel, *Geistige und körperliche Arbeit*, Frankfurt/M. 1970.
176 Sappho et Alcaeus, *Fragmenta*, edidit. E. M. Voigt, Amsterdam 1971, S. 324.
177 Meyer, a. a. O., S. 23f., bzw. 110.
178 *Griechische Lyrik*, übertr. v. Eduard Mörike, Frankfurt/M. 1960, S. 28.
179 *Elegy and Iambus in 2 volumes*, newly edited and translated by J. M. Edmonds, Cambridge (Mass.) 1954, S. 64. Vgl. auch Parlo Prato, *Tirteo*, Introduzione, testo, testimonianze e commento, Roma 1968.
180 Vgl. *Sappho*, griechisch u. deutsch hrsg. v. Max Treu, München 1954; Anhang: Erläuterungen.
181 Ebd., S. 35.
182 Vgl. ebd.
183 Ebd., S. 81.

184 Ebd., S. 73:

ὁ πλοῦτος ἄνευθ' ἀρέτας
οὐκ ἀσίνης πάροικος

185 Aus: *Sappho et Alcaeus*, Fragmenta, edidit Eva-Maria Voigt, Amsterdam 1971, S. 139.

186 Vgl. Alkaios, griechisch u. deutsch hrsg. v. Max Treu, 2. Aufl., München 1963, Anhang.

187 Ebd., S. 45.

188 Ebd., S. 53.

189 Ebd., S. 21.

190 Ebd., S. 81.

191 Ebd., S. 53.

192 *Griechische Lyrik. Von den Anfängen bis zu Pindar*, griechisch u. deutsch, zusammengestellt u. hrsg. v. Gerhardt Wirth, 1963, S. 98; sowie *Elegy and Iambus*, a. a. O., Bd. I, S. 148f.

193 Hier ist keine einseitige Parteinahme zugunsten einer Schuldnerklasse festzustellen; nur die Schuldsicherung durch die Verpfändung der Person wird abgeschafft. Auch die Philosophen implizieren mit ihrer Kritik des Zinsverhältnisses nicht notwendig eine einseitige Wendung gegen die Gläubiger, die der Schuldner ja vielleicht nicht hätte in Anspruch zu nehmen brauchen, obwohl sich in der Folge der Haß gegen den Wucher deutlich gegen die Wucherer selbst richten wird.

194 *Elegy and Iambus*, a. a. O., Bd. I, S. 154.

195 Ebd., S. 122.

196 G. Wirth, *Griechische Lyrik*, a. a. O., S. 100.

197 *Elegy and Iambus*, a. a. O., Bd. I, S. 120.

198 Ebd., S. 142.

199 G. Wirth, *Griechische Lyrik*, a. a. O., S. 94.

200 Ebd.

201 *Elegy and Iambus*, a. a. O., Bd. I, S. 128, Verse 43, 44, 47.

202 Ebd., S. 130, Verse 63–65.

203 Ebd., Vers 71. Zur Zitierung dieses und anderer Verse vgl. Johannis Stobaei, *Anthologium*, recenserunt C. Wachsmuth et O. Hense, Volumen tertium, Berlin 1958, S. 355.

204 Vorsokratisch (Anaxagoras): ὄψις τῶν ἀδήλων τὰ φαινόμενα – die »Erscheinungen sind das Antlitz des Unsichtbaren« (Diels, a. a. O., Bd. 2, S. 43).

205 G. Wirth, *Griechische Lyrik*, a. a. O., S. 96.

206 *Elegy and Iambus*, a. a. O., Bd. I, S. 132.

207 G. Wirth, *Griechische Lyrik*, a. a. O., S. 101.

208 *Diog. Laer.* I 87.

209 Gegen ihn wendet sich das oben zitierte Fragment des Alkaios (vgl. Anm. 188).

210 Diels, a. a. O., Bd. I, S. 64, Z. 17f.

211 Ebd., Z. 19. Christos Baloglou, dem ich für diesen Hinweis besonders danke, hat eine vollständige Beschreibung des Gebrauchs dieses Begriffs in

der frühen griechischen Zeit unternommen. Er hat auch das folgende Zitat gefunden.

212 *Elegy and Iambus*, a. a. O., Bd. I, S. 174.

213 *Griechische Lyrik*, übertr. v. Mörike, a. a. O., S. 31, Nr. 2. Vgl. auch *Elegy and Iambus*, a. a. O., Bd. I, S. 232, Vers 27–28.

214 G. Wirth, *Griechische Lyrik*, a. a. O., S. 118 (Übersetzung von Fränkel). Vgl. auch *Elegy and Iambus*, a. a. O., Bd. I, S. 234f., Vers 53–68.

215 *Elegy and Iambus*, Bd. I, S. 252, Vers 209f.

216 Ebd., S. 376, Vers 1199–1201.

217 Ebd., S. 234, Vers 43–52.

218 Ebd., S. 242, Vers 113f.

219 *Griechische Lyrik*, übertr. v. Mörike, a. a. O., S. 32, Nr. 8. Vgl. auch *Elegy and Iambus*, a. a. O., S. 246, Vers 153f.

220 Vgl. *Paulys Realenzyklopädie der klassischen Altertumswissenschaft*, 10. Halbband, Spalte 1972ff.

221 *Griechische Lyrik*, übertr. v. Mörike, a. a. O., S. 37, Nr. 40. *Elegy and Iambus*, a. a. O., S. 362, Vers 1117f.

222 *Griechische Lyrik*, übertr. v. Mörike, a. a. O., S. 39, Nr. 55.

223 *Elegy and Iambus*, a. a. O., S. 292, Vers 535–538.

224 *Griechische Lyrik*, übertr. v. Mörike, a. a. O., S. 42, Nr. 76. *Elegy and Iambus*, S. 302, Vers 621f.

225 *Elegy and Iambus*, a. a. O., S. 308, Vers 649–652.

226 Ebd., Vers 653f.

227 *Griechische Lyrik*, übertr. v. Mörike, a. a. O., S. 37, Nr. 41. *Elegy and Iambus*, a. a. O., S. 248, Vers 173–178.

228 G. Wirth, *Griechische Lyrik*, a. a. O., S. 112. *Elegy and Iambus*, a. a. O., S. 280, Vers 425–428.

229 *Elegy and Iambus*, a. a. O., Bd. II, mit eingebunden: *The Anacreontea or Anacreontic Poems*, S. 84, Nr. 50, V. 24f.

230 *Griechische Lyrik*, übertr. v. Mörike, a. a. O., S. 60f. Die letzten beiden Zeilen heißen im Original freilich:

ἐν δ' ἁπαλαῖοι κοίταις
τελεῖν τὰν 'Αφροδίταν.

Elegy and Iambus, a. a. O., S. 68, Nr. 36.

231 Im Anschluß an das obige Zitat aus *Rhet.* I, 1364 a 23, bei Kraus, a. a. O., S. 588.

232 Dies die wörtliche Bedeutung. Man kann an die Ethnologie denken, wo die durch ihren Reichtum besonderes Prestige besitzenden Dorfgrößen manchmal »Big Men« heißen.

233 Beides ebd.

234 Beginn der ersten Olympischen Ode aus F. Hölderlin, *Sämtliche Werke*, hrsg. v. D. E. Sattler, Frankfurt/M. 1987, Bd. 15, Pindar. Andere Gliederung der griechischen Verse in *Pindari carmina*, recognovit C. M. Bowra, Oxford 1951 (1935), S. 1.

235 Vgl. Christian Meier, *Die politische Kunst der griechischen Tragödie*, München 1988.
236 Aischylos, *Tragödien und Fragmente*, hrsg. u. übers. v. Oksar Werner, 4. Aufl. Darmstadt 1988. *Der gefesselte Prometheus*, S. 439, V. 448–451.
237 Ebd., V. 459.
238 Ebd., V. 461.
239 Ebd., V. 254.
240 Ebd., S. 441, V. 501.
241 Barry Gordon, *Economic Analysis before Adam Smith. Hesiod to Lessius*, 1976, S. 13.
242 Fragment, nur in lateinischer Übersetzung erhalten: »Amore mortis terminum anquirens mali« (a. a. O., S. 478, Fragment 35, Zeile 23).
243 Aischylos, a. a. O., Anhang des Hrsg., S. 750f.
244 *Sophoclis Antigone*, ex rec. G. Dindorfii, Leipzig 1920, S. 234.
245 Ich danke Georg Peter Landmann für die Erlaubnis zum Abdruck dieser Übersetzung.
246 Sophokles, *Antigone*, übers. u. erl. v. Ernst Buschor, München 1950, S. 20, V. 295–301.
247 Ebd., V. 312.
248 Euripides, *Elektra*, übertr. v. Ernst Buschor, 1948, S. 22.
249 Ebd., S. 23.
250 Ebd., S. 20.
251 Ebd., S. 24.
252 Ebd., S. 45.
253 Ebd.
254 Ebd., S. 49.
255 *Aristophane*, tome I–V, texte établi par Victor Toulon et traduit par Hilaire van Daele, 3e éd., Paris 1946ff., hier: Bd. I, S. 213, V. 1155.
256 Ebd., S. 98, V. 190ff.
257 Ebd., S. 114, V. 512ff.
258 Ebd., S. 116, V. 559ff.
259 Ebd., S. 117, V. 567ff.
260 Vgl. Yves Urbain, *Les idées économiques d'Aristophane*, L'Antiquité Classique, Tome XIII, Fasc. I., Mai 1939, S. 183–200, hier S. 191.
261 Ebd., S. 193.
262 Ebd., S. 195.
263 Ebd., S. 198.
264 Ebd., S. 199.
265 Ebd.
266 Vgl. Erich Egner, *Der Verlust der alten Ökonomik*, Berlin 1985.
267 Vgl. F. Wagner, *Das Bild der frühen Ökonomik*, Salzburg 1969.
268 Polybius, VI.
269 Horaz, *Carm*. III, 24.
270 Horaz, *Carm*. III, 24; in: *Die Gedichte des Horaz*, lat. u. deutsch, hrsg. v. F. Burger, 4. Aufl., München 1940. Übersetzung:

»... Es trügt
Ja sein Vater den Gast, seinen Geschäftsfreund auch,
Häuft er unrecht erworbenes Gut
Für den Sohn, der ihm gleicht. Freilich so wächst das Gold
Unter Wucher und Trug! Und doch,
Doch reichts immer nicht zu – immer fehlt Etwas noch.«

271 Marbod von Rennes, um 1100. In: W. v. d. Steinen, *Ein Dichterbuch des Mittelalters*, Bern 1974. Übersetzung:

»Arm ist der reiche Geizhals. Wieso? Weil auch in der Not er
Nicht an sein Geld gehn mag. Und warum? Daß der Haufe nicht abnimmt.
Weshalb fürchtet er Mindrung? Er will nur Mehrung. Wozu denn?
Laster wär es ja keins, wenn irgend Sinn darin läge.«

272 Alasdair McIntyre, *After Virtue. A Study in Moral Theory*, 2. Aufl., Duckworth 1985.

Editorische Notiz

Nachweis der Erstveröffentlichungen

Die Politik der Wirtschaftsgesellschaft aus historischer, klassischer und neoklassischer Sicht. In: W. Vogt (Hrsg.): *Politische Ökonomie heute*. Beiträge zur Tagung des Arbeitskreises Politische Ökonomie im Herbst 1987, Regensburg 1988, S. 129–166.

Normative Integration der Einzeldisziplinen in gesellschaftswissenschaftlichen Fragestellungen. In: M. Bock, H. Homann und P. Schiera (Hrsg.): *Gustav Schmoller oggi / Gustav Schmoller heute*. Bologna 1989 / Berlin 1989, S. 251–269.

Nationalökonomie und Kulturwissenschaften: Das Konzept des Wirtschaftsstils. In: K. W. Nörr, B. Schefold und F. Tenbruck (Hrsg.): *Geisteswissenschaften zwischen Kaiserreich und Republik. Zur Entwicklung von Nationalökonomie, Rechtswissenschaft und Sozialwissenschaft im 20. Jahrhundert*, Stuttgart 1994, S. 215–242.

Platon und Aristoteles. In: J. Starbatty (Hrsg.): *Klassiker des ökonomischen Denkens*, Band I, München 1989, S. 15–55.

Spiegelungen des antiken Wirtschaftsdenkens in der griechischen Dichtung. In: B. Schefold (Hrsg.): *Studien zur Entwicklung der ökonomischen Theorie* XI, Schriften des Vereins für Socialpolitik, Neue Folge 115 / XI, Berlin 1992, S. 13–89.

Bibliographie

Aischylos: *Tragödien und Fragmente*, hrsg. und übersetzt von O. Werner, 4. Aufl., Darmstadt 1988.

Andreades: *Geschichte der griechischen Staatswirtschaft*, Hildesheim 1965.

Aristophanes: *Aristophane tome I–V*, téxte établi par V. Toulon et traduit par H. Daele, 3e éd., Paris 1946.

Aristoteles: *Hauptwerke*, übersetzt von W. Nestle, Leipzig 1934.

Aristoteles: *Aristotle* (Loeb-Ausgabe, griechisch und englisch), 23 Bde., Cambridge (Mass.), 1967 (1938).

Aristoteles: *Nikomachische Ethik*, München 1978 (1972).

Aristoteles: *Politik*, München 1978 (1973).

Arrow, K.J./Hahn, F.H.: *General Competitive Analysis*, Amsterdam/New York, Oxford 1980 (1971).

Ashley, W.J.: *An Introduction to English Economic History and Theory*, 2 Bde., London 1893 (1988).

Austin, M./Vidal-Naquet, P.: *Economies et sociétés en Grèce ancienne*, Paris 1981 (1972).

Baumol, W.J.: ›Contestable Markets: An Uprising in the Theory of Industry Structure‹, in: *The American Economic Review*, Bd. 72, 1982, S. 1–15.

Bechtel, H.: ›Kunstgeschichte als Erkenntnisquelle für den Wirtschaftsgeist des Spätmittelalters‹, in: *Schmollers Jahrbuch*, Bd. 51, 1927, S. 45–68.

Bechtel, H.: *Wirtschaftsstil des deutschen Spätmittelalters*, München/Leipzig 1930.

Beckerath, E. v.: ›Lo storicismo e gli sviluppi più recenti dell'economia politica in Germania‹, in: ders., *Lynkeus*, Tübingen 1962, S. 221–233.

Beckerath, E. v.: ›Spengler als Staats- und Wirtschaftsphilosoph‹, in: ders. *Lynkeus*, Tübingen 1962, S. 267–279.

Benveniste, E.: *Le vocabulaire des institutions indo-européennes*, 2 Bde., Paris 1969.

Bernholz, P./Breyer, F.: *Grundlagen der politischen Ökonomie*, Tübingen 1984.

Bharadwaj, K./Schefold, B.: *Essays on Piero Sraffa. Critical Perspectives on the Revival of Classical Theory*, London 1990.

Binswanger, H. C.: ›Goethe als Ökonom‹, in: Schefold (Hrsg.): *Studien zur Entwicklung der ökonomischen Theorie* XI, Schriften des Vereins für Socialpolitik, Berlin 1992, S. 109–132.

Bloch, M.: *La société féodale*, Paris 1968 (1939).

Block, M./Homann, H./Schiera, P. (Hrsg.): *G. Schmoller heute: die Entwicklung der Sozialwissenschaften in Deutschland und Italien*, Bologna/Berlin 1989.

Bombach, G. u. a. (Hrsg.): *Der Keynesianismus*, Bd. I–III, Berlin et al. 1976–1983.

Bombach, G./Lehnel, H.O./Schlecht, O. (Hrsg.): Kommentarband zum Facsimile der Erstausgabe von Euckens *Grundlagen der Nationalökonomie* in der Reihe *Klassiker der Nationalökonomie*, Düsseldorf 1990.

Bonn, M.J./Palyi, M. (Hrsg.): *Die Wirtschaftswissenschaft nach dem Kriege. Eine Festgabe für Lujo Brentano zum 80. Geburtstag*, München/Leipzig 1925.

Brentano, L.: *Der wirtschaftende Mensch in der Geschichte*, Leipzig 1923.

Brentano, L.: *Das Wirtschaftsleben in der antiken Welt*, Jena 1929.
Brocke, B. v. (Hrsg.): *Sombarts »Moderner Kapitalismus«, Materialien zur Kritik und Rezeption*, München 1987.
Buchanan, J. M.: ›The Constitution of Economic Policy‹, in: *The American Economic Review*, Bd. 77, 1987, S. 243 bis 250.
Bücher, K.: *Arbeit und Rhythmus, Abhandlungen der Königlich Sächsischen Gesellschaft der Wissenschaft*, Leipzig 1897.
Bücher, K.: *Die Entstehung der Volkswirtschaft*, 1. Sammlung, 16. Aufl., Tübingen 1922.
Burckhardt, J.: *Die Kultur der Renaissance in Italien. Ein Versuch.* Nachdruck der Textfassung der Erstausgabe, Frankfurt/M. 1961.
Burckhardt, J.: *Griechische Kulturgeschichte*, hrsg. von J. Oeri und W. Spemann, Berlin/Stuttgart o. J.
Bürgin, A.: *Zur Soziogenese der politischen Ökonomie*, Marburg 1993.
Carell, E.: *Wirtschaftswissenschaft als Kulturwissenschaft. Untersuchungen zur verstehenden Nationalökonomie insbesondere*, Tübingen 1931.
Cassel, G.: *Theoretische Sozialökonomie*, Leipzig 1918.
Clapham, J. H.: *The Economic Development of France and Germany 1815–1914*, Cambridge 1968 (1921).
Columella: *De re rustica. Zwölf Bücher über Landwirtschaft*, übers. von W. Richter, München 1981.
Crombie, I. M.: *An Examination of Plato's Doctrines*, Bd. I: *Plato on Man and Society*, London 1962.
Curtius, E. R./Bergsträsser, A.: *Frankreich*. Bd. 1: *Die französische Kultur*. Bd. II: *Staat und Wirtschaft Frankreichs*, Berlin/Leipzig 1930.
Debreu, G.: ›Excess Demand Functions‹, in: *Journal of Mathematical Economics*, Bd. 1, 1974, S. 15–21.
De Martino, F.: *Storia Economica di Roma Antica*, Florenz 1980.
Diehl, K.: in: Meiner, F. (Hrsg.) *Die Volkswirtschaftslehre der Gegenwart in Selbstdarstellungen*, Leipzig 1924.
Diels, H.: *Die Fragmente der Vorsokratiker*, griechisch und deutsch, Berlin 1934.
Dilthey, W.: *Die Philosophie des Lebens. Eine Auswahl aus seinen Schriften*, Stuttgart 1961.
Dittmann, L. (Hrsg.): *Kategorien und Methoden der deutschen Kunstgeschichte 1900–1930*, Stuttgart 1985.
Duménil, G./Lévy, D.: ›The Classicals and the Neoclassicals: A Rejoinder to Frank Hahn‹, in: *Cambridge Journal of Economics*, Bd. 9, 1985, S. 327–345.
Edmonds, J. M. (Hrsg.): *Elegy and Iambus in 2 volumes*, Cambridge (Mass.) 1954.
Egner, E.: *Der Verlust der Alten Ökonomik*, Salzburg 1969.
Eliot, G.: *Middlemarch*, 2 Bde., London 1961 (1871/72).
Engels, F.: *Der Ursprung der Familie, des Privateigentums und des Staates*, in: *Marx Engels Werke*, Bd. 21, Berlin 1973 (1894), S. 25–172.
Eucken, W.: ›Wissenschaft im Stile Schmollers‹, in: *Weltwirtschaftliches Archiv*, 1940, S. 468–506.
Eucken, W.: ›Die Wettbewerbsordnung und ihre Verwirklichung‹, in: *Ordo*, Bd. 2, 1949, S. 1 ff.
Eucken, W.: *Die Grundlagen der Nationalökonomie*, 7. Aufl., Berlin 1959 und 8. Aufl., Berlin et al. 1965 (1940).
Euripides: *Elektra*, übertragen von E. Buschor, 1948.
Finley, M. I.: *Studies in Ancient Society*, London/Boston 1974.
Finley, M. I., ›Aristotle and Economic Analysis‹, in: ders. (1974), S. 26–52.

Finley, M. I.: *The Bücher – Meyer Controversy*, New York 1979.

Forderer, M.: *Zum homerischen Margites*, Amsterdam 1960.

Gadamer, H.-G.: *Die Idee des Guten zwischen Plato und Aristoteles*, Heidelberg 1978.

Garegnani, P.: ›The Classical Theory of Wages and the Role of Demand Schedules in the Determination of Relative Prices‹, in: *The American Economic Review – Papers and Proceedings*, Bd. 73, 1983, S. 309–313.

Garegnani, P.: *»Demand and Supply« of Factors and the Theory of Distribution*, mimeo, 1987.

Gelesnoff, W.: ›Die ökonomische Gedankenwelt des Aristoteles‹, in: *Archiv für Sozialwissenschaft und Sozialpolitik*, Bd. 50, 1923, S. 1–33.

Giersch, H./Borchardt, K. (Hrsg.): *Diagnose und Prognose als wirtschaftswissenschaftliche Methodenprobleme*, Schriften des Vereins für Socialpolitik, N. F., Bd. 25, Berlin 1962.

Goldsmith, R. W.: *Premodern Financial Systems*, Cambridge 1987.

Gordon, B. J.: ›Aristotle and the Development of Value Theory‹, in: *Quarterly Journal of Economics*, Bd. 78, 1964, S. 115–128.

Gordon, B. J.: *Economic Analysis before Adam Smith*, London/Basingstoke 1975.

Gothein, E.: *Die Renaissance in Süditalien*, München/Leipzig 1924.

Gothein, E.: ›Rezension von K. Büchers »Arbeit und Rhythmus«‹, in: *Jahrbücher für Nationalökonomie und Statistik*, Bd. 123, S. 819.

Gregory, C. A.: *Gifts and Commodities*, London 1962.

Gruben, G.: *Die Tempel der Griechen*, 2. Ausgabe, München 1966.

Hammerstein, N: (Hrsg.): *Deutsche Geschichtswissenschaft um 1900*, Stuttgart 1988.

Harrod, R. F.: *The Life of John Maynard Keynes*, Harmonsworth 1972 (1951).

Harstick, H.-P. (Hrsg.): *Karl Marx über Formen vorkapitalistischer Produktion*, Frankfurt/M. 1979.

Harvey, F. D.: ›Two Kinds of Equality‹, in: *Classica et Mediaevalia*, Bd. 26, 1965, S. 101–146.

Hasebroek, J.: *Staat und Handel im alten Griechenland*, Tübingen 1928.

Hayek, F. A. v.: *Preise und Produktion*, Wien/New York 1976.

Heath, T.: *Mathematics in Aristotle*, Oxford 1970 (1949).

Heilbronner, R. L.: ›The Socialization of the Individual in Adam Smith‹, in: *History of Political Economy*, Bd. 14, 1982, S. 427–439.

Heinimann, F.: *Nomos und Physis. Herkunft und Bedeutung einer Antithese im griechischen Denken des 5. Jahrhunderts*, Basel 1945.

Hennis, W.: *Max Webers Fragestellungen*, Tübingen 1987.

Hesiod: *Werke und Tage* (griechisch und deutsch), Übertragung von A. Schirnding, München 1985 (1966).

Hesiod: *Work and Days*, hrsg. von M. L. West, Oxford 1978.

Heuss, A.: ›Max Webers Bedeutung für die Geschichte des griechisch-römischen Altertums‹, in: *Historische Zeitschrift*, Bd. 201, 1965, S. 529–556.

Hoffmann, E.: *Platon. Eine Einführung in sein Philosophieren*, Hamburg 1961.

Hofmannsthal, H. v.: ›Vermächtnis der Antike‹, in: *Gesammelte Werke in Einzelausgaben*, Bd. IV: *Prosa*, Frankfurt/M. 1955.

Hölderlin, F.: *Sämtliche Werke*, hrsg. von D. E. Sattler, Bd. 15, Frankfurt/M. 1987.

Hollander, S.: ›On the Interpretation of the Just Price‹, in: *Kyklos*, Bd. 18, 1965, S. 615–634.
Homann, P.: ›Schmoller und Weber als Sozialwissenschaftler‹, in: Bock/Homann/Schiera (1989), S. 373–382.
Homer: *Ilias und Odyssee*, übertragen von J. H. Voß, Zürich 1957.
Homer: *Homeri Opera*, hrsg. von T. Allen, Bd. V (Hymni, Cyculus, Fragmenta, ...) Oxford 1911.
Homer: *Homerische Hymnen*, Griechisch-deutsch, hrsg. von A. Weiler, München 1986.
Horaz: Carm. III, 24, in: *Die Gedichte des Horaz*. Lateinisch und deutsch, hrsg. von F. Burger, 4. Aufl., München 1940.
Huizinga, J.: *Das Problem der Renaissance*, Darmstadt 1974 (1920).
Jaeger, W.: *Aristoteles. Grundlegung einer Geschichte seiner Entwicklung*, Berlin 1923.
Jaffé, W.: ›Edgeworth's Contract Curve, Part 2. Two Figures in its Protohistory: Aristotle and Gossen‹, in: *History of Political Economy*, Bd. 6, 1974, S. 381–404.
Kahler, E. v.: *Der Beruf der Wissenschaft*, Berlin 1920.
Kaldor, N.: *Causes of the Slow Rate of Economic Growth of the United Kingdom*, Cambridge 1966.
Kehoe, T.: ›Multiplicity of Equilibria and Comparative Statics‹, in: *The Quarterly Journal of Economics*, Bd. 100, 1985, S. 119–147.
Keynes, J. M.: *The Collected Writings*, hrsg. von D. Moggridge für die Royal Economic Society, London 1971–1989.
Keynes, J. M.: *The Economic Consequences of the Peace*, Bd. II der *Collected Writings*, 1971 (1919).
Klein, F.: *Vorlesungen über die Entwicklung der Mathematik im 19. Jahrhundert*, Darmstadt 1979 (Berlin 1926/27).
Kloft, H.: ›Arbeit und Arbeitsverträge in der griechisch-römischen Welt‹, in: *Saeculum*, Bd. 35, 1985, S. 200–221.
Kloten, N.: ›Zur Typenlehre der Wirtschafts- und Gesellschaftsordnungen‹, *Ordo*, Bd. 7, 1955, abgedruckt in: Schachtschabel, H. G.: *Wirtschaftsstufen und Wirtschaftsordnungen*, Darmstadt 1971, S. 449.
Kloten, N.: ›Der Methodenpluralismus und das Verstehen‹, in: ders. (Hrsg.): *Systeme und Methoden der Volkswirtschaftslehre*, Tübingen 1964, S. 207–236.
Koslowski, P.: ›Haus und Geld. Zur aristotelischen Unterscheidung von Politik, Ökonomik und Chrematistik‹, in: *Philosophisches Jahrbuch*, Bd. 86/I, 1979, S. 60–83.
Kraus, O.: ›Die aristotelische Werttheorie in ihren Beziehungen zu den Lehren der modernen Psychologenschulen‹, in: *Zeitschrift für die gesamte Staatswissenschaft*, Bd. 61, 1905, S. 573–592.
Krause, U./Steedman, I.: *Goethe's Faust, Arrow's Possibility Theorem and the Individual Decisiontaker*, mimeo 1984.
Kühne, K.: *Neomarxismus und Gemeinwirtschaft*, Köln/Frankfurt/M. 1978.
Kula, W.: *Measures and Man*, Princeton 1986.
Kurz, H. D.: ›Die deutsche theoretische Nationalökonomie zu Beginn des 20. Jahrhunderts zwischen Klassik und Neoklassik‹, in B. Schefold (Hrsg.), *Studien zur Entwicklung der ökonomischen Theorie* VIII, Schriften des Vereins für Socialpolitik, Band 115/VIII, Berlin 1989.
Landmann, E.: *Die Transcendenz des Erkennens*, Berlin 1923.
Leipold, H.: *Wirtschafts- und Gesellschaftssysteme im Vergleich*, Stuttgart 1985.
Love, J. R.: *Antiquity and Capitalism.*

Max Weber and the sociological foundations of Roman civilization, London/New York 1991.

Lowe, A.: *The Price of Liberty. A German on Contemporary Britain*, London 1937.

Lowry, S. T.: ›Aristotle's »natural limit« and the Economics of Price Regulation‹, in: *Greek, Roman and Byzantine Studies*, Bd. 15, 1974, S. 57–63.

Lowry, S. T.: ›Recent Literature on Ancient Greek Economic Thought‹, in: *Journal of Economic Literature*, Bd. 17, 1979, S. 65–86.

Ludwig, A.: *Der spanische Wirtschaftsstil*, Frankfurt/M. et al. 1988.

Marx, K.: *Grundrisse der Kritik der politischen Ökonomie*, Berlin 1974 (1857–58).

Marx, K.: *Das Kapital* Bd. I, *Marx Engels Werke* Bd. 23, Berlin 1976.

Marx, K.: *Das Kapital* Bd. III, *Marx Engels Werke*, Bd. 25, Berlin 1976.

McIntyre, A. C.: *After Virtue: A Study in Moral Theory*, 2. Aufl., Notre Dame 1984.

McNulty, P. J.: ›A Note on the Division of Labour in Plato and Smith‹, in: *History of Political Economy*, Bd. 7, 1975, S. 372–378.

Medick, H.: *Naturzustand und Naturgeschichte der bürgerlichen Gesellschaft*, Göttingen 1973.

Meier, C.: *Die politische Kunst der griechischen Tragödie*, München 1988.

Meier, C.: *Politik und Anmut*, Berlin 1985.

Meyer-Abich, K. M./Schefold, B.: *Wie möchten wir in Zukunft leben. Der »harte« und der »sanfte« Weg*, München 1981.

Meyer-Abich, K. M./Schefold, B.: *Die Grenzen der Atomwirtschaft*, München 1986.

Michell, H.: *The Economics of Ancient Greece*, Cambridge 1957.

Mill, J. S.: *Principles of Political Economy*, hrsg. von W. J. Ashley, Fairfield 1987 (London 1909) nach der 7. Aufl. 1871 (1848).

Mill, J. S.: *On Liberty*, Harmondsworth 1987 (1859).

Mill, J. S.: *The Subjection of Women*, London 1869.

Mini, P. V.: *Keynes, Bloomsbury and ›The General Theory‹*, London 1991.

Mises, L.: *Grundprobleme der Nationalökonomie*, Jena 1933.

Mörike, E. (Hrsg): *Griechische Lyrik*, Frankfurt/M. 1960.

Morrow, G.: *Plato's Cretan City*, Princeton 1960.

Müller-Armack, A.: *Genealogie der Wirtschaftsstile*, Stuttgart 1944.

Müller-Armack, A.: ›Zur Metaphysik der Kulturstile‹, in: *Zeitschrift für die gesamte Staatswissenschaft*, Bd. 105, 1949, S. 29–48.

Müller-Armack, A.: *Wirtschaftsordnung und Wirtschaftspolitik*, Freiburg 1966 und 2. Aufl. Bern/Stuttgart 1976.

Müller-Armack, A.: *Genealogie der Sozialen Marktwirtschaft*, Bern/Stuttgart 1974.

Müller-Lyer, F.: *Phasen der Kultur*, München 1948 (1906).

Neumark, F.: ›Deutsche Ökonomen des frühen 20. Jahrhunderts‹, in: B. Schefold (Hrsg.): *Studien zur Entwicklung der ökonomischen Theorie* VII, Schriften des Vereins für Socialpolitik, Band 115/VII, Berlin 1989, S. 127–140.

Neurath, O.: *Antike Wirtschaftsgeschichte*, Berlin/Leipzig 1926.

Orosel, G. O.: ›Tentative Notes on Prestige Seeking and Pareto Efficiency‹, in: Bös, D./Seidl, C. (Hrsg.): *Welfare Economics of the Second Best*, Wien 1986.

Panofski, E.: *Sinn und Deutung der bildenden Kunst*, Köln 1975.

Patzer, H.: *Die dichterische Stilisierung der Lebenswirklichkeit im homerischen Epos* (Mimeo).
Paulys Realenzyklopädie der klassischen Altertumswissenschaft.
Pindar: *Pindari carmina*, hrsg. von C. M. Bowra, Oxford 1951 (1935).
Pivetti, M.: ›On the Monetary Explanation of Distribution‹, in: *Political Economy – Studies in the Surplus Approach*, Bd. 1, 1985, S. 73–103.
Platon: *Platonis Opera Oxford Ausgabe* (griechisch), hrsg. von I. M. Crombie, 5 Bde., Oxford 1961 (1900).
Platon: *Sämtliche Werke*, Heidelberg.
Platon: *Sämtliche Werke*, Hamburg.
Plutarch: *Leben des Perikles.*
Polanyi, K.: ›Aristotle Discovers the Economy‹, in: K. Polanyi, C. M. Arensberg, H.W. Pearson (Hrsg.): *Trade and Markets in the Early Empires*, Glencoe 1957, S. 64–94.
Polanyi, K.: *The Livelihood of Men*, New York 1977.
Popper, K. R.: *The Open Society and its Enemies*, Bd. 1: *The Spell of Plato*, London 1952 (1945).
Porter, A.: ›Value Theory as a Key to the Interpretation of the Development of Economic Thought‹, in: *American Journal of Economics and Sociology*, Bd. 24, 1965, S. 39–50.
Prato, C.: *Tirteo, Introduzione, testo, testimonianze e commento*, Rom 1968.
Preißl. B.: *Wirtschaftsstil und Wirtschaftsentwicklung. Eine Studie zur Geschichte und Agrarstruktur des Königreiches Neapel 1815–1860*, Frankfurt/M. et al. 1985.
Rawls, J.: *A Theory of Justice*, Cambridge (Mass.) 1971.
Reichert, K.: ›Wucher und Wucherklischees am Übergang zur Neuzeit‹, in: B. Schefold (Hrsg.): *Studien zur Entwicklung der ökonomischen Theorie* XI, Schriften des Vereins für Socialpolitik, Berlin 1992, S. 91–108.
Ricardo, D.: *The Work and Correspondence of David Ricardo*, hrsg. von P. Sraffa, Bd. V, *Speeches and Evidence*, Cambridge 1971.
Ritschl, H.: ›Wandlungen im Objekt und den Methoden der Volkswirtschaftslehre‹, in: *Schmollers Jahrbuch*, Bd. 67, 1943, S. 387–415.
Robinson, J.: *The Accumulation of Capital*, London 1969 (1956).
Robinson, J.: *Economic Heresis*, London 1971.
Rostovtzeff, M. I.: *The Social and Economic History of the Hellenistic World*, 3 Bde. Oxford 1972 (1941).
Rückert, J.: *Autonomie des Rechts in rechtshistorischer Perspektive*, Hannover 1988.
Russell, B.: *John Stuart Mill, Lecture on a Master Mind*, London 1955.
Sahlins, M.: *Stone Age Economies*, Chicago 1972.
Salin, E.: *Platon und die griechische Utopie*, München/Leipzig 1921.
Salin, E.: *Geschichte der Volkswirtschaftslehre*, Berlin 1923 und 3. Aufl. Berlin 1944.
Salin, E.: *Politische Ökonomie. Geschichte der wirtschaftspolitischen Ideen von Platon bis zur Gegenwart*, Tübingen 1967 (1923).
Salin, E.: *Die Entthronung des Geldes* (1924), in: ders.: (1963), S. 251–266.
Salin, E.: ›Der »Sozialismus« in Hellas. In Bildern und Studien aus drei Jahrtausenden‹, in: G. Karo, E. Salin et al. (Hrsg.): *Eberhard Gothein zum 70. Geburtstag*, München/Leipzig 1925, S. 15–59.
Salin, E.: *Die deutschen Tribute. Zwölf Reden*, Berlin 1930.
Salin, E.: ›Staat und Handel in Hellas in archaischer und griechischer Zeit‹, in:

Zeitschrift für die gesamte Staatswissenschaft, 1930, S. 353–361.
Salin, E.: ›Kapitalbegriff und Kapitallehre von der Antike bis zu den Physiokraten‹ (1930), in: ders. (1963), S. 153–181.
Salin, E.: *Wirtschaft und Staat*, Berlin 1932.
Salin, E.: *Um Stefan George*, München/Düsseldorf 1948.
Salin, E.: *Lynkeus. Gestalten und Probleme aus Wirtschaft und Politik*, Tübingen 1963.
Salin, E.: ›Hochkapitalismus. Eine Studie über W. Sombart, die deutsche Volkswirtschaftslehre und das Wirtschaftssystem der Gegenwart‹, in: ders. (1963), S. 182–212.
Samuelson, P. A./Tobin, J./Schefold, B. (Hrsg.): Kommentarband zum Facsimile der Erstausgabe von Irving Fishers *The Nature of Capital and Income* in der Reihe *Klassiker der Nationalökonomie*, Düsseldorf 1991.
Schachtschabel, H. G. (Hrsg.): *Wirtschaftsstufen und Wirtschaftsordnungen*, Darmstadt 1971.
Schefold, B.: ›Different Forms of Technical Progress‹, in: *The Economic Journal*, Bd. 86, 1976, S. 806–819.
Schefold, B.: *Nachworte zu P. Sraffa: Warenproduktion mittels Waren*, Frankfurt/M. 1976, S. 131–226.
Schefold, B.: ›Wirtschaftsstil und Wirtschaftstheorie‹, in: Meyer-Abich, K. M./Schefold, B. (1981), S. 112–121.
Schefold, B.: ›Kahn on Malinvaud‹, in: Eatwell, J./Milgate, M. (Hrsg.): *Keynes's Economics and the Theory of Value and Distribution*, London 1983, S. 229–246.
Schefold, B.: ›Nachruf auf Joan Robinson and Pierro Sraffa‹, in: *WSI-Mitteilungen*, 36. Jg., 1983, S. 692–695.
Schefold, B.: ›Cambridge Price Theory: Special Model or General Theory of Value?‹, in: *The American Economic Review – Papers and Proceedings*, Bd. 75, 1985, S. 140–145.
Schefold, B.: ›Sraffa and Applied Economics: Joint Production‹, in: *Political Economy – The Surplus Approach*, Bd. 1, 1985, S. 14–40.
Schefold, B. (Hrsg.): *Ökonomische Klassik im Umbruch*, Frankfurt/M. 1986.
Schefold, B.: ›Nachfrage und Zufuhr in der klassischen Ökonomie‹, in: Schefold, B. (Hrsg.) (1986), S. 195–241.
Schefold, B.: ›Nachruf auf Nicholas Kaldor‹, in: *WSI-Mitteilungen*, 40. Jg., 1987, S. 309–311.
Schefold, B.: ›Über Änderungen in der Zusammensetzung des Endprodukts‹, in: *Postkeynesianismus. Ökonomische Theorie in der Tradition von Keynes, Kalecki und Sraffa*, mit Beiträgen von K. Dietrich u. a., Marburg 1987, S. 119–164.
Schefold, B.: Art. ›Lujo Brentano‹, ›Karl Bücher‹, ›Georg Friedrich Knapp‹, ›Karl Knies‹, ›Edgar Salin‹, ›Werner Sombart‹, ›Gustav Schmoller‹, ›Othmar Span‹, in: Eatwell, J./Milgate, M./Newman, P.: *The New Palgrave Dictionary of Economics*, London 1987.
Schefold, B.: ›The Dominant Technique in Joint Productions Systems‹, in: *Cambridge Journal of Economics*, Bd. 12, 1988, S. 97–123.
Schefold, B.: ›Karl Bücher und der Historismus in der deutschen Nationalökonomie‹, in: Hammerstein, N. (Hrsg.) (1988), S. 239–267.
Schefold, B.: ›Schmoller als Theoretiker‹, in: J. Backhaus, Y. Shionoya, B. Schefold: Kommentarband zum Facsimile der Erstausgabe von Gustav Schmollers *Grundriß* in der Reihe *Klassiker der Nationalökonomie*, Düsseldorf, 1989.

Schefold, B.: ›Einleitung zu Adolph Wagners »Grundlegung«‹, in: B. Schefold, K. Häuser, K. D. Grüske, R. K. v. Weizsäcker (Hrsg.): Kommentarband zum Facsimile der Erstausgabe in der Reihe *Klassiker der Nationalökonomie*, Düsseldorf 1991, S. 17–38.

Schefold, B.: ›Nationalökonomie als Geisteswissenschaft. Edgar Salins Konzept einer anschaulichen Theorie, in: *List Forum für Wirtschafts- und Finanzpolitik*, Bd. 18, 1992, S. 303–324.

Schefold, B.: ›Aristoteles: Der Klassiker des antiken Wirtschaftsdenkens‹, in: H. Flashar, O. Issing, S. T. Lowry, B. Schefold: Kommentarband zum Facsimile der Erstausgabe in der Reihe *Klassiker der Nationalökonomie*, Düsseldorf 1992.

Schefold, B./Peukert, H.: ›Wirtschaftssysteme im historischen Vergleich: ein Projekt‹, in: *Jahrbuch für Wirtschaftsgeschichte* 1992/1, S. 243 – 254.

Schefold, K./Jung, F.: *Die Sagen von den Argonauten, von Theben und Troja in der klassischen und hellenistischen Kunst*, München 1989.

Schefold, R.: *Spielzeug für die Seelen. Kunst und Kultur der Mentawai-Inseln (Indonesien)*, Zürich 1980.

Schinzinger, F.: *Ansätze ökonomischen Denkens von der Antike bis zur Reformationszeit*, Darmstadt 1977.

Schmidt, M.: *Grundriß der ethnologischen Volkswirtschaftslehre*, 2 Bde., Stuttgart 1920, 1921.

Schmoller, G.: *Zur Literaturgeschichte der Staats- und Sozialwissenschaften*, Leipzig 1888.

Schmoller, G.: *Grundriß der Allgemeinen Volkswirtschaftslehre*, 2 Bde., Leipzig 1900, 1904.

Schumpeter, J. A.: *Das Wesen und der Hauptinhalt der theoretischen Nationalökonomie*, Berlin 1970 (1908).

Schumpeter, J. A.: ›Epochen der Dogmen- und Methodengeschichte‹, in: ders.: *Grundriß der Sozialökonomik*, Tübingen 1924.

Schumpeter, J. A.: ›Gustav von Schmoller und die Probleme von heute‹, in: *Schmollers Jahrbuch*, Bd. 50, 1926, S. 337–388. Wiederabgedruckt in: ders. (1954 a).

Schumpeter, J. A.: ›Das soziale Antlitz des deutschen Reiches‹, in: ders.: *Aufsätze zur Soziologie*, 1929, S. 214–225.

Schumpeter, J. A.: ›Sombarts Dritter Band‹, in: ders. (1954 a): S. 220–240.

Schumpeter, J. A.: *Dogmenhistorische und biographische Aufsätze*, hrsg. von Schneider, E./Spiethoff, A., Tübingen 1954 a.

Schumpeter, J. A.: *History of Economic Analysis*, London 1954 b.

Schumpeter, J. A.: The Meaning of Rationality in the Social Sciences, in: *Zeitschrift für die gesamte Staatswissenschaft*, Bd. 140, 1984, S. 577–593.

Sewall, H. R.: *The Theory of Value before Adam Smith*, New York 1901.

Shionoya, Y.: ›Schumpeter and Schmoller and Weber: A Methodology of Economic Sociology‹, in: *History of Political Economy*, Bd. 23, 1991, S. 193–219.

Slatkin, L.: *The poetics of exchange in the Ilias*, Mimeo.

Smith, A.: *The Theory of Sentiments*, hrsg. von D. D. Raphael/A. L. Macfie, Oxford 1976 nach der 6. Aufl., London 1790.

Sohn-Rethel, A.: *Geistige und körperliche Arbeit*, Frankfurt/M. 1970.

Sombart, W.: *Der moderne Kapitalismus: Historisch-systematische Darstellung des gesamteuropäischen Wirtschaftslebens von seinen Anfängen bis zur Gegenwart*, 2. Aufl., 3 Bde., München/Leipzig, 1916–1927.

Sombart, W.: *Die drei Nationalökonomien. Geschichte und System der Lehre von der Wirtschaft.* München/Leipzig 1950 (1929).
Sombart, W.: *Deutscher Sozialismus*, Berlin 1934.
Sonnenschein, H.: ›Market Excess Demand Functions‹, in: *Econometrica*, Bd. 40, 1972, S. 549–563.
Sophokles: *Antigone*, übertragen von G. Dindorf, Leipzig 1920.
Sophokles: *Antigone*, übersetzt und erläutert von E. Buschor, München 1950.
Soudek, J.: ›Aristotle's Theory of Exchange. An Inquiry into the Origin of Economic Analysis‹, in: *Proceedings of the American Philosophical Society*, Bd. 96, 1952, S. 45–75.
Spengler, J. J.: ›Aristotle on Economic Imputation and Related Matters‹, in: *Southern Economic Journal*, Bd. 221, 1955.
Spiegel, H. W.: *The Growth of Economic Thought*, Durham 1971.
Spiethoff, A.: Art. ›Krisen‹ in: *Handwörterbuch der Staatswissenschaften*, Bd. 4, 1925.
Spiethoff, A.: ›Die Allgemeine Volkswirtschaftslehre als geschichtliche Theorie. Die Wirtschaftsstile‹, in: *Schmollers Jahrbuch*, Bd. 56, 1932, S. 51 – 84.
Spiethoff, A.: *Boden und Wohnung in der Marktwirtschaft*, Jena 1934.
Spiethoff, A.: *Die wirtschaftlichen Wechsellagen: Aufschwung, Stockung, Krise*, Tübingen/Zürich 1955.
Sraffa, P.: *Production of Commodities by Means of Commodities*, Cambridge 1960; in deutscher Übersetzung: *Warenproduktion mittels Waren*, Frankfurt/M. 1976.
Steinen, W. v. d.: *Ein Dichterbuch des Mittelalters*, Bern 1974.
Sternberger, D.: ›Politik und Leviathan. Ein Streit um den antiken und den modernen Staat‹, in: Maier-Leibnitz, H. (Hrsg.): *Zeugen des Wissens*, Mainz o. J., S. 861–896.
Stiglitz, J. E.: Art. ›Principal and Agent‹, in: Eatwell. J. et al. (Hrsg.): *The New Palgrave Dictionary of Economics*, Bd. III, London 1987, S. 966–972.
Stobaei, J.: *Anthologium*, recenserunt C. Wachsmuth et O. Hense, Volumen tertium, Berlin 1958.
Strachey, L.: *Elisabeth and Essex, a Tragic History*, London 1928.
Strauss, L.: *Naturrecht und Geschichte*, Stuttgart 1956.
Taylor, A. E.: *Plato, the Man and His Work*, London 1949 (1926).
Theokrit: ›Die Chariten‹, in: *Griechische Lyrik*, übertragen von E. Mörike, hrsg. von M. Ninck, Basel 1949.
Thukydides, *Geschichte des peloponesischen Krieges*, übers. von G. P. Landmann, Zürich/München 1976.
Treu, M. (Hrsg.): *Sappho*. Griechisch und deutsch, München 1954.
Treu, M. (Hrsg.): *Alkaios*. Griechisch und deutsch, 2. Aufl., München 1963.
Trude, P.: *Der Begriff der Gerechtigkeit in der aristotelischen Rechts- und Staatsphilosophie*, Berlin 1955.
Urbain, Y.: ›Les idées économiques d'Aristophane‹, in: *L'Antiquité Classique*, Bd. 13, 1939.
Vidal-Naquet, P.: *Le Chasseur noir. Formes de pensées et formes des société dans le monde grec*, Paris 1983.
Viner, J.: ›Adam Smith and Laissez Faiere‹, in: Viner, J. (Hrsg.): *The Long View and the Short*, London 1958, S. 213–245.
Voigt, E.-M. (Hrsg.): *Sappho et Alcaeus, Fragmenta*, Amsterdam 1971.
Vorländer, K.: *Philosophie des Altertums* (Geschichte der Philosophie I), Hamburg 1963.

Wagner, F.: *Das Bild der frühen Ökonomik*, München 1986.
Weber, A.: *Kulturgeschichte als Kultursoziologie*, München 1950 (1938).
Weber, M.: ›Die protestantische Ethik und der Geist des Kapitalismus‹ (1904–1905), in: ders.: *Gesammelte Aufsätze zur Religionssoziologie* I, Tübingen 1988 (1920), S. 166 ff.
Weber, M.: ›Roscher und Knies und die logischen Probleme der historischen Nationalökonomie (1903–1906)‹, in: ders.: *Gesammelte Aufsätze zur Wissenschaftslehre*, Tübingen 1988 (1922), S. 1 ff.
Weber, M.: *Wirtschaft und Gesellschaft*, 5. Aufl. Tübingen 1972.
Weippert, G.: *Wirtschaftslehre als Kulturtheorie*, Göttingen 1967.
Wirth, G. (Hrsg.): *Griechische Lyrik. Von den Anfängen bis zu Pindar.* Griechisch und deutsch, 1963.
Wittfogel, K.A.: *Die orientalische Despotie*, Berlin / Frankfurt am Main / Wien, 1977.
Wolters, F.: *Stefan George und die Blätter für die Kunst*, Berlin 1930.
Xenophon: *Erinnerungen an Sokrates.* Griechisch-deutsch, hrsg. von P. Jaerisch, München 1987.
Xenophon: *Vorschläge zur Beschaffung von Geldeinnahmen oder Über die Staatseinkünfte* (griechisch und deutsch), hrsg. von E. Schüttrumpf, Darmstadt o. J.
Xenophon: *Xenophons Cyropädie*, erklärt von F. K. Hertlein (griech.), Leipzig 1853.
Yano, M.: ›The Turnpike of Dynamic General Equilibrium Paths and its Insensivity to Initial Conditions‹, in: *Journal of Mathematical Economics*, Bd. 13, 1984, S. 235–254.
Zimmermann, H. J. (Hrsg.): *Die Wirkung Stefan Georges auf die Wissenschaft*, Heidelberg 1985.

Philosophie der Gegenwart

Herausgegeben von Patrizia Nanz

Aleida Assmann (Hg.)
Texte und Lektüren
Perspektiven der Literaturwissenschaft
Band 12375

Axel Honneth (Hg.)
Pathologien des Sozialen
Die Aufgaben der Sozialphilosophie
Band 12247

Andreas Kuhlmann (Hg.)
Philosophische Ansichten der Kultur der Moderne
Band 12167

Claus Offe (Hg.)
Herrschaft des Volkes
Begründungsprobleme moderner Demokratien
Band 12166
(Frühjahr 1995)

Ulrich K. Preuß (Hg.)
Zum Begriff der Verfassung
Die Ordnung des Politischen
Band 12246

Fischer Taschenbuch Verlag

fi 557 / 4

Philosophie

Eine Auswahl

Francis Bacon
Weisheit der Alten
Philipp Rippel (Hg.). Band 6588

Seyla Benhabib
Kritik, Norm und Utopie
Die normativen Grundlagen der Kritischen Theorie
Band 10723

Henri Bergson
Die beiden Quellen der Moral und der Religion
Band 11300

Petra Braitling,
Walter Reese-Schäfer (Hg.)
Universalismus, Nationalismus und die neue Ethik der Deutschen
Philosophen und die Politik
Band 10963

Ernst Cassirer, J. Starobinski,
Robert Darnton
Drei Vorschläge, Rousseau zu lesen
Band 6569

René Descartes
Ausgewählte Schriften
Ivo Frenzel (Hg.). Band 6549

Denis Diderot
Über die Natur
Jochen Köhler (Hg.)
Band 6583

Hans-Georg Gadamer (Hg.)
Philosophisches Lesebuch
3 Bände: 6576/6577/6578

Ludwig Giesz
Phänomenologie des Kitsches
Band 12034

Horst Günther
Zeit der Geschichte
Welterfahrung und Zeitkategorien in der Geschichtsphilosophie. Band 11472

Heidrun Hesse
Vernunft und Selbstbehauptung
Kritische Theorie als Kritik der neuzeitlichen Rationalität
Band 7343

Thomas Hobbes
Behemoth oder Das Lange Parlament
Herfried Münkler (Hg.)
Band 10038

Max Horkheimer
Traditionelle und Kritische Theorie
Fünf Aufsätze
Band 11328
Zur Kritik der instrumentellen Vernunft
Band 7355

Philosophie

Eine Auswahl

Edmund Husserl
Arbeit an den Phänomenen
Ausgewählte Schriften
Bernhard Waldenfels (Hg.)
Band 11750

Martin Jay
Dialektische Phantasie
Die Geschichte der Frankfurter Schule und des Instituts für Sozialforschung. Band 6546

Immanuel Kant
Eine Vorlesung über Ethik
Gerd Gerhardt(Hg.). Bd. 10249

Peter Kemper (Hg.)
Die Zukunft des Politischen
Ausblicke auf Hannah Arendt
Band 11706

Ralf Konersmann
Erstarrte Unruhe. Band 10962

Susanne K. Langer
Philosophie auf neuem Wege
Band 7344

Lutger Lütkehaus
Philosophieren nach Hiroshima
Über Günther Anders
Band 11248

Pierre-François Moreau
Spinoza
Versuch über die Anstößigkeit seines Denkens. Band 12245

Max Planck
Vom Wesen der Willensfreiheit und andere Vorträge
Band 10472

Platon
Sokrates im Gespräch
Vier Dialoge. Band 11065

Jean-Jacques Rousseau
Schriften
Henning Ritter (Hg.)
2 Bände: 6567/6568

Bertrand Russell
Das ABC der Relativitätstheorie. Band 6579
Moral und Politik. Band 6573
Philosophie. Die Entwicklung meines Denkens. Band 6572

Rüdiger Safranski
Wieviel Wahrheit braucht der Mensch?
Über das Denkbare und das Lebbare. Band 10977

Wilhelm Schmid
Die Geburt der Philosophie im Garten der Lüste
Michel Foucaults Archäologie des platonischen Eros
Band 12509

Georg Simmel
Das Individuum und die Freiheit
Essais. Band 11925

Fischer Wissenschaft
Eine Auswahl

Heidrun Hesse
Vernunft und Selbstbehauptung
Band 7343

Max Horkheimer
Zur Kritik der instrumentellen Vernunft
Band 7355

Alfred Lorenzer
Das Konzil der Buchhalter
Die Zerstörung der Sinnlichkeit
Eine Religionsgeschichte
Band 7340

Bronislaw Malinowski
Magie, Wissenschaft und Religion
Und andere Schriften
Band 7335

Das Denken des Marquis de Sade
Mit Beiträgen von Roland Barthes, Hubert Damisch, Pierre Klossowski, Philippe Sollers, Michel Tort
Band 7413

Herfried Münkler
Gewalt und Ordnung
Das Bild des Krieges im politischen Denken
Band 10424
Machiavelli
Die Begründung des politischen Denkens der Neuzeit aus der Krise der Republik Florenz
Band 7342

Jean Piaget
Biologie und Erkenntnis
Band 11200

Leo Spitzer
Texterklärungen
Aufsätze zur europäischen Literatur
Band 10082

Jean Starobinski
Montaigne
Denken und Existenz
Band 7411

Matthias Waltz
Ordnung der Namen
Die Entstehung derModerne: Rousseau, Proust, Sartre
Band 11920

Wissenschaft bei S. Fischer

Ulrich K. Preuß
Politische Verantwortung und Bürgerloyalität
Von den Grenzen der Verfassung und des Gehorsams in der Demokratie
295 Seiten. Broschur

Dieter Richter
Das fremde Kind
Zur Entstehung der Kindheitsbilder im bürgerlichen Zeitalter
349 Seiten. 30 Abb. Leinen

Marthe Robert
Einsam wie Franz Kafka
236 Seiten. Gebunden

Elaine Scarry
Der Körper im Schmerz
Die Chiffren der Verletzlichkeit und die Erfindung der Kultur
576 Seiten. Gebunden

Richard Sennett
Autorität
238 Seiten. Broschur
Civitas
Die Großstadt und die Kultur des Unterschieds
343 Seiten. Gebunden

Jean Starobinski
Die Erfindung der Freiheit 1700 – 1789
220 Seiten. 126 Abb. Leinen
Porträt des Künstlers als Gaukler
Drei Essays
168 Seiten. 58 Abb. Leinen
Das Rettende in der Gefahr
Kunstgriffe der Aufklärung
398 Seiten. Gebunden

Michael Walzer
Zweifel und Einmischung
Gesellschaftskritik im 20. Jahrhundert
352 Seiten. Gebunden

Hayden White
Metahistory
Die historische Einbildungskraft im 19. Jahrhundert in Europa
591 Seiten. Gebunden

S. Fischer Verlag

fi 405 / 1 c